群/众/体/育/蓝/皮/书

中国社会体育指导员发展报告

——（2016—2020）——

国家体育总局社会体育指导中心
社会体育指导员协会 编

人民体育出版社

图书在版编目（CIP）数据

中国社会体育指导员发展报告. 2016—2020 / 国家体育总局社会体育指导中心，社会体育指导员协会编. -- 北京：人民体育出版社，2022
（群众体育蓝皮书）
ISBN 978-7-5009-6192-5

Ⅰ. ①中… Ⅱ. ①国… ②社… Ⅲ. ①全民体育－体育工作者－研究报告－中国－2016-2020 Ⅳ. ①G812.4

中国版本图书馆 CIP 数据核字（2022）第 130679 号

*

人民体育出版社出版发行
北京中科印刷有限公司印刷
新 华 书 店 经 销

*

710×1000 16 开本 20.75 印张 337 千字
2022 年 12 月第 1 版 2022 年 12 月第 1 次印刷

*

ISBN 978-7-5009-6192-5
定价：80.00 元

社址：北京市东城区体育馆路 8 号（天坛公园东门）
电话：67151482（发行部） 邮编：100061
传真：67151483 邮购：67118491
网址：www.psphpress.com
（购买本社图书，如遇有缺损页可与邮购部联系）

编　委　会

孙国善（吉林省社会体育指导员协会会长）
王海超（吉林省社会体育指导员协会副会长）
张彦之（上海市体育局群体科科员）
孙　谦（江苏省社会体育管理中心主任）
周　赟（安徽省社会体育指导中心社会活动部部长）
杨小永（西藏自治区社会和民族传统体育指导管理中心社会体育科科长，社会体育指导员协会理事）
刘志宏（甘肃省社会体育管理中心健身气功部部长）
张自武（宁夏社会体育服务中心社会体育管理科科长）
郭小稳（宁夏社会体育服务中心主任）
木　淙（温州市体育局群体处挂职副处长）
李敬东（东莞市文化广电旅游体育局群众体育科科长）
由会贞（上海市黄浦区社会体育指导员协会会长，上海东方体育评估咨询中心副主任）

目　录

CONTENTS

总报告

分报告

专题篇

案例篇

总报告

“十三五”时期社会体育指导员工作总报告

孟欢欢*

社会体育指导员是构建全民健身公共服务体系和全民健身志愿服务体系的重要力量，在促进群众体育常态化、生活化和科学化发展中发挥了重要作用。根据国家体育总局群众体育司领导指示和工作安排，社会体育指导中心和社会体育指导员协会成立调研小组，自2020年9月起，先后赴吉林省、广东省、安徽省、北京市等地开展实地调研，开启社会体育指导员“十三五”总结工作。本次调研全面分析了“十三五”时期各地的新举措和新成效，以及存在的矛盾和问题，并按照国家体育总局总体部署和“十四五”时期社会体育指导员工作发展要求提出改进举措，确保社会体育指导员工作全面、创新、协调和可持续发展。现形成以下调研报告。

一、社会体育指导员工作基本情况

（一）队伍不断壮大，充分发挥全民健身志愿服务的骨干作用

1. 人员数量继续增长

截至2020年底，我国公益性社会体育指导员由2015年底的186万人增加到260万人，增加了39.7%，社会体育指导员占全国人口的1.86‰。其中，国家级社会体育指导员约3万人，一级社会体育指导员约21万人，二级社会体育指导员约69万人，三级社会体育指导员约167万人。社会体育指导员成为全民健身公共服务和全民健身志愿服务供给的骨干力量。

---

* 孟欢欢，博士，在站博士后，郑州大学体育学院副教授、硕士研究生导师，研究方向为全民健身与体育社会组织治理。

2. 协会数量不断增加

截至2020年底，全国已成立各级社会体育指导员协会1298个。其中，国家级社会体育指导员协会1个，省级社会体育指导员协会29个，地市级社会体育指导员协会242个，区县级社会体育指导员协会1026个。国家、省、市、县（区）四级社会体育指导员协会体系逐渐完善，组织网络结构不断夯实。社会体育指导员协会成为全民健身服务供给的主体。

（二）功能效益明显，切实服务国家大政方针和实践需要

1. 优化群众居家健身方式，共筑防线抗击疫情

在抗击疫情的关键时期，各地社会体育指导员工作管理单位，组织广大社会体育指导员利用各类短视频网站、手机APP、微信公众号等媒介，推广居家练习的健身知识和科学方法，带动群众合理安排健身活动，丰富居家隔离期间人民群众的精神生活，充分发挥全民健身在提升全民健康和免疫水平方面的积极作用。北京市征集发布居家科学健身短视频、图文750多期，举办社会体育指导员居家健身“云”展示、我的战“疫”日记征集等活动。宁夏社会体育指导员协会联合电视台录制推出“居家锻炼跟我学”教学视频13期，覆盖人群达4万余人；广播电台创编录制“银川交通音乐广播——FM100.6科学健身线上活动”，连线指导群众开展居家健身活动，部分社会体育指导员当起了“网红主播”。新疆生产建设兵团创编“中国加油”“武汉加油”等多套居家健身操视频，通过网络平台推送；举办社会体育指导员“云上”广播体操、跳绳、广场舞、俯卧撑等比赛。

2. 培育冰雪社会体育指导员，助力国家冬奥工作计划

在大力发展冰雪运动和冰雪产业的背景下，全国各地加大冰雪运动社会体育指导员培训力度，壮大冰雪专业人才队伍，为冬奥会和冰雪运动发展储备人才。2016年起，北京市开始加强冰雪运动社会体育指导员培养。一方面，在非冰雪项目培训中，安排冰雪知识科普课程，全面提升社会体育指导员的冰雪素养，授予“冰雪运动指导员”称号；另一方面，在冰雪项目中，组织滑冰、滑雪技能实践，积极将职业类、高水平的滑冰、滑雪爱好者培养成为公益类社会体育指导员，进一步壮大冰雪专业人才队伍，为北京2022年冬奥

会、冬残奥会，以及冰雪运动、冰雪产业发展储备人才。

3. 开展体育扶贫扶困工作，助力乡村振兴计划

为助力乡村振兴战略实施，广西壮族自治区、宁夏回族自治区、甘肃省等地社会体育指导员充分发挥全民健身在预防因病返贫、因病致贫中的积极作用，通过送理念、技术、活动、设备等方式开展体育扶贫、扶困工作。广西壮族自治区在贫困地区打造“体育+”发展模式，通过赛事、产业、设施及健身扶贫，切实抓好社会体育指导员“一帮一联”工作，开展帮扶责任人业务培训班，举办“体育战‘疫’助小康”社会体育指导员基层扶贫活动，创新推进全民健身扶贫。宁夏回族自治区组建了由 50 名社会体育指导员组成的健身志愿服务宣讲团，该宣讲团历时 9 个月、行程 3000 多公里，对全区 10 个贫困县（区）、658 个行政村综合文化服务中心的文体专干和群众进行了培训。甘肃省在对口帮扶县（区）开展社会体育指导员培训 2 次、社会体育指导员广场舞大赛 2 次，送教学音响 60 台，使对口帮扶县（区）实现了社会体育指导员乡镇社区全覆盖。

4. 满足不同群体健身需求，服务全民健身国家战略

在全民健身上升到国家战略的背景下，社会体育指导员针对不同人群开展丰富多彩的志愿服务活动，逐步形成全民健身志愿服务常态化机制，满足不同人群的多样化需求。上海市按照“定岗、定项、定点、定时”模式要求，开展“进社区、进家庭、进楼宇”活动服务。贵州省开展“五进”（进社区、进乡镇、进校园、进企业、进机关）、“四送”（送培训、送技能、送监测、送服务）活动。宁夏回族自治连续两年送培训到监狱，帮助服刑人员稳定情绪、锻炼身体、磨炼性格、调理身心、增强自控力。江西省首创性地开展了针对农民工子女、留守儿童、残疾人、孤寡老人等弱势群体的“运动·同一片蓝天”全民健身志愿服务活动。北京市多次举办残疾人社会体育指导员培训，为 2022 年冬残奥会筹办工作做准备。

5. 借助新时代文明实践中心建设，完善全民健身基层公共服务

为深入贯彻落实新时代文明实践中心的建设要求，全国各地打造健身体育服务平台，建好、用好省、市、镇、村四级体育场所，打通服务群众的“最后一公里”，满足群众对美好生活的向往。新时代文明实践中心

（所、站）的主体力量是志愿者，主要活动方式是志愿服务。社会体育指导员作为志愿者，依托新时代文明实践中心平台为群众提供健身指导等服务。江苏省通过新时代文明实践中心打造“健身体育服务平台”，大力抓好社会体育指导员升级培训，依托平台发挥体育的惠民作用。广西壮族自治区在新时代文明实践中心全民健身志愿服务活动中，开展了“五个一”活动（一场广播操推广、一场运动水平等级测试、一场国家体育锻炼标准达标测验、一场全民健身知识大讲堂和一场宣传展示），当地群众踊跃参加，效果良好。

（三）服务保障改善，有效提升全民健身服务的供给质量

1. 服务活动品牌化

一方面，塑造了全国社会体育指导员交流展示大会品牌活动。香港赛马会支持举办的“相约动起来　健康中国人”全民健身公益系列活动，采用市场化的举办模式，累计直接培训社会体育指导员 2.5 万人，有效提升了社会体育指导员的健身指导水平，社会效益显著。另一方面，各基地培训活动不断创新。特别是各级培训基地，紧密结合国民体质监测、慢性病预防、健康生活方式倡导等全民健身热点问题设计课程。“十三五”时期，全国 31 个省（区、市）及新疆生产建设兵团举办的指导员培训、继续再培训约 2265 期，总人数超过 24 万人；全国大部分省（区、市）建立了一级、二级和三级指导员培训基地，其中一级 143 个、二级 248 个、三级 942 个。

2. 服务方式创新化

为了满足民众多样化、个性化的体育需求，提升民众满意度，各地采用多种创新举措提升服务质量。上海市群众根据体育需求在线上点单，社会体育指导员上门配送技能培训、健康讲座等服务。安徽省依托市国民体质监测中心、县体质监测站建设社会体育指导员服务站，使社会体育指导员通过服务站提供服务。江苏省探索建立社会体育指导员名师工作室，将体育健身中心与新时代文明实践中心相结合，为优秀社会体育指导员做好普及推广、发挥“传帮带”作用提供平台。宁夏回族自治区对符合“六有两无标准”（有阵地、有活动、有项目、有标识、有规模、有指导，无投诉、无扰民）的 106

个自治区全民健身联系站点统一挂牌，使社会体育指导员通过站点带动体育人口增加。

3. 服务过程信息化

社会体育指导员协会已经初步完成全国社会体育指导员信息系统建设。系统包括手机端 APP、微信小程序、网站等，供各级体育部门、社会组织、社会体育指导员和广大健身爱好者使用，支持各界社会体育指导员管理单位后台操作。系统具有社会体育指导员在线注册、晋级、学习、考核、健身指导预约、激励评价、信息发布等管理与服务功能，尤其可以实现服务时长统计功能。目前，系统已经完成设计并在多个省市试用，完成系统安全等级备案后，将在全国推广使用。

4. 服务要求制度化

各地通过印发有关社会体育指导员的规范性文件、提高财政预算、设置公益岗位等多种制度措施，保障服务质量。在规范性文件方面，部分省（区、市）体育部门出台了有关社会体育指导员培训、管理、表彰、奖励、工作保障和全民健身活动站点建设等方面的规范性文件。在财政预算方面，各地逐年增加社会体育指导员工作专项资金，部分地区采用政府购买服务的方式投入工作经费，用于社会体育指导员的培训、活动和参赛等。在岗位设置方面，部分地区设立全民健身指导公益岗位，推进社会体育指导员公益岗位制度建设，对社会体育指导员提出明确的服务规范要求。

5. 服务激励多样化

服务激励呈现多样化，以精神激励和外在宣传为主。在精神激励方面，2017 年部分优秀社会体育指导员荣获“全国群众体育先进个人”称号，随之许多省（区、市）也建立了社会体育指导员的荣誉激励机制，通过精神激励提升其荣誉感和获得感。在宣传方面，各地充分利用传统媒介和新媒体等手段，对社会体育指导员活动和事迹进行宣传和报道，提高社会体育指导员的使命感，有效提升全民健身志愿服务工作的效果和影响力。

二、社会体育指导员工作形势要求

（一）全面实施健康中国战略和全民健身国家战略，需充分发挥社会体育指导员作用

健康中国战略和全民健身国家战略的实施，对社会体育指导员队伍建设提出了更高要求。《“健康中国 2030”规划纲要》将“优质高效的整合型医疗卫生服务体系”与“完善的全民健身公共服务体系”作为“健康服务能力大幅提升”的目标，并将全民健身服务与医疗卫生服务置于同等高度，同时提出，组织社会体育指导员广泛开展全民健身指导服务，加强社会体育指导员队伍建设，到 2030 年，实现每千人拥有社会体育指导员 2.3 名。《全民健身计划（2021—2025 年）》中提出“到 2025 年……每千人拥有社会体育指导员 2.16 名”“深化社会体育指导员管理制度改革，适当降低准入门槛，扩大队伍规模，提高指导服务率和科学健身指导服务水平”。

社会体育指导员作为全民健身人才队伍建设中的骨干力量，需要通过扩大队伍规模、提高指导服务率并提升健身指导水平，壮大队伍建设。当前，平均每千人拥有社会体育指导员的数量是 1.84 名，到 2025 年还需发展 45 万名社会体育指导员，才能达到全民健身事业发展的预期目标。《全民健身计划（2016—2020 年）》实施效果评估数据显示，体育健身指导满意度得分排名靠后，参加体育锻炼的受访者中没有接受过指导的比例为 75%，接受社会体育指导员指导的比例仅为 5.28%，社会体育指导员的作用未能充分发挥。群众的多元化健身需求与科学健身指导之间还有一定的鸿沟，还需要调动社会体育指导员的积极性，提高社会体育指导员的指导服务率，以满足群众全民健身的科学指导需要。

（二）构建更高水平的全民健身公共服务体系，需提升社会体育指导员专业化服务能力

站在开启社会主义现代化强国建设的第二个百年奋斗目标起点，需要科学谋划更高水平的全民健身公共服务体系建设，为建成体育强国和健康中国，实现中华民族的伟大复兴奠定坚实基础。2022 年 3 月，中共中央办公厅、国

务院办公厅印发《关于构建更高水平的全民健身公共服务体系的意见》，关于“提高健身运动专业化水平”中，提出要“修订《社会体育指导员管理办法》，发展公益社会体育指导员队伍，指导其依法开展健身志愿服务活动”。全民健身需求随着经济、政治、社会和文化环境变化，呈现“高品质”的新特征。全民健身需求内容的个性化、全民健身需求对象的差异化，以及全民健身需求质量的动态化，均向政府提出了要求。科学健身指导是保障群众健身效益、提高健康水平的有效措施，进一步提升科学健身指导服务能力是全民健身公共服务提质增效的必然要求。

社会体育指导员参与更高水平全民健身公共服务体系的建设，需要提升其专业化的服务能力。全民健身公共体育服务的供给，由政府买单、组织提供、第三方进行服务评估，这将对服务提出标准化和规范化的要求。社会体育指导员作为科学健身指导等的服务人员，购买方的政府将对其服务时间、服务地点、服务方式、服务能力标准等提出专业化要求，并对其服务供给情况进行评估。社会体育指导员协会作为社会体育指导员队伍建设的组织者、管理者，需要加强社会体育指导员的培训体系建设，提升其专业化服务能力，以确保服务的高质量供给。

（三）推进体育治理体系和治理能力现代化建设，需提高社会体育指导员协会治理能力

《体育强国建设纲要》提出，到2035年，形成政府主导有力、社会规范有序、市场充满活力、人民积极参与、社会组织健康发展、公共服务完善、与基本实现现代化相适应的体育发展新格局，体育治理体系和治理能力实现现代化。《“十四五”体育发展规划》强调，到2035年，体育治理体系和治理能力实现现代化。体育治理体系和治理能力现代化建设，是我国体育发展的战略目标。

全民健身事业的治理体系和治理能力现代化建设是其重要组成部分。社会体育指导员协会需提升其治理能力，保障全民健身科学健身指导等服务的供给。全民健身事业的治理改革，需要各类体育社团、体育俱乐部和体育基金会等广泛参与，构建协同共治的多主体格局。管理部门对公共体育事务的大包大揽，不仅增加了管理人员的工作量，也增加了财政投入，同时抑制了

体育社会组织事务决策、服务供给等的积极性。社会体育指导员协会作为专业社会体育服务组织，具有专业的发展理念、组织管理机构和服务管理人员，能够通过专业化的管理能力、服务能力、协调能力，低成本地进行事务管理和服务提供，可以承担部分公共体育管理职能并进行公共体育服务供给。在全民健身协同治理过程中，社会体育指导员协会作为重要主体，在场地设施管理、健身指导、活动组织、信息宣传、体质监测、科研等多方面能够发挥重要作用。社会体育指导员协会可以通过政府购买公共服务的形式，参与全民健身事业发展的协同共治。

社会体育指导员协会参与全民健身的协同共治，需要具备专业的公共治理能力，主要包括管理社会体育事务的能力和公共体育服务供给的能力。一方面，需要协会具备专业的社会体育事务管理能力。一是需要具备组织孵化、培训和管理等能力，能够对基层健身组织进行孵化提升其数量，并进行理论和实践培训提升基层健身组织的管理能力；二是建言献策能力，能够将群众的体育需求和建议自下而上地向有关管理部门反映；三是沟通协商能力，在承接政府社会体育事务管理过程中，不仅能与群众保持联系进行有效沟通，也能与社区、学校等有关部门协同配合，保障项目顺利完成。另一方面，需要协会具备专业化的社会体育活动服务能力。协会参与技能培训、赛事、展示活动等公共体育服务的供给，服务由政府买单，政府将提出标准化、精细化和规范化的要求，并进行过程监督、效果评价、满意度调查等，这就需要组织提升社会体育指导员专业化的服务能力。

（四）国家信息化水平的不断发展，赋能社会体育指导员工作的转型升级

进入 21 世纪以后，网络信息技术快速发展，物联网、云计算、大数据、人工智能、区块链等技术在国家建设和社会发展中得到广泛应用，并且产生了数字经济、共享经济、平台经济等新业态，以计算机发明为起点的信息革命已经渗透人类社会的每个角落。中国互联网络信息中心发布的统计报告显示，截至 2020 年 6 月，我国网民规模达到 9.4 亿人，相当于全球网民的 1/5。在信息化建设和互联网技术快速发展背景下，民众的学习和生活方式高度互联网化，因此社会体育指导员的培训、注册、考核、晋升、服务等方式均需

要进行调整，便于服务高效率和高质量供给。信息科技也给社会体育指导员工作变革带来了新机遇，有助于打破传统管理工作架构和时空限制，编织一张线上、线下相互促进、有机融合的服务网络，让民众能方便快捷地预约社会体育指导员进行健康指导，也让社会体育指导员能随时随地找到组织。

同时，国家全民健身智慧化发展的政策要求，为社会体育指导员工作的智慧化发展提出了要求并提供了保障。《体育强国建设纲要》强调“推进全民健身智慧化发展”。《全民健身计划（2021—2025 年）》把提供全民健身智慧化服务作为促进全民健身更高水平发展的保障措施，提出要“开发国家社区体育活动管理服务系统，建设国家全民健身信息服务平台和公共体育设施电子地图，推动省、市两级建立全民健身信息服务平台，提供健身设施查询预定、体育培训报名、健身指导等服务”。《国务院办公厅关于加强全民健身场地设施建设发展群众体育的意见》中，在推进“互联网+健身”部分，提出“集成全国公共健身设施布局、科学健身知识、社会体育指导员情况等内容，实现健身设施查询预订、社会体育指导员咨询、体育培训报名等功能”。《“十四五”体育发展规划》强调“互联网+健身”“物联网+健身”，开发国家社区体育活动管理服务系统。全民健身发展迎来了全新的数字化和智慧化时代，这为社会体育指导员工作的信息化发展提供了保障。

三、社会体育指导员工作现实挑战

（一）社会体育指导员活跃度不高

截至 2020 年底，社会体育指导员人群数量累计超过 260 万，但活跃在健身指导一线的社会体育指导员比例不超过 1/3，主要原因为社会体育指导员志愿服务项目不足、指导员作用发挥途径有限等。

1. 社会体育指导员志愿服务项目不足

由于全民健身志愿服务项目不足，社会体育指导员多开展个人公益性健身指导等服务，服务具有较强的随意性。各级体育部门从顶层设计出发，立足国家和地方体育发展战略，围绕不同人群的体育需求设计的全民健身志愿服务项目较少，难以在有限时间内调动志愿者（社会体育指导员）和志愿服务组织（社会体育指导员协会等）集中精力开展具体服务，服务的科学性和专业性难以保障。

2. 社会体育指导员作用发挥途径有限

相关部门缺乏有机整合，社会体育指导员作用发挥途径有限，限制了社会体育指导员积极性的发挥。当前社会体育指导员作用的发挥，主要集中在科学健身指导方面，而在场地设施管理、活动组织、信息宣传、国民体质健康测试、运动干预、运动康复、项目推广、体育旅游等方面还存在不足，在社区管理、健康促进、养老服务、残障人康复、文化服务、科普教育等工作方面还有继续挖掘的空间。

（二）组织管理不完善

1. 组织管理制度待优化

一方面，社会体育指导员协会的自治机制还需完善。社会体育指导员工作，主要采用行政化管理模式，虽然绝大部分省份成立了社会体育指导员协会，但协会办公经费多依赖于体育行政管理部门扶持，“五分离、五脱钩”改革还不彻底，协会自我管理、自我发展的独立性较差，生存能力较弱。另一方面，社会体育指导员智慧化和精细化管理相关制度需健全。在互联网和信息技术快速发展的背景下，关于社会体育指导员的招募、注册、晋升、审批、培训等环节的精细化管理还需与时俱进，提升服务效率。

2. 志愿服务激励机制待完善

社会体育指导员志愿服务激励机制建设不完善，挫伤了社会体育指导员参与健身指导等服务供给的积极性，限制了指导员作用的有效发挥。社会体育指导员的志愿者性质尚不明确，各地在使用社会体育指导员时无法借鉴国家志愿服务相关福利政策，不能将社会体育指导员参与健身指导的时间等作为志愿服务时间进行记录和评价，因此存在以自我激励为主而外部激励不足，以及以精神激励为主而物质激励较少的问题。

（三）配套工作不到位

1. 培训方式滞后

社会体育指导员培训主要由培训基地采用线下集中培训方式，培训方式滞后且不能满足社会需求，培训财政支出增加但又无自筹经费能力，培训方式亟须更新。一方面，线下集中培训模式，需较高场地、师资、住宿要求，现有培训基地已不能满足需求，需增加基地建设；另一方面，随着指导员队伍不断壮大，培训经费需求增多，体育部门财政压力增大，各级指导员协会不具备自筹经费能力，部分省市甚至出现了限制培训名额数量的做法，不利于指导员队伍壮大。

2. 晋级方式待更新

资格申请程序、等级晋升标准不适应实际工作需求，需要更新。资格申请程序方面，申请成为社会体育指导员需要通过当地体育部门或社会体育指导员协会审批，个体与归属地组织的联络渠道不畅，影响指导员队伍壮大。在等级晋升标准方面，社会体育指导员技术等级晋升考核标准较为单一，主要以社会体育指导员服务年限为晋升条件，忽略了社会体育指导员参与健身指导的实际时间长度。

3. 信息系统需完善

社会体育指导员缺乏科学管理服务手段，不能为各省市社会体育指导员和各级协会提供快速、高效的服务，限制了社会体育指导员工作高质量开展。一方面，缺乏有效手段对社会体育指导员数量和服务时长等进行实时监测，不能及时把握指导员情况变化并进行工作指导和安排；另一方面，培训方式以线下集中培训为主，缺少线上培训环节，培训规模大、时间长、费用高。因此，社会体育指导员信息系统建设需要加快完善。

四、社会体育指导员工作对策建议

（一）修订《社会体育指导员管理办法》，引领社会体育指导员工作推进

1. 进一步强调社会体育指导员的志愿者性质

遵照国务院《志愿服务条例》规定，对全民健身志愿者（社会体育指导员）、志愿服务组织（社会体育指导员协会和其他有关体育社会组织）、志愿服务活动（社会体育指导员志愿服务活动）进行管理，将社会体育指导员各

项工作按照志愿服务工作方式进行调整，使社会体育指导员在依法开展志愿服务活动的同时，享有志愿者应有的权利和待遇。

2. 降低社会体育指导员准入门槛

提倡志愿服务人人可为，降低社会体育指导员准入门槛。凡是遵纪守法，具备全民健身知识和技能，有意愿参与全民健身志愿服务的人员均可申请成为社会体育指导员，扩大社会体育指导员队伍的规模。

3. 调整社会体育指导员晋级规则和称号授予主体

调整社会体育指导员晋级规则，特别是引入志愿服务时长，激发社会体育指导员开展志愿服务活动的主动性，进一步将志愿服务工作做实、做细。同时，将社会体育指导员称号授予工作全部交由各级社会体育指导员协会或经体育部门授权的社会组织负责，各级体育部门不再承担上述具体工作。

（二）提高指导员活跃度，发挥科学健身指导等作用

1. 推进社会体育指导员志愿服务项目的设计与实施

打造全国性社会体育指导员志愿服务项目，鼓励各地体育部门和志愿服务组织根据当地特色建设社会体育指导员志愿服务项目。加强对志愿服务项目化管理、设计的相关培训和宣传，在社会体育指导员交流展示大会中增加优秀项目展示板块，条件成熟时可举办志愿服务项目大赛，通过赛事活动带动优秀志愿服务项目的蓬勃发展，提升社会体育指导员参与志愿服务的意愿。

2. 拓展社会体育指导员作用发挥空间

依据国家大政方针和其他部门各项政策，寻找社会体育指导员作用发挥的新空间，扩大工作外延，进一步发挥社会体育指导员在社区管理、健康促进、养老服务、残障人康复、文化服务等工作中的作用。将社会体育指导员工作充分融入新时代文明实践中心建设，主动利用新时代文明实践中心的健身服务平台，打造体育志愿服务队伍，参与体育志愿服务活动。同时，可结合乡村振兴工作，与中国农民体育协会联合培养农村社会体育指导员；结合兴边富民行动，与国家民族事务委员会联合培养民族体育社会体育指导员等。

3. 逐步建立科学健身指导站点服务与管理体系

一方面，逐步在基层建立科学健身指导站点，选拔优秀的社会体育指导员到科学健身指导站点，定时、定人开展健身指导等志愿服务，为社会体育指导员参与志愿服务搭建平台。另一方面，制定科学健身指导站点服务和管理的考核评估制度，依据指导站点的服务管理情况进行等级评估，并给予不同程度的补贴和奖励，激发健身指导站点活力，提高社会体育指导员活跃度。

（三）完善组织管理建设，激发协会发展活力

1. 推进协会脱钩改革，明确协会的主体职责

加强“放管服”改革，进一步明确各项工作的实施主体和职责，加大各单位工作力度。体育部门负责社会体育指导员工作的顶层设计、统筹规划和政策制定，为其提供制度性保障。各级社会体育指导员协会或经体育部门授权的社会组织负责社会体育指导员的具体管理工作，包括队伍壮大、称号审批、数据管理、活动组织、宣传动员等。特别是将各级社会体育指导员的审批、指导员晋级培训承办方招募等工作交由社会体育指导员协会负责。

2. 完善政府购买公共体育服务等扶持政策，提升协会生存能力

各级体育部门需要完善社会体育指导员服务供给的扶持政策，通过购买服务等方式，提升协会的生存能力和服务能力。脱钩后的社会体育指导员协会，管理和服务的职责更多、任务更重，但不具备自筹经费的能力。各级体育部门委托社会体育指导员协会提供健身指导、组织健身活动、宣传健身知识等服务，对服务质量进行评估后支付费用，实现对协会的资源扶持。通过政府购买服务，保障协会生存的基本物质需要，实现“扶上马、送一程”。

（四）夯实服务保障，提升全民健身志愿服务供给质量

1. 创新培训方式

应用互联网和新媒体技术，通过线上、线下相结合的方式，创新社会体育指导员培训方式，减轻各地社会体育指导员培训经费、场地和人员压力。通过全国社会体育指导员信息系统，建设线上培训课程和线上考核题库，使

社会体育指导员理论培训和考核均通过线上进行。社会体育指导员理论考核通过后，可申请线下技能培训。在缩短线下培训时间的同时，将培训承办机构资格向社会开放，不局限于现有培训基地，由体育部门采用购买服务的方式，公开招标社会体育指导员技能培训承办机构，包括培训基地在内的符合购买服务条件的单位均可参与投标，扩大社会参与，激发市场活力。

2. 构建等级晋升新通道

通过全国社会体育指导员信息系统，构建社会体育指导员等级晋升新通道。申请成为社会体育指导员统一通过“社会体育指导”APP 完成，吸引更多人加入社会体育指导员队伍。“社会体育指导”APP 中累计的实际服务时长达到一定数量后，社会体育指导员将获得等级晋升资格。借助科技手段构建的社会体育指导员资格申请与等级晋升新通道，将夯实协会人群基础，增强协会的凝聚力和社会影响力，激发社会体育指导员队伍的生机与活力。

3. 推进信息系统建设

社会体育指导员协会继续推进全国社会体育指导员信息管理平台的建设，构建全面覆盖的社会体育指导员智慧服务体系，促进社会体育指导员工作智能化、信息化、科学化发展。同时，不断完善“社会体育指导”APP 功能，充分利用大数据等现代信息技术手段提升社会体育指导员智慧化服务能力，构建全面覆盖的智慧服务体系，形成信息发布及时、服务时间记录准确、宣传引导有效、民意表达畅通、信息反馈高效的社会体育指导员服务系统，逐步实现社会体育指导员线上注册、培训、晋升等，形成高效便捷的管理体系。

4. 完善指导员志愿服务激励制度

借鉴其他领域激励制度经验，完善社会体育指导员志愿服务激励制度，激发社会体育指导员参与积极性。首先，依据有关政策及制度落实经费管理和保障工作，完善以精神激励为主、物质奖励为辅的志愿者表彰激励机制。其次，充分利用传统媒体、新媒体等各种宣传媒介，进行多渠道、全方位的宣传报道，提高社会体育指导员的社会影响力，提高社会对社会体育指导员的认可度。最后，体育部门应对于长期开展健身指导工作的优秀社会体育指导员给予荣誉奖励，在全社会树立楷模，使社会体育指导员产生身份认同感和荣誉感，激发其参与全民健身志愿服务的热情。

分报告

“十三五”时期社会体育指导员科学健身指导情况报告

苏曼曼*

社会体育指导员既是发展全民健身事业的基石，也是实现我国从“体育大国”向“体育强国”转变的重要力量。2021 年 8 月 3 日，国务院印发的《全民健身计划（2021—2025 年）》指出“到 2025 年，全民健身公共服务体系更加完善……经常参加体育锻炼人数比例达到 38.5%……每千人拥有社会体育指导员 2.16 名”。为贯彻落实《全民健身计划（2021—2025 年）》，提升社会体育指导员科学健身指导水平，深化社会体育指导员管理制度改革，明晰社会体育指导员科学健身指导的现状，国家体育总局群众体育司组织相关专家学者制定《“十三五”时期全国社会体育指导员科学健身指导状况调查问卷》，在全国 31 个省（自治区、直辖市）展开社会体育指导员科学健身指导状况调查，共发放问卷 28924 份，剔除无效问卷 2282 份，获得有效问卷 26642 份。

一、调查对象的人口学特征

（一）年龄特征

我国社会体育指导员队伍的年龄结构略显老龄化。如图 1 所示，41~48 岁的占比为 11.36%，49~55 岁的占比为 20.39%，56~65 岁的占比为 34.15%，66~72 岁的占比为 10.93%，超过 73 岁的占比为 1.66%。29~48 岁的占比为 22.20%；28 岁以下比例偏少，占比为 10.68%，其中在校大学生占比仅为 6.4%。中老年人成为社会指导员科学健身指导的主力军。

* 苏曼曼，硕士研究生，郑州大学在读，研究方向为体育社会学。

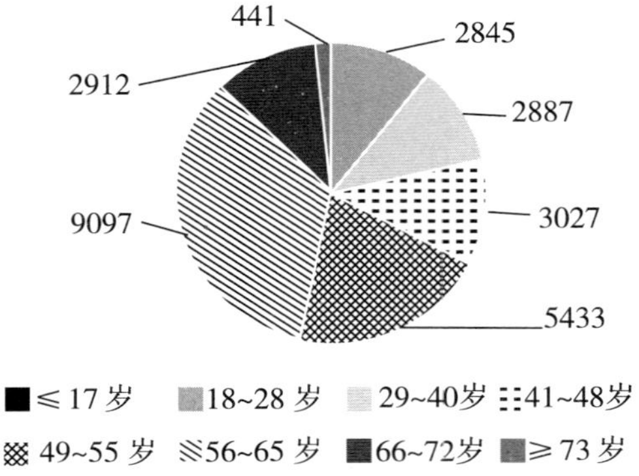

图1　调查对象年龄分布

（二）性别特征

社会体育指导员的性别比例呈现“女多男少”的状态。如表1所示，女性人数比例明显高于男性，女性18659人，占比为70.04%；男性7983人，占比为29.96%。社会体育指导员男女比例失衡，在一定程度上会影响科学健身指导工作的开展效果。

表1　调查对象性别比例

性别	样本量/人	占比/%
男	7983	29.96
女	18659	70.04

（三）职业特征

社会体育指导员的职业类型主要是退休人员。如图2所示，退休人员的比例高达41.88%，在知识储备和专业水平方面占据优势的教师、医师、律师、教练等专业技术人员和研究人员的占比为15.78%，其他从业人员的占比为12.90%。我国社会体育指导员队伍以中老年为主这一现状，与社会体育指导员的职业状态有较大关系。根据《国务院关于安置老弱病残干部的暂行办法》《国务院关于工人退休、退职的暂行办法》，我国职工现行退休年龄是男性60周岁，女干部55周岁，女工人50周岁。56岁以上的社会体育指导员，职业状态大多为退休，时间上具有较强灵活性，能够投入更多的时间和精力参与科学健身指导。职业状态、文化程度与专业水平高低对健身指导科学化和可持续发展都起到重要作用。

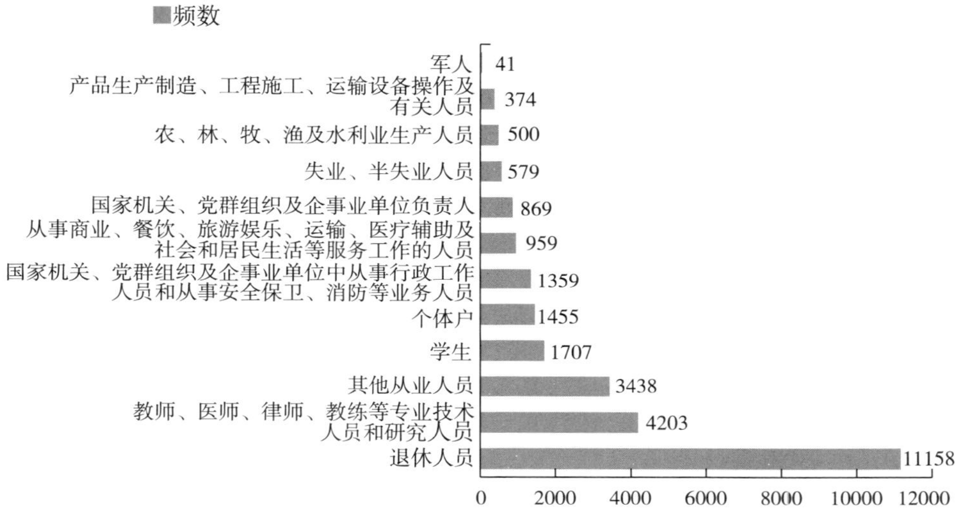

图 2　调查对象职业分布

（四）学历特征

文化水平高低直接关系到其工作成效，我国社会体育指导员队伍的学历水平多为高中以上文化程度。如图 3 所示，学历程度在小学及以下的占比为 1.57%，初中的占比为 15.73%，高中的占比为 37.56%，大学的占比为 43.66%，研究生及以上的占比为 1.48%。

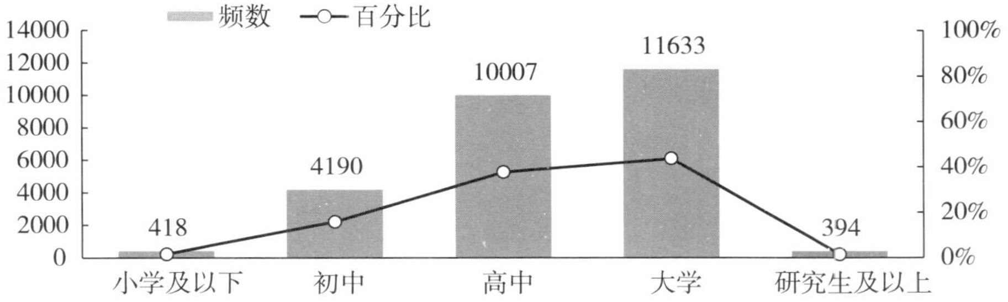

图 3　调查对象学历程度

（五）技术等级特征

社会体育指导员技术等级越高、专业水平越高，人数占比越少。1993 年 12 月，国家体委发布的《社会体育指导员技术等级制度》中，明确将我国社会体育指导员技术等级分为三级、二级、一级和国家级四个等级。如图 4 所示，三级社会体育指导员数量最多，占比为 35.58%；二级社会体育指导员的占比为 33.50%；一级社会体育指导员的占比为 22.49%；国家级社会体育指导员数量最少，仅占 8.42%。

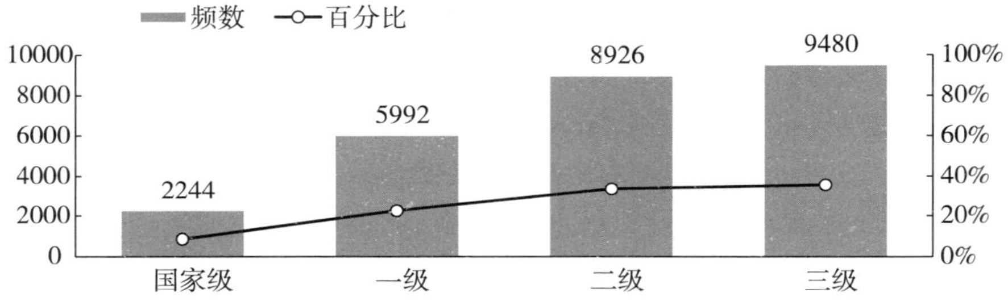

图 4　调查对象技术等级

（六）地域特征

被调查对象的分布区域较为广泛。如表 2、图 5 所示，华东地区的占比为 25.56%，东北地区的占比为 13.93%，华南地区的占比为 13.40%，华中地区的占比为 13.28%，西南地区的占比为 11.72%，西北地区的占比为 11.37%，华北地区的占比为 10.75%。

表 2　调查对象具体地区分布

地理区域	省（自治区、直辖市）	百分比/%
华北地区	北京市	6.52
	天津市	0.02
	河北省	3.52
	山西省	0.59
	内蒙古自治区	0.09

续表

地理区域	省（自治区、直辖市）	百分比/%
东北地区	辽宁省	0.89
	吉林省	5.28
	黑龙江省	7.76
华东地区	上海市	4.30
	江苏省	11.04
	浙江省	1.55
	安徽省	5.33
	福建省	0.90
	江西省	2.32
	山东省	0.11
华中地区	河南省	10.84
	湖北省	2.38
	湖南省	0.07
华南地区	广东省	12.06
	广西壮族自治区	0.93
	海南省	0.40
西南地区	重庆市	2.09
	四川省	1.88
	贵州省	0.24
	云南省	7.50
西北地区	西藏自治区	0.42
	陕西省	4.39
	甘肃省	0.90
	青海省	0.69
	宁夏回族自治区	2.58
	新疆维吾尔自治区	2.38

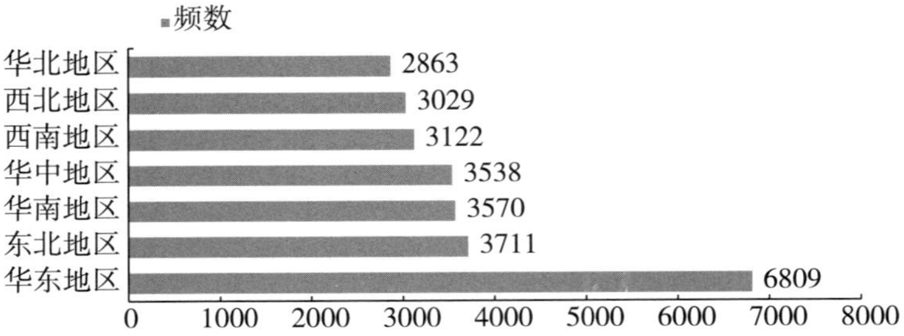

图 5　调查对象区域分布

二、社会体育指导员科学健身指导情况

（一）科学健身指导的动机和途径

1. 参与动机

社会体育指导员参与科学健身指导的动机以强身健体、兴趣爱好、预防生病、无私奉献、传承技术和文化为主。如图 6 所示，社会体育指导员参与科学健身指导动机最高的为“强身健体”，占比为 94.48%；“兴趣爱好”的占比为 65.43%；“预防生病”的占比为 50.21%；“无私奉献”的占比为 44.69%；“传承技术和文化”的占比为 35.67%；“增加社会交往”的占比为 29.47%；“获得成就感和他人尊重感”的占比为 19.79%；“社会承认”的占比为 14.01%；以“经济效益”和“其他”为参与动机的最少，占比共为 6.10%。

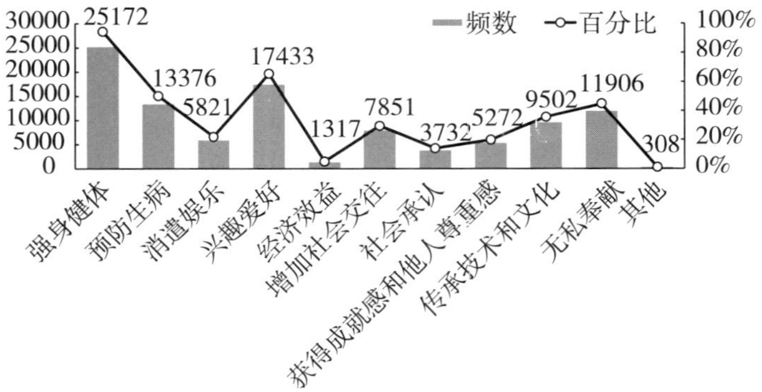

图 6　社会体育指导员参与指导的主要动机

2. 参与途径

社会体育指导员科学健身指导以自主意愿参与途径（锻炼者邀请和自己联系）为主。如图7所示，参与途径为“锻炼者邀请”的比例最高，占比为56.60%；“体育等管理部门推荐或派遣”的占比为36.89%；“自己联系”的占比为33.12%；“活动组织单位聘请”的占比为32.50%；“其他”的占比为21.74%。自主意愿参与途径（锻炼者邀请和自己联系）的占比为调查样本总量的近90%。

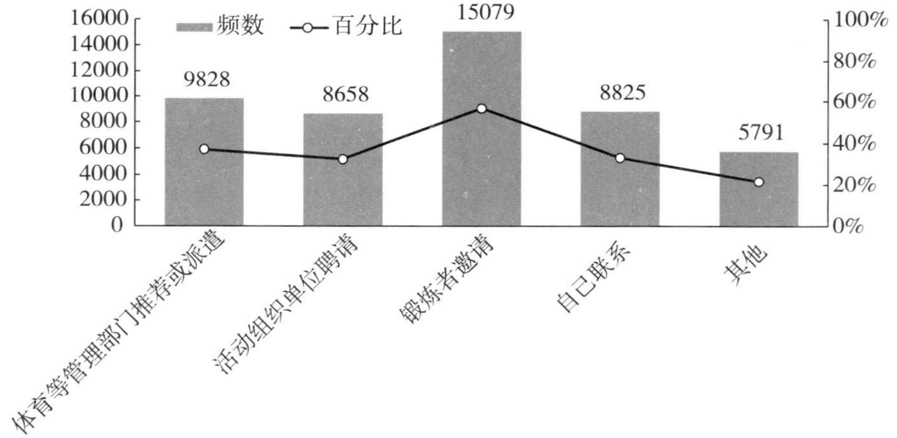

图7　社会体育指导员科学健身指导参与途径

（二）科学健身指导的人群

1. 指导人群

社会体育指导员科学健身指导人群相对固定。如表3所示，指导人群分布相对固定的比例最高，达到了68.25%；人群分布不固定的占比为31.75%。

表3　社会体育指导员科学健身指导人群分布

人群分布	样本量/人	占比/%
相对固定	18184	68.25
不固定	8458	31.75

2. 指导人数

社会体育指导员人均指导人数呈阶梯式分布，指导人数越多，社会指导员数量占比越小。如图 8 所示，社会体育指导员人均指导人数主要集中于 1~30 人，比例达到 74.04%。其中，1~10 人比例最高，占比为 27.99%；11~20 人的占比为 27.70%；21~30 人的占比为 18.35%。人均指导人数在 31 人以上的比例较少，占比为 25.96%，其中 31~40 人的占比为 9.50%，41~50 人的占比为 7.46%，51~100 人的占比为 6.00%，100 人以上的占比为 2.99%。

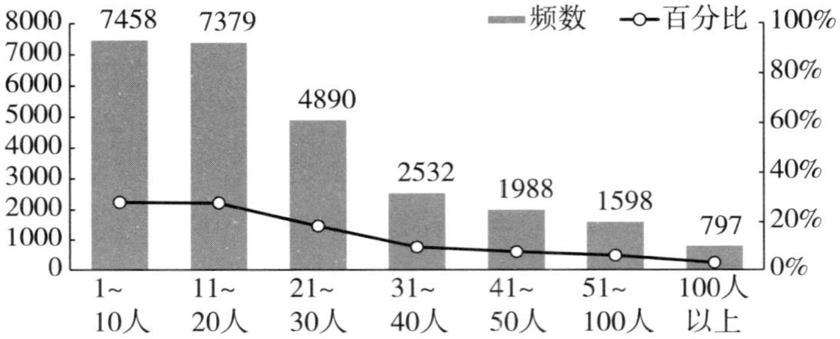

图 8　社会体育指导员科学健身指导人数

3. 指导人群年龄分布

社会体育指导员指导人群年龄分布呈“山峰状”态势，指导人群年龄主要集中在 50~59 岁。如图 9 所示，指导人群年龄在 50~59 岁的占比达到 59.69%。峰值左侧 20~49 岁，随着年龄的增长，参与体育锻炼的人群数量逐渐增加；峰值右侧 60 岁及以上，随着年龄的增长，参加体育锻炼的人群数量逐渐减少。

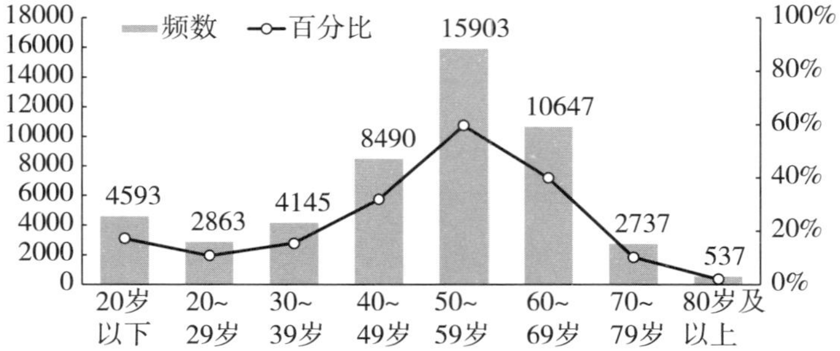

图 9　社会体育指导员科学健身指导人群年龄分布

（三）科学健身指导的行为

1. 指导项目

我国社会体育指导员科学健身指导项目呈多样化态势，指导项目种类多达93项，切实满足人民群众健身指导多元化需求。如表4所示，社会体育指导员指导项目中健身操舞（30.29%）、太极类（26.59%）、健身气功（12.45%）的比例较高；武术类的占比为5.54%；球类运动以柔力球（5.86%）、篮球（5.59%）、羽毛球（3.04%）、乒乓球（2.41%）、足球（2.14%）、排球（1.60%）、门球（0.50%）、网球（0.49%）、毽球（0.42%）等指导项目为主；律动类运动以健身操舞（30.29%）比例最高，其次是健身秧歌（5.74%）、体育舞蹈（4.09%）、健身腰鼓（2.79%）和健身瑜伽（1.11%）等；田径类运动项目包括健步走（4.04%）和跑步（2.00%）等；水中项目以游泳（1.70%）、钓鱼（0.31%）和龙舟（0.11%）为主；冰雪项目包括冰壶（0.32%）、滑雪（0.25%）、冰雪知识（0.20%）、滑冰（0.15%）和冰球（0.05%）等；棋类指导项目以中国象棋（0.44%）、围棋（0.39%）、国际象棋（0.10%）、国际跳棋（0.02%）、藏棋（0.01%）等为主。

表4　社会体育指导员科学健身指导项目

运动项目	百分比/%	运动项目	百分比/%	运动项目	百分比/%
健身操舞	30.29	围棋	0.39	航海模型	0.04
太极类	26.59	冰壶	0.32	举重	0.03
健身气功	12.45	钓鱼	0.31	柔道	0.03
柔力球	5.86	滑雪	0.25	冬季两项	0.03
健身秧歌	5.74	花棍	0.22	手球	0.03
篮球	5.59	拔河	0.20	垒球	0.03
武术类	5.54	冰雪知识	0.20	皮划艇	0.03
体育舞蹈	4.09	花毽	0.18	业余无线电	0.03
健步走	4.04	滑冰	0.15	马术	0.03
羽毛球	3.04	射箭	0.14	蹴球	0.03

续表

运动项目	百分比/%	运动项目	百分比/%	运动项目	百分比/%
健身腰鼓	2.79	定向越野	0.12	掷球	0.02
其他	2.71	风筝	0.11	国际跳棋	0.02
乒乓球	2.41	龙舟	0.11	荷式篮球	0.02
组织管理	2.21	木球	0.10	空手道	0.02
足球	2.14	国际象棋	0.10	软式网球	0.02
跑步	2.00	射击	0.10	藤球	0.02
跳绳	1.87	自由搏击	0.10	高脚竞速	0.02
健身健美	1.76	航空模型	0.09	高尔夫球	0.02
游泳	1.70	摔跤	0.08	壁球	0.02
排球	1.60	台球	0.08	押加	0.02
健身瑜伽	1.11	飞镖	0.08	响箭	0.02
民族传统类	0.84	拳击	0.08	藏式摔跤	0.02
舞龙舞狮	0.80	滑板	0.07	赛艇	0.01
空竹	0.60	信鸽	0.07	帆板	0.01
自行车	0.58	桥牌	0.07	保龄球	0.01
门球	0.50	车辆模型	0.06	板鞋竞速	0.01
网球	0.49	珍珠球	0.06	打牛角	0.01
中国象棋	0.44	电子竞技	0.05	吉韧	0.01
毽球	0.42	冰球	0.05	藏棋	0.01
跆拳道	0.41	击剑	0.05	曲棍球	0
轮滑	0.39	棒球	0.06	橄榄球	0

2. 指导次数

社会体育指导员基本达到每周参加 1 次及以上的科学健身指导，半数以上的社会体育指导员每周参加指导的次数为 4 次及以上。如图 10 所示，53.67%的社会体育指导员平均每周能参加 4 次及以上科学健身指导，其中平均每周能参加 7 次及以上的人数最多，占比为 20.42%；每周参加 5 次的占比为 14.27%；参加 6 次的占比为 10.62%；参加 4 次的占比为 8.35%。此外，

46.33%的社会体育指导员平均每周参加指导次数在3次及以下，每周参加3次的人数最多，占比为18.25%；每周参加2次的占比为14.66%；参加1次的占比为13.39%；每周参加0次的人数最少，仅占0.03%。

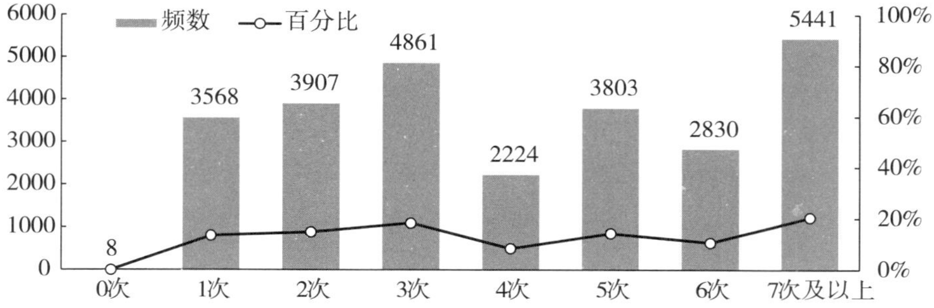

图10　社会体育指导员每周科学健身指导次数

3. 指导时长

社会体育指导员每次科学健身指导的时长基本在30分钟以上。如图11所示，指导时长在31~60分钟的人数最多，占比为41.83%；61~90分钟的占比为30.02%；91~120分钟的占比为14.82%；少于30分钟的占比为6.35%；121~180分钟的占比为3.90%；多于180分钟的占比最少，为3.08%。

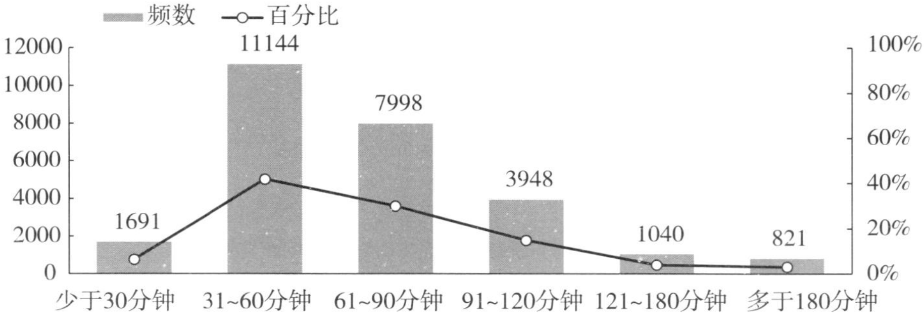

图11　社会体育指导员每次科学健身指导时长

（四）科学健身指导的保障

1. 指导场所

社会体育指导员科学健身指导的场所主要选择在公园、广场等。如图12

所示，选择在公园、广场等开放场所的人数最多，占比为49.79%；社区文体中心、社区健身俱乐部等的占比为24.68%；学校、单位场地的占比为21.18%；住宅小区开放场所的占比为21.19%；备案的健身指导站点（含社区活动站、公园指定区域等）的占比为18.33%；其他场所的占比为9.55%。

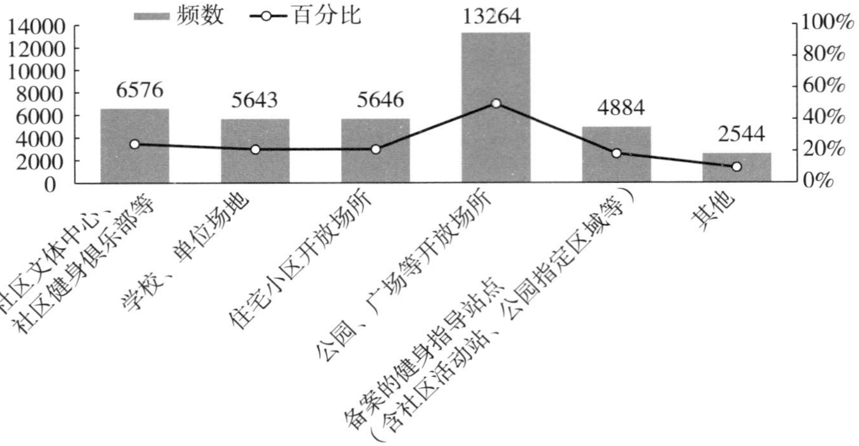

图12 社会体育指导员科学健身指导场所

2. 经费支持

我国社会体育指导员参与科学健身指导活动以无经费支持为主，多数以自费方式维持。如表5所示，社会体育指导员的科学健身指导无经费支持比例偏高，占比达到87.20%；仅有12.80%的社会指导员有经费支持。

表5 社会体育指导员科学健身指导经费支持

经费支持	样本量/人	占比/%
有	3409	12.80
无	23233	87.20

3. 经费来源

社会体育指导员的经费来源主要为管理部门支持。如图13所示，在3409份选择“有经费支持”的调查样本总量中，经费来源为管理部门支持的数量最多，占比为 69.17%；活动者交纳的占比为 46.17%；社会赞助的占比为 30.74%；其他来源的占比为 5.72%。

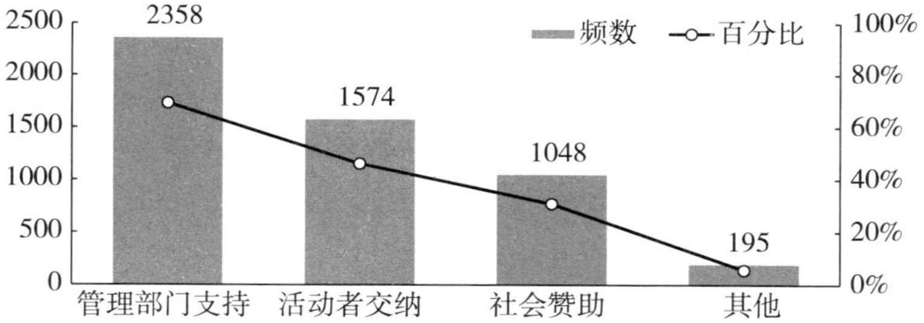

图 13　社会体育指导员科学健身指导经费来源

4. 设备器械

社会体育指导员科学健身指导所需设备器械多以自费方式购买。如图 14 所示，社会体育指导员科学健身指导所需设备器械以“自己花钱购买”“活动者自备或共同购买”“活动参加者集体租用”等自费方式获取，占比分别为 54.53%、36.09%和 7.76%。此外，“活动组织单位配备”设备器械的占比为 18.23%，“社会赞助”仅占 7.30%。设备器械保障的不确定性，会影响社会体育指导员和体育锻炼人群的参与积极性。

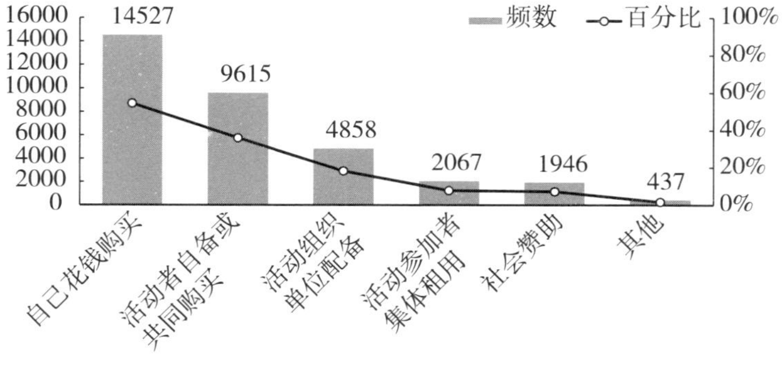

图 14　社会体育指导员科学健身指导器械来源

三、社会体育指导员参与科学健身指导遇到的困难

我国全民健身公共服务体系建设在满足群众多元化、个性化需求方面，

取得了显著成绩。但由于不同区域发展水平不均衡，社会体育指导员科学健身指导过程中遇到的困难存在地区差异性，因此，明确当前社会体育指导员服务群众过程中遇到的不同困难（图 15），是提高服务质量的关键。

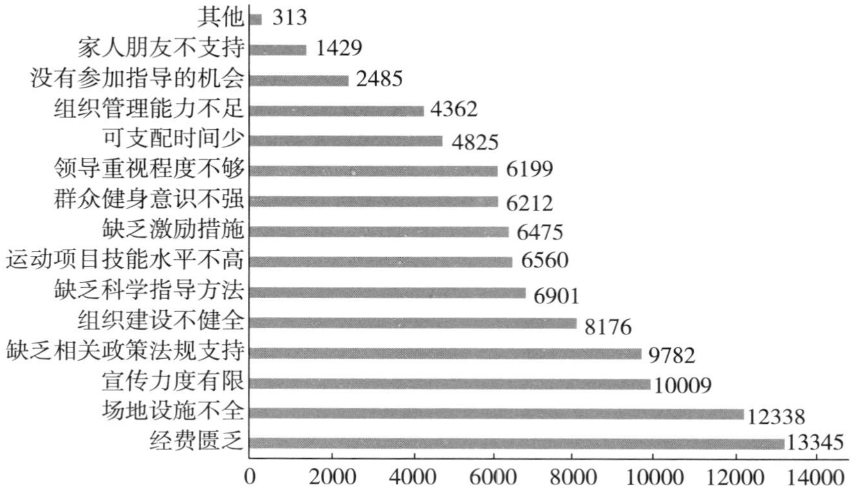

图 15　社会体育指导员科学健身指导过程中遇到的困难

（一）政府保障：领导重视不足，经费、场地匮乏

政府在体育发展方式的改革和转变中起到决定性作用。如图 15 所示，社会体育指导员遇到的困难中，“经费匮乏”居于首位，占比为 50.09%；“场地设施不全”的占比为 46.31%；“领导重视程度不够”的占比为 23.27%。

（二）社会参与：群众健身意识不强，可支配时间少

群众健身意识不强影响社会参与程度。如图 15 所示，社会体育指导员认为科学健身指导过程中社会参与普遍存在“群众健身意识不强”的现象，占比为 23.32%；锻炼人群受到职业状态的影响，“可支配时间少”的占比为 18.11%；“家人朋友不支持”也是社会参与不足的原因之一，占比为 5.36%。

（三）协会管理：组织建设不健全，管理能力不足

社会体育指导员队伍的可持续发展需要组织协会的管理。如图 15 所示，

30.69%的社会体育指导员认为“组织建设不健全”；16.37%的社会体育指导员认为“组织管理能力不足”。这些是目前我国社会体育指导员队伍管理面临的现实性问题。

（四）媒介宣传：宣传力度有限，社会体育指导员的影响力不足

宣传是塑造社会体育指导员社会形象并提升影响力的重要手段，同时也是激励社会体育参与公益服务的重要举措，因此宣传力度有限是社会体育指导员工作开展的主要影响因素之一。如图 15 所示，37.57%的社会体育指导员认为“宣传力度有限”是目前社会体育指导员的影响力不足的重要原因之一。

（五）制度保障：制度建设不健全，激励措施缺乏

制度框架是建设体育强国的助推器。由于我国公益性社会体育指导员制度起步晚，激励和保障等制度建设还存在不足。如图 15 所示，“缺乏相关政策法规支持”的占比为 36.72%，“缺乏激励措施”的占比为 24.30%。

（六）专业能力：运动技能水平不高，缺乏科学健身方法

专业能力是社会体育指导员的核心素质，其水平的高低直接关系到其工作成效。目前，我国社会指导员依旧存在“缺乏科学指导方法、运动项目技能水平不高”的问题。如图 15 所示，“缺乏科学指导方法”的占比为 25.90%，社会体育指导员自身“运动项目技能水平不高”的占比为 24.62%。

四、结语

我国社会体育指导员被调查对象的人口学特征为年龄以中老年为主，性别以女性为主，职业以退休人员为主，学历程度以高中以上为主，地域分布广泛等。社会体育指导员参与科学健身指导的动机以强身健体、兴趣爱好为主，通过自发、自费方式，在开放场所指导相对固定的人群，每次 30 分钟以上，指导项目以健身操舞、太极类、健身气功等为主。社会体育指导员科学健身指导存在的困难为政府保障不足、社会参与不广、协会管理不善、媒介宣传不够、专业能力不佳等。“十四五”时期，需进一步完善社会体育指导员政策保障机制，鼓励群众参与科学健身，优化协会的组织建设，推进社会体

育指导员信息管理系统建设，拓宽宣传渠道，创新培训体系建设并提升专业服务能力等。

参考文献：

［1］王美．国家级社会体育指导员专业能力评价体系建立与实证研究［J］．北京体育大学学报，2013，36（8）：33-38.

［2］李士荣，刘彦琛．探析我国社会体育指导员的职业化发展［J］．山西财经大学学报，2009，31（1）：287，297.

［3］刘青健．中国社会体育指导员动态发展比较研究［J］．北京体育大学学报，2007，30（7）：901-903.

［4］于善旭．论我国社会体育指导员制度的多元发展与创新［J］．体育与科学，2014，35（5）：97-102.

［5］薛玉行．公益性社会体育指导员本质特征分析［J］．体育文化导刊，2013（4）：27-29.

［6］于善旭．中国社会指导员工作纳入志愿服务体系的探讨［J］．体育学研究，2018（3）：37-47.

［7］齐豹．新时期体育发展方式转变中的政府行为研究［J］．山东体育科技，2014（3）：12-15.

［8］刘纯献．建设体育强国的风向标和助推器［J］．北京体育大学学报，2012（1）：1-5.

“十三五”时期社会体育指导员协会发展情况报告

冯欣欣　李佳宝　胡孟蕃*

20世纪90年代初，为促进群众体育发展，国家体委制定发布《社会体育指导员技术等级制度》，这成为我国社会体育指导员制度正式建立和启动社会体育指导员工作的重要标志。此后，越来越多专业的社会体育指导员加入群众体育指导队伍。在国家大力发展群众体育的背景下，上海、江苏等地率先成立省级社会体育指导员协会，2010年国家体育总局主导成立国家级社会体育指导员协会，此后，各地加快了成立社会体育指导员协会的步伐。各级社会体育指导员协会在贯彻落实《全民健身条例》和各周期《全民健身计划》中发挥了重要作用，但社会体育指导员协会发展仍存在诸多问题。本报告在对我国社会体育指导员协会发展现状进行调查的基础上完成，以期为新时代我国社会体育指导员协会高质量发展提供思路。

国家体育总局社会体育指导中心组织相关专家学者制定《“十三五”时期全国社会体育指导员组织管理状况调查问卷》，并在全国31个省（自治区、直辖市）和新疆生产建设兵团展开调查，共收集样本3605份，其中选择已成立社会体育指导员协会的有2085份。

一、2020年社会体育指导员协会的总量情况

（一）各地区社会体育指导员协会成立情况

截至2020年12月，上海市、江苏省、河北省等29个省（自治区、直辖市）

* 冯欣欣，博士，沈阳体育学院教授、研究生导师，研究方向为体育社会组织治理。李佳宝，博士，沈阳体育学院副教授、研究生导师，研究方向为体育社会学。胡孟蕃，硕士研究生，沈阳体育学院研究生工作部，研究方向为公共体育服务。

已成立社会体育指导员协会。各地社会体育指导员协会成立时间不一，省级层面仍有四川省、云南省、新疆生产建设兵团尚未成立，但拟申报本级协会（表1）。

表1 各地区社会体育指导员协会成立时间

省（自治区、直辖市）	时间/年
上海市	2003
江苏省	2003
河北省	2004
浙江省	2004
河南省	2009
安徽省	2009
广西壮族自治区	2011
北京市	2011
山西省	2011
辽宁省	2011
湖南省	2011
天津市	2011
甘肃省	2011
广东省	2012
江西省	2012
新疆维吾尔自治区	2012
青海省	2012
湖北省	2012
吉林省	2012
福建省	2012
海南省	2013
山东省	2013
黑龙江省	2013
重庆市	2013
贵州省	2014
内蒙古自治区	2014
宁夏回族自治区	2014
西藏自治区	2016
陕西省	2020

续表

省（自治区、直辖市）	时间/年
四川省	拟申报
云南省	拟申报
新疆生产建设兵团	拟申报

（二）各地区拥有社会体育指导员协会的数量

为健全完善协会管理体系，各省（自治区、直辖市）体育管理部门依据我国《社会体育指导员管理办法》（以下简称《办法》）规定，组织成立地市级、区县级协会。调查显示，拥有地市级协会的省（自治区、直辖市）共30个，占93.75%；拥有区县级协会的省（自治区、直辖市）共23个，占71.88%。总体来看，社会体育指导员协会覆盖面较广，未建立地市级和区县级协会的地区主要是西南地区（表2）。

表2　各地区各级社会体育指导员协会数量

省（自治区、直辖市）	省级/个	地市级/个	区县级/个
北京市	1	9	0
天津市	1	8	0
河北省	1	13	168
山西省	1	4	24
内蒙古自治区	1	14	103
辽宁省	1	4	10
吉林省	1	11	55
黑龙江省	1	5	20
上海市	1	16	0
江苏省	1	12	95
浙江省	1	9	19
安徽省	1	15	51
福建省	1	10	61
江西省	1	10	39
山东省	1	9	13
河南省	1	15	73

续表

省（自治区、直辖市）	省级/个	地市级/个	区县级/个
湖北省	1	17	103
湖南省	1	3	0
广东省	1	18	85
广西壮族自治区	1	4	6
海南省	1	3	5
重庆市	1	2	0
四川省	0	4	17
贵州省	1	0	0
云南省	0	1	0
西藏自治区	1	1	0
陕西省	1	4	15
甘肃省	1	10	37
青海省	1	4	11
宁夏回族自治区	1	1	13
新疆维吾尔自治区	1	6	3
新疆生产建设兵团	0	0	0

二、社会体育指导员协会发展存在的问题

调查反映了当前我国社会体育指导员协会发展中存在的问题，集中体现在以下三方面。

（一）官民双重属性明显，协会管理自主性不足

社会体育指导员协会的管理沿袭了我国“政府与协会同构式”管理体制。《社会体育指导员管理办法》并未明确协会的性质，仅规定“社会体育指导员由其开展志愿服务所在地的县级体育主管部门实行属地管理。各级体育主管部门可以委托社会体育指导员协会等群众性体育组织和基层文化体育组织，承担社会体育指导员管理的具体工作”。这一规定，使各地协会多依赖体育行政部门。关于协会成立的发起主体，调查中有 1101 人选择由政府有关部门发起成立协会，占比为 52. 81%；193 人选择政府与企业共同发起成立协会，占比为 9. 26%；选择由个人发起、企业发起、企业与个人共同发起，以及其他方式成立协会的总占比是 37. 94%（图 1）。关于协会的管理方式，从反馈数

据来看，选择协会与体育管理部门分离的有 337 人，仅占 16. 16%；选择与体育管理部门合一的有 1081 人，占 51. 85%（图 2）。关于协会法定代表人身份的调查显示，由公职人员担任的有 787 人，由企业负责人担任的有 386 人，占比分别为 37. 75%和 18. 51%（图 3）。协会的行政色彩浓厚，官民双重属性明显。

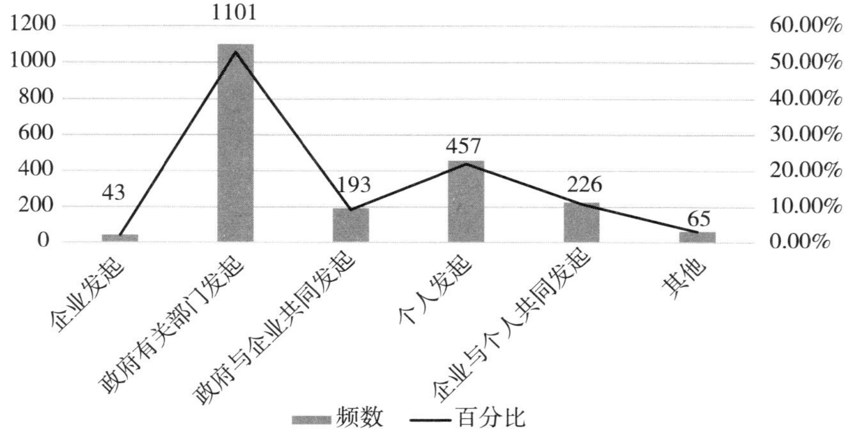

图 1　协会成立发起主体

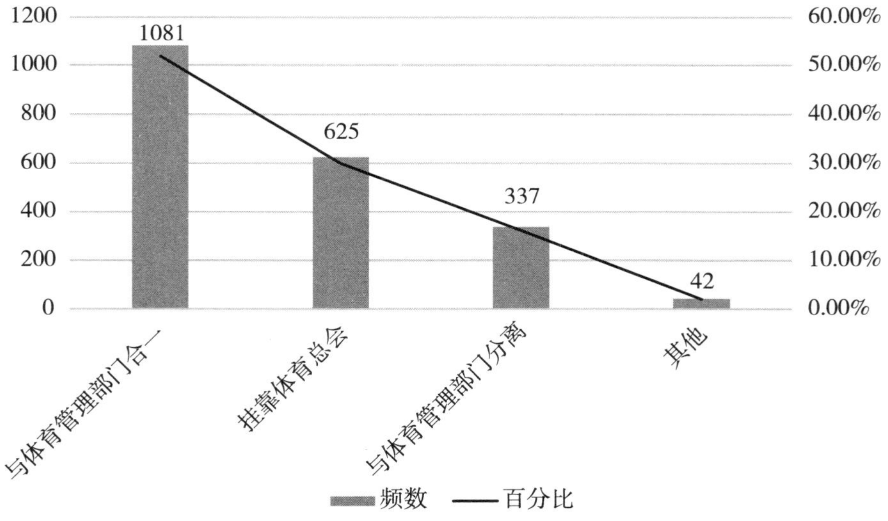

图 2　协会管理方式

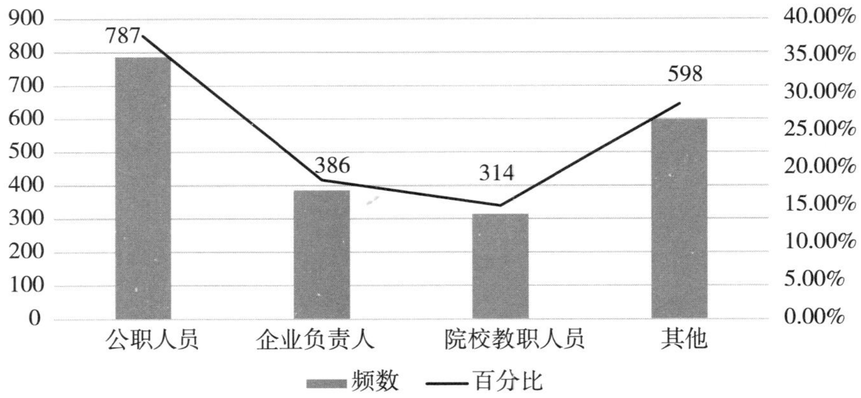

图 3　协会法定代表人身份

由于同构于体育行政部门，协会管理的自主性不足，资金使用和决策制定都受到行政部门的限制。近年来，随着体育管理体制改革的深入，体育行政部门会适当给予协会一定自主权，但实际上协会仍高度依赖体育行政部门。一些重要事项的决策，协会仍需听从体育行政部门的统一安排，充当体育行政部门执行者的角色。调查显示，仍有大部分协会在资金使用方面不具备独立的资金支配权。关于协会是否拥有独立资金账户的调查显示，有 30.22%的被调查者选择协会无独立资金账户（图 4）。

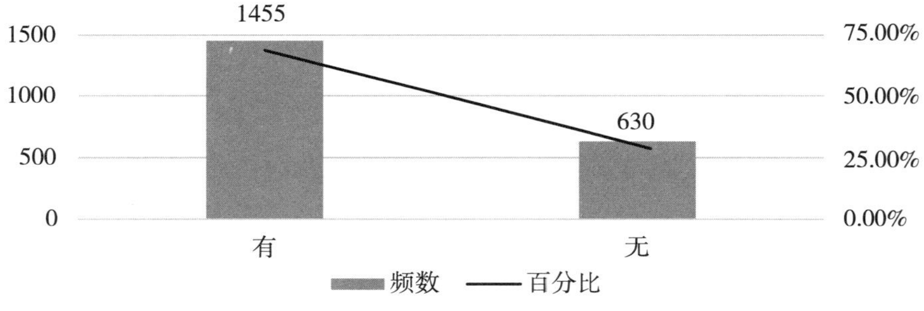

图 4　协会拥有独立资金账户情况

（二）专职管理人员比例低，协会发展面临人力资源瓶颈

协会的健康持续发展离不开具备专业能力的专职管理人员。据被调查者反馈，协会专职工作人员占 45.32%，兼职和其他形式工作人员占 54.68%（图

5)，专职工作人员少于兼职工作人员。关于协会负责人是否为专职的调查显示，有 50. 70% 的被调查者是专职管理者，有 47. 15% 的被调查者为兼职，还有 2. 15%的被调查者为其他身份人员（图 6）。从问卷调查可以看出，作为协会重要管理机构的理事会，其成员大多采用兼职挂名方式，并不参与协会的日常管理工作。大多协会只有少数专职人员承担管理职责，同时，这些专职人员需承担组织社会体育指导员培训和协会日常管理等诸多任务。各类繁杂的管理工作致使本不充足的专职工作人员难以有精力规范地开展协会的各项工作，更无暇顾及协会长远发展。

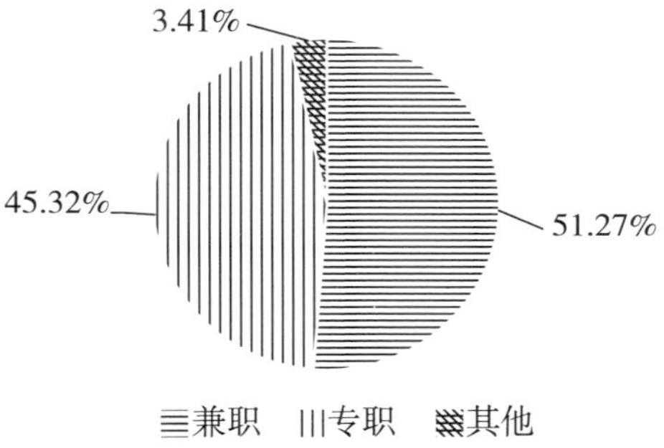

图 5　协会工作人员专职比例

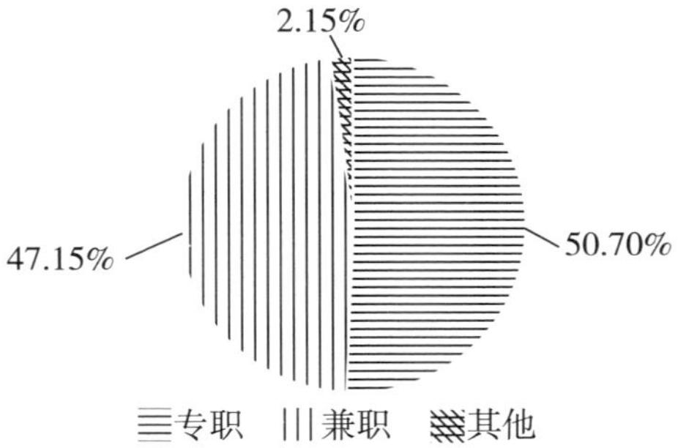

图 6　协会负责人专职比例

(三) 资金来源渠道单一，筹资能力弱

多数协会的绝大部分资金来自政府拨款，部分协会收取个人和单位会员的会费，部分协会通过参与政府购买公共体育服务获得资金，极少能获得企

业赞助。关于协会资金来源的调查结果显示，选择参与政府购买服务的有1330人，占比为63.79%；选择未参与政府购买服务的有755人，占比为36.21%（图7）。选择收取个人会费的有413人，占比为19.81%；选择未收取个人会费的有1672人，占比为80.19%（图8）。选择收取单位会费的有339人，占比为16.26%；选择未收取单位会费的有1746人，占比为83.74%（图9）。可见，多数协会的经费来自政府和收取的会费，经费来源比较单一，致使协会发展资金不足。缺乏经费是各级协会发展面临的主要困境。

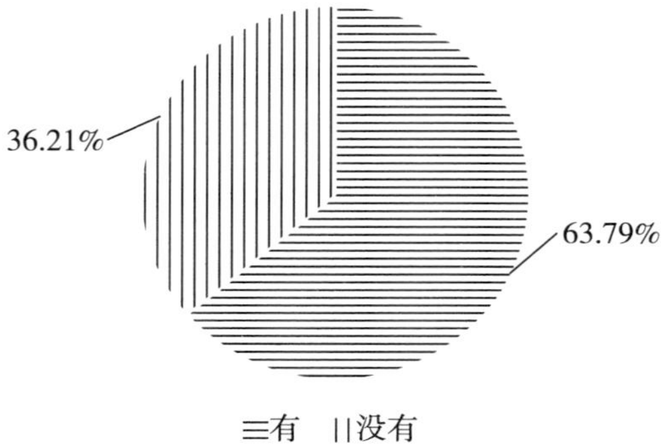

图7　协会参与政府购买服务比例

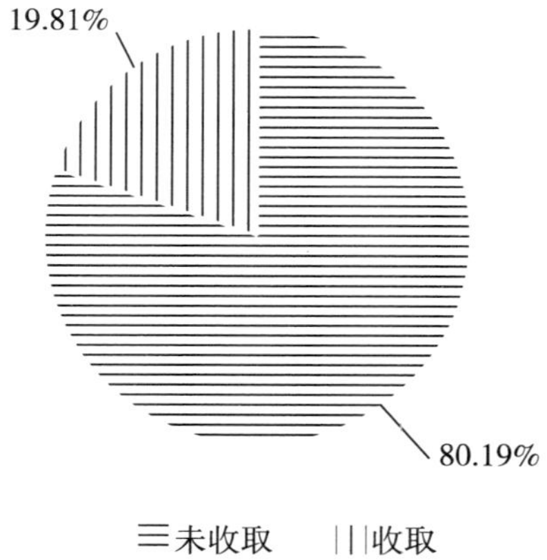

图8　协会收取个人会费比例

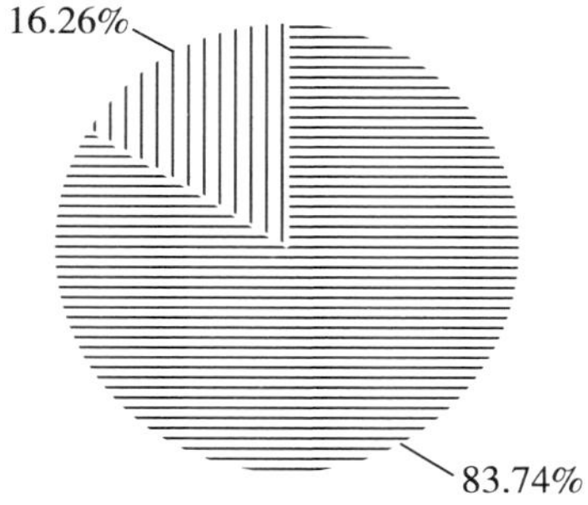

图 9　协会收取单位会费比例

三、促进社会体育指导员协会发展的政策建议

（一）加强地方性政策支持，改变协会发展不平衡状况

各级体育管理部门应进一步采取有效措施，对社会体育指导员协会发展较慢的地区进行扶持，可依托发展基础较好的运动项目协会或在当地规模大、组织化程度较高、具有影响力的民间体育社会组织成立社会体育指导员协会，也可借助企业、高校等社会力量成立协会。同时，应尤其关注区县级社会体育指导员协会的成立情况，给予基层体育管理部门必要的指导，帮助其成立协会，并出台政策，培育和扶持基层协会发展，尽快改变协会发展不平衡现象。

（二）加快体育行政部门职能转移，构建政府与协会新型关系

社会体育指导员协会是公益性社会组织，也是当前国家积极鼓励发展的一类组织，更是承接政府职能和公共服务的主要组织类型。调查显示，协会发展面临的诸多问题，根源在于其与政府同构的体制障碍。推动协会高质量发展，就必须明确政府职能，厘清政府与协会的关系。以往政府大包大揽的公共服务供给方式存在诸多弊端，已成为社会各界的共识，政府体育行政部门转变职能、完善治理，应从以下方面着手。首先，要转变观念。政府体育行政部门应该深刻认识体育社会组织在我国体育发展中的作用、价值，继续从政策、资金和资源等方面扶持社会体育指导员协会的发展，培育其提供更

高效率、更高质量社会体育指导服务的能力。同时，体育行政部门还要坚定敢于放权的观念，将更多不涉及体育管理核心职能的事务交由体育社会组织完成，形成协会与体育行政部门合作治理的格局。其次，推动协会与体育行政部门脱钩。可以借助近年来推行的“脱钩改革”，促进协会从机构人员、办公场地、资金使用等方面与挂靠的体育行政部门脱离，真正将其推向社会。最后，着力构建二者的平等关系。协会脱钩后，主要承担提供公共服务职责，体育行政部门可采用购买服务的方式与其合作，在合作过程中形成平等关系。一方面，协会获得资金，确保运行；另一方面，体育行政部门不过多干涉协会的日常事务。

（三）加强协会组织建设，完善人才队伍结构

调查发现大部分协会比较松散，组织能力不足。协会领导者对协会发展起到关键作用。各级协会应建立和完善组织机构，明确职责权限，提高管理的规范性。政府部门可通过制定新的社会体育指导员管理制度，构建有利于协会吸引人才的激励制度，为协会完善人才队伍提供制度保障，使协会更具吸引力，能吸引更多有能力的志愿者加入协会管理，为破除协会的人才瓶颈奠定基础。

（四）拓宽筹资渠道，提升协会活力

协会应提高公共体育服务能力，积极参与政府购买公共体育服务，扩大宣传，提升协会的知名度和美誉度，努力赢得更多的社会支持。协会可以通过与企业和其他社会组织等进行广泛合作，扩大筹集资金的渠道，广泛利用社会资源，争取自身发展所需资金，建立和完善自我造血机制，提高影响力，改变由政府单一投资的发展方式，形成多方面、多渠道的融资形式，让体育真正回归社会、回归大众。

社会体育指导员协会应利用自身根植于民的优势，深入基层，体察民情，充分调研，了解群众需求，及时满足民众的健身需求，不断学习，增加知识储备，提高服务水平。同时，完善协会网站建设，筹备开展网络咨询和定期、定点咨询活动，为市民解答健身问题和提供科学健身指导。这不仅加强了协会与社会体育指导员及广大市民的联系与沟通，也扩大了协会在本市及周边

地区的影响力。

（五）完善监督机制，提升协会公信力，促进协会规范化发展

当前社会体育指导员协会的监督机制建设不到位，缺乏有效的监督手段，监督效果不够明显。完善监督机制可以从以下四方面努力。其一，科学设计协会的监督机制。完善相关的法律法规，减少政府对协会的干预，只对协会的财务、承担项目的执行情况进行评估和监督；此外，应突出对重点人员、重点环节的监督。其二，推行协会信息公开制度。协会公开信息可以让政府、媒体、公众深入了解协会的具体运作过程，便于各个主体对协会进行监督，充分发挥政府监督、舆论监督和公民监督的作用，促进协会按规行事和遵守对社会的承诺。其三，完善监督范围及监督方式。其四，引入第三方评估。鉴于当前协会“官民双重属性”，协会的主要领导多由政府在职或退休干部担任，如果由政府单独监督和评估协会，往往会发生“做运动员又做裁判员”的自己监管自己的现象。第三方评估机构具有独立性、权威性和专业性，因此，引入第三方监管机构可以保障监督、评估的客观性、公平性和公正性，有利于创造良好的监督环境。这些方面的发展与完善，为协会公信力的提升和制度的不断完善，以及组织规范化运作都提供了制度保障。

参考文献：

［1］于善旭．论我国社会体育指导员制度变化发展的深层动因［J］．成都体育学院学报，2014，1（40）：1-6.

［2］刘国永，裴立新．中国体育社会组织发展报告（2016）［M］．北京：社会科学文献出版社，2016.

［3］刘国永，王欢．中国社会体育指导员发展报告（1994—2014）［M］．北京：社会科学文献出版社，2016.

［4］王晓毅，姜立嘉．中国大学生体育协会发展研究［J］．西安体育学院学报，2011，28（1）：50-54.

［5］余永龙，刘耀东．游走在政府与社会组织之间——枢纽型社会组织发展研究［J］．探索，2014（2）：154-159.

［6］梁枢．市场化转型背景下体育社会组织改革研究［J］．体育与科学，2015（1）：108-112.

[7] 石生．欧盟国家体育协会与政府的关系研究及借鉴［J］．天津体育学院学报，2012（1）：84–87.

[8] 裴立新．新时代中国体育社会组织发展研究［J］．体育文化导刊，2019（3）：17–22.

[9] 汪文奇，金涛，冯岩．新时代体育社会组织参与体育治理的机遇、困境与策略行动［J］．武汉体育学院学报，2018（11）：12–17.

“十三五”时期社会体育指导员培训情况报告

夏树花　荆智源　窦孟元*

社会体育指导员培训作为社会体育指导员队伍建设的重要环节，不仅是社会体育指导员理论知识和技能水平提高的重要途径，更是促进全民健身活动科学开展的重要人力资源保障。2011 年国家体育总局印发《全国体育人才发展规划（2010—2020 年）》，其中明确要求获得社会体育指导员技术等级证书的人数 2015 年达到 100 万以上、2020 年达到 150 万以上。截至 2015 年底，全国登记注册的社会体育指导员有 200 万人[1]，这代表“十三五”时期社会体育指导员培训目标不仅超额而且提前完成。社会体育指导员数量增长源于社会需求，量、质并举，才能全面、系统、有效地利用好、实现好、发挥好社会体育指导员作用，因此加强培训保障，培养和造就一支结构合理、质量过硬、规范有序、充满活力的新时代社会体育指导员队伍尤为迫切。

一、“十三五”时期社会体育指导员队伍建设的情况

2016 年中共中央、国务院印发《“健康中国 2030”规划纲要》，其中提出“共建共享、全民健康”的战略主题。社会体育指导员是发展我国社会体育，促进全民健身，建设体育强国的一支重要力量。“十三五”时期，各省市积极落实《全民健身计划（2016—2020 年）》《全国体育人才发展规划（2010—2020 年）》等政策，并以社会体育指导员培训为实施的重要抓手。截至 2020 年底，全国社会体育指导员累计约 260 万人。“十三五”时期，社会体育指导员队伍建设成效显著。

---

* 夏树花，博士，河南师范大学副教授、研究生导师、体育学院副院长，研究方向为体育社会学和体育教学。荆智源，河南师范大学硕士研究生。窦孟元，河南师范大学硕士研究生。

如图 1 所示，2016 年社会体育指导员培训、继续培训累计人数为 47128 人，2017 年培训、继续培训累计人数为 61904 人；达到“十三五”时期社会体育指导员培训、继续培训数量顶峰；之后，2018 年、2019 年、2020 年培训、继续培训数量逐渐下降，分别为 59823 人、55456 人与 30461 人。“十三五”时期，我国社会体育指导员培训、继续培训数量虽整体得到快速增长，但受新冠肺炎疫情的影响，社会体育指导员培训、继续培训数量大幅减少，社会体育指导员线下培训受阻，发展线上培训，促进线上与线下培训相结合的培训形式成为新的发展趋势。

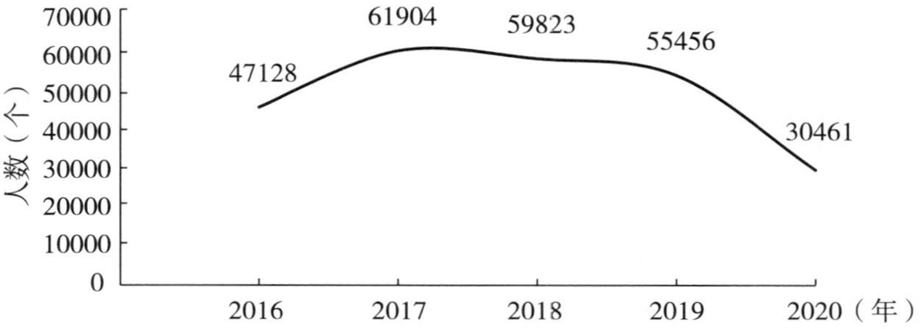

图 1　“十三五”时期各省社会体育指导员培训、继续培训人数

数据来源：国家体育总局群众体育司，“十三五”时期全国社会体育指导员发展情况信息汇总。

二、“十三五”时期社会体育指导员培训基地建设的情况

社会体育指导员培训基地承担着培养社会体育指导员的重任，培训基地建设是全民健身发展的可靠保障。为促进社会体育指导员培训工作高效发展，在国家体育总局和地方各级体育部门的共同努力下，各省市根据自身经济发展水平及需求差异，不断完善各级社会体育指导员培训体系。截至 2020 年底，全国共有国家级社会体育指导员培训基地 30 个；一级社会体育指导员培训基地 347 个，二级社会体育指导员培训基地 720 个，三级社会体育指导员培训基地 2549 个（表 1）。“十三五”时期，我国共增加 1 个国家级社会体育指导员培训基地，为安徽师范大学；如表 2 所示，增加 143 个一级社会体育指导员培训基地，其中增加 5 个及以上一级社会体育指导员培训基地的有 8

个地区（江西省、安徽省、浙江省、云南省、广东省、广西壮族自治区、内蒙古自治区、贵州省）；增加246个二级社会体育指导员培训基地，其中增加10个及以上二级社会体育指导员培训基地的有12个地区（北京市、天津市、内蒙古自治区、黑龙江省、广东省、浙江省、安徽省、江西省、河南省、新疆生产建设兵团、新疆维吾尔自治区、山东省）；增加940个三级培训基地，其中增加50个及以上三级社会体育指导员培训基地的有7个地区（内蒙古自治区、黑龙江省、广东省、江西省、河南省、新疆维吾尔自治区、山东省）。由于各个地方的人口数量、经济发展水平及地理位置不同，培训基地的建设也存在不同特点。国家级社会体育指导员培训基地分布十分广泛，除湖南省、西藏自治区及新疆生产建设兵团，各地区国家级社会体育指导员培训基地均已建设完善；一级、二级、三级社会体育指导员培训基地数量持续增加，其中面积广阔、人口较多的新疆维吾尔自治区、山东省、江西省、河南省、广东省、黑龙江省、内蒙古自治区社会体育指导员培训基地增加数量较多，但二级、一级社会体育指导员培训基地增加较少，除河南省、广东省，其他5个地区二级社会体育指导员培训基地增加数量均未超过20个。

表1　全国各级社会体育指导员培训基地数量情况

培训基地等级	“十三五”前培训基地数量/个	“十三五”时期新增培训基地数量/个	2020年底培训基地总数量/个
国家级	29	1	30
一级	204	143	347
二级	474	246	720
三级	1609	940	2549

数据来源：国家体育总局群众体育司，“十三五”时期全国社会体育指导员发展情况信息汇总。

表2　“十三五”时期各地区一级、二级、三级培训基地增加数量汇总

省（自治区、直辖市）	一级培训基地数量/个	二级培训基地数量/个	三级培训基地数量/个
北京市	4	34	34
天津市	2	16	16
重庆市	0	0	1

续表

省（自治区、直辖市）	一级培训基地数量/个	二级培训基地数量/个	三级培训基地数量/个
内蒙古自治区	7	18	70
黑龙江省	1	17	152
辽宁省	1	2	13
广西壮族自治区	11	0	0
广东省	19	21	121
福建省	3	0	0
云南省	26	5	9
浙江省	12	11	0
安徽省	17	17	35
江西省	8	12	107
河南省	2	33	158
山西省	1	1	0
甘肃省	4	0	0
海南省	1	5	3
贵州省	15	0	0
吉林省	0	9	19
宁夏回族自治区	1	5	22
新疆生产建设兵团	1	14	0
新疆维吾尔自治区	3	15	101
青海省	1	0	0
山东省	3	11	79

数据来源：国家体育总局群众体育司，“十三五”时期全国社会体育指导员发展情况信息汇总。

三、“十三五”时期社会体育指导员培训情况

（一）培训师资

不同类型的师资，教学观念、教学经验、教学态度、专业擅长等均有不同，一支思想素质高、业务能力强、专业知识精、教学水平高的培训团队是

提高社会体育指导员质量的关键所在[2]。通过《“十三五”时期社会体育指导员组织管理情况》（管理者问卷）数据分析可知（表3），来源于体育管理部门、项目协会、专业队的师资分别占总师资人数的31.79%、25.34%与14.80%，是社会体育指导员培训师资的主要来源途径；来源于高校的师资，占总师资人数的12.13%，相较来源于科研机构、医院、企业及其他部门的师资较多；来源于科研机构（4.63%）、医院（3.73%）、企业（4.15%）与其他部门（3.43%）的师资总和约占总师资人数的15.94%。总体来看，社会体育指导员培训师资处于不均衡状态，来源于体育管理部门、项目协会、专业队、高校的师资较多，来源于医院、企业、科研机构及其他部门的师资较少。

表3　社会体育指导员培训师资来源

培训师资来源	频次/次	比例/%
高校	705	12.13
项目协会	1472	25.34
专业队	860	14.80
科研机构	269	4.63
体育管理部门	1847	31.79
医院	217	3.73
企业	241	4.15
其他	199	3.43

数据来源：国家体育总局社会体育指导中心，《“十三五”时期社会体育指导员组织管理情况》（管理者问卷）调查数据。

（二）培训内容

随着全面小康社会的建成，我国居民参与健身活动的内部结构已发生改变，从以往的“基础锻炼型”转变为“发展享受型”，原有健身项目已不能满足居民日益增长的健身需求。“十三五”期间，各省市开展了丰富多样的培训项目（骑行、登山、徒步、游泳、球类、广场舞等），促进了全民健身的全面发展。在信息化、大数据平台快速发展的背景下，尤其是在新冠肺炎疫情期间，网上短视频 APP（抖音、今日头条、快手等）直播成为全民学习健身的重要途径。同时，数字信息技术的快速发展对社会体育指导员工作提出了新的挑战，新形势下，社会体育指导员培训内容面临新的要求。

通过表 4 可知，全国多数省市所用教材都是国家通级教材，被选择 2004 次，占总选择频次的 67.59%；自编通级教材、没有教材及其他的选择频次仅占总选择频次的 32.41%，由此可知国家通级教材仍然是社会体育指导员培训基地的主要培训教材。

表 4　社会体育指导员培训内容来源

培训内容来源	频次/次	百分比/%
国家通级教材	2004	67.59
自编通级教材	658	22.19
没有教材	264	8.90
其他	39	1.32

数据来源：国家体育总局社会体育指导中心，《“十三五”时期社会体育指导员组织管理情况》（管理者问卷）调查数据。

1. 主要培训教材

社会体育指导员技术等级培训教材是依据培训大纲编写的，为社会体育指导员开展各级培训工作的主要依据。社会体育指导员技术等级培训大纲是根据《全民健身条例》，结合我国社会体育指导员工作的实际情况制定的。培训教材适用于社会体育指导员培训的学员和体育院校社会体育专业的学生，以及其他社会体育工作者。目前，社会体育指导员培训教材共两版，包括 2003 年版《社会体育指导员技术等级培训教材》和 2012 年版《社会体育指导员技术等级培训教材》。2003 年版《社会体育指导员技术等级培训教材》由国家体育总局群众体育司根据《社会体育指导员技术等级培训大纲（2003 年版）》组织编写。2012 年版《社会体育指导员技术等级培训教材》包括三级、二级、一级、国家级四册，由国家体育总局群众体育司、社会体育指导中心组织有关专家根据《社会体育指导员技术等级培训大纲（2011 年版）》编写和审定。此教材以工作规范、基本知识、组织管理、健身指导和自设内容为纲目，列举了80余个教学专题和若干知识点，吸纳了近年来我国公共体育服务和全民健身志愿服务及社会体育实践与发展的新成果，更贴近培训工作和各级社会体育指导员的工作实际，成为“十三五”时期各地区培训基地开展培训工作的主要参考教材。

2. 自设培训教材

《体育发展“十三五”规划》提出要完善全民健身活动体系，鼓励开发适合不同人群、不同地域特点的特色运动项目。部分省市培训基地以国家体育总局群众体育司、社会体育指导中心组织有关专家编写的培训教材为依据，结合自身区域特点及政策契机编制适合区域特色的培训内容与教材。

北京市为了迎接冬奥会，在课程中增加奥林匹克文化与冰雪欣赏、大力推进冰雪运动与新时代背景下的冰雪运动及健康等冰雪项目知识理论。青海省在指导员培训工作中，结合自身地域、民族等特点，鼓励培训机构编写补充材料，如理论部分《高原环境营养与健康》《民间民族体育》等。2019年江西省国家级培训补充教材课程增加《志愿者条例与社会体育指导员的使命和履职》等，并在教学中突出健身技能指导和提高群体活动组织管理能力的学习和交流，为江西省社会体育指导员更有效地履职奠定扎实的理论基础。区域特色运动项目的培训将社会体育指导员培训内容区域化体现得淋漓尽致，增强了区域社会体育指导员志愿服务的针对性。各省市协会通过微信、微博、一直播、网易、抖音、快手、听听FM等多个平台播出的科学健身在线课堂深受群众喜爱，多方面满足群众多样体育文化生活需求。2018年北京市社会体育指导员信息管理系统培训班举办，针对各单位在培训及系统使用中遇到的问题进行解答和处理[3]，为社会体育指导员的网络培训及管理打下了良好的基础。

3. 培训课程——以6地国家级社会体育指导员培训基地课程为例

国家级社会体育指导员培训是最具代表性、最高水平的社会体育指导员培训，由国家体育总局批准的国家级社会体育指导员培训基地承担。培训内容契合当下社会需求，以发挥社会体育指导员最大价值为目的。参照《社会体育指导员技术等级培训大纲（2011年版）》的培训要求，以2019年S、B、Z、H、G、F 6地的国家级社会体育指导员培训基地的培训课程表为例，从培训内容、培训时数等方面分析国家级社会体育指导员培训具体情况。

S、B、Z、H、G、F 6 地国家级社会体育指导员培训均采用线下方式开展，6 地培训内容各具特色。如图 2 所示，S 地更重视培养社会体育指导员的健身指导能力，将健身指导课程作为该地培训课程的主要部分，但组织管理与自设内容缺乏；B 地遵照社会体育指导员培训大纲要求安排了规范的国家级社会体育指导员课程，较重视社会体育指导员的实践指导能力，技能练习课程较多，同时培训内容中加入冰雪运动理论知识，体现了民众对北京 2022 年冬奥会的社会需求，有助于塑造奥运城市形象；G 地结合自身独特的地理位置，大力开展山地户外运动项目，注重基本知识和组织管理课程的培训，倾向于理论内容而缺少实践性的技能指导课程，健身指导课程较少；F 地比较重视组织管理类的课程和基本知识及健身指导课程，较倾向于培养组织管理型的社会体育指导员；Z 地培训内容较均衡，大力开展地区特色项目——混元太极；H 地培训内容趋向国际化、智能化，基本知识占比大，技能指导课程较少，其课程特点为理论性较强。

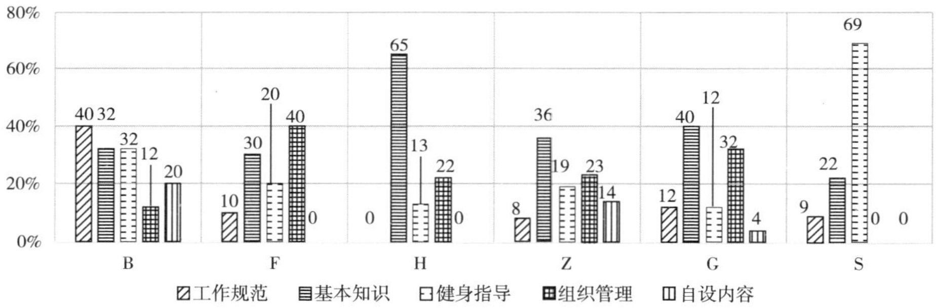

图 2　2019 年 6 地国家级社会体育指导员培训内容

总的来说，6 地国家级社会体育指导员培训内容呈现以下特点。①组织管理和基本知识课程内容较多，而自设内容、工作规范相关内容较少。6 地国家级社会体育指导员培训内容结构中组织管理和基本知识的平均占比分别约为 22%和 38%，都略高于《社会体育指导员技术等级培训大纲（2011 年版）》的比例要求；自设内容和工作规范的平均占比分别约为 6%和 13%，低于培训大纲的要求；健身指导的平均占比约为 28%，与培训大纲要求基本符合。②各地根据国家政策，结合所处地理位置设置当地喜闻乐见、易于开展的特色项目。例如，B 地为迎接冬奥会，结合气候特点，积极普及冰雪运动理论知识和推广冰雪运动；G 地地势多山地和丘陵，主要开展山地户外运动课程培训。整体来看，6 地国家级社会体育指导员培训内容各具特色，但有关指导教学类课程和基本礼仪类课程相对缺乏，信息技术类培训内容与整体服务水平还有很大提升空间。

（三）培训类型

目前，社会体育指导员培训主要分为技术等级培训和继续培训两种培训类型。随着我国经济社会的转型，信息技术的快速发展，社会体育指导员培训不断创新发展。

1. 技术等级培训

培训项目的多样化发展是满足不同群体多样化健身需求的重要保障，“十三五”时期，社会体育指导员培训项目趋向多样化发展，从开始以健身舞、太极拳、健身操、篮球为主的培训项目发展至今丰富多样的培训项目，如体育舞蹈、风筝、健身操、健身舞、广播体操、八段锦、柔力球、毽球、气排球、跳绳、太极剑、健身气功、木兰扇、田径等多种项目。同时，各省市结合区域特点或特殊人群设置特色项目培训，极大地丰富了社会体育指导员技术等级培训内容。例如，2019 年 11 月 23 日，河北省石家庄市举办体医融合培训班，近 200 名基层社区医生参加了此次技术等级培训。培训采取理论与实践相结合的方式，就体医融合、运动处方基础原理与制定标准、科学健身等方面，向学员们传授了国内外的先进理念和研究成果[4]。2020 年 10 月，北京市中医师健身气功社会体育指导员培训班开班，共有 200 名驻院执业中医师参加培训，本次培训将健身气功在形体活动、呼吸吐纳、心理调节方面的突出作用，与中医治未病、身心共养的独特优势相结合，发挥健身气功和中医在养生、保健、康复方面的重要作用。石家庄与北京体医融合培训班的成功举办，在某种意义上促进了社会体育指导员培训工作进一步开展，完善了社会体育指导员自身的医学理论知识体系，提高其对不同年龄阶段、慢性疾病学员进行更科学、专业指导的能力，同时也在慢慢弥补当前时代医体复合型人才匮乏的不足。针对农村社会体育指导员数量少，农村体育发展慢的问题，2015 年至今，安徽省委组织部选调办联合举办 5 次大学生村官一级培训班，每次培训 100 人，把大学生村官培养成社会体育指导员，通过开展各类群众体育活动，极大地丰富了基层群众文化生活，对增强基层群众体育锻炼具有重大意义。

2. 继续培训

继续培训不仅能完善社会体育指导员自身理论知识结构、提高其技能水平，还能使社会体育指导员持续获得新理念、新方法，不断提高科学指导能力，满足全民健身的社会需求。根据《社会体育指导员管理办法》，国家体育总局社会体育指导中心要求各级体育主管部门、经批准的协会和委托的组织应当每年举办 1 次以上社会体育指导员继续培训，并举办社会体育指导员工作交流和展示活动，提高社会体育指导员思想素质和业务能力。吉林省长春市每年拨款 28 万元，主要用于社会体育指导员继续教育培训，继续教育培训时间长达六天半，共 40 学时。同时，每年会选择 2～3 个大众项目，举办2～4 期的专项技能继续教育培训，不断提高社会体育指导员的志愿服务水平。2020 年 7 月，江苏省淮安市举办一线社会体育指导员技能（排舞项目）再培训，培训对象为一线社会体育指导员及开展全民健身公益服务的社会体育项目的教练员。2020 年 10 月，上海市闵行区为持续提高社会体育指导员骨干技能水平与知识能力，对 56 名活跃于基层的社会体育指导员骨干进行再培训，培训内容主要为健身知识与技能水平。

除以集中学习为主要形式的继续培训，各省市也会通过举办各种社会体育指导员健身技能展示大赛来提高社会体育指导员服务能力。例如，2019 年为期 2 天的京津冀社会体育指导员健身技能展示大赛通州分站赛，共吸引了来自北京市通州、顺义、平谷、怀柔等区，以及天津市、河北省等京津冀三地的 58 支代表队，全方位展示社会体育指导员的技能和教学能力[5]。大赛为京津冀社会体育指导员搭建了一个交流、展示、学习、互动的平台，进一步助力京津冀协同发展和社会体育指导员队伍健康发展。2014—2020 年底，广东省体育局连续举办 5 届广东省社会体育指导员健身技能展示大赛，参赛社会体育指导员累计达 1800 多名。此比赛促进了社会体育指导员间的技能交流，展示了社会体育指导员的风采，增强了社会体育指导员自身荣誉感，进一步扩大了社会体育指导员的社会影响力，间接提高了社会体育指导员技能水平和服务水平。

整体来看，“十三五”时期社会体育指导员培训项目越来越趋向于多样化、专业化、便捷化、实用化，培训类型持续创新发展，在一定程度上缓解了人民群众对体育的多元化需求与供给之间的矛盾。

（四）培训形式

随着信息时代的快速发展，社会体育指导员线上培训逐渐成为社会体育指导员培训的重要形式，尤其新冠肺炎疫情期间，线上培训的作用得到充分发挥。“十三五”时期社会体育指导员培训形式的网络化，不仅实现了大规模、低成本的培训目标，也有助于社会体育指导员及时更新自身理论知识，了解新兴项目，同时打破线下培训的局限性，增强时效性，“线上+线下”的社会体育指导员培训成为新的发展趋势。

2020 年 8 月 22 日，江苏省徐州市贾汪区举办线上三级社会体育指导员培训班，来自全区各站点的 300 余名健身骨干参加了培训，这是贾汪区历年来参与培训人数最多的一年。同时，依据疫情防控要求，线下的技能培训也在有序开展，贾汪区广场健身舞运动协会会长带领“舞动城乡”志愿服务队已走进公园、社区和站点[6]。2020 年 9 月 8 日，河北省组织社会体育指导员线上培训，为全省的 3600 多名社会体育指导员开展公共基础知识的线上教学。线上培训涉及社会体育指导员公共基础知识、广播体操、健身气功、毽球、空竹、健身瑜伽、柔力球、幼儿体育、户外运动 9 门课程。其中，健身气功项目由各市分别组织 50 人参加；广播体操、毽球、空竹、健身瑜伽、柔力球、幼儿体育、户外运动 7 个项目，由各市按项目分别组织 30 人参加[7]。2020 年 11 月 18 日，在疫情防控常态化的背景下，山东省烟台市创新线上形式，使所有参与培训的社会体育指导员通过“海看体育”APP 观看功法教学视频，达到相应考核要求后即可申报健身气功一级社会体育指导员[8]。线上与线下培训的有机结合有效地弥补了线下培训的缺点与不足，对社会体育指导员培训尤其是继续培训具有重大意义，为社会体育指导员后期学习新的理论与技能拓展了便捷的学习通道。

四、“十三五”时期社会体育指导员培训存在的问题

（一）教师授课方式单一

社会体育指导员培训以理论讲授为主、实践为辅，且授课方式单一。周玉强、闫民研究表明，“满堂灌”的传统理论培训方法在一定程度上不利于学员的自主思考，也不利于社会体育指导员培训效果的提升，会降低培训的效果和效率[9]。杨中兵、王江萍研究认为，国家级社会体育指导员培训授课方式单一，缺乏探究式、讨论式及启发式教学方法，影响学员学习积极性[2]。社会体育指导员培训中教师过度依赖培训教材，在有限的时间内传授较多的知识，重培训数量，轻培训质量；重培训结果，轻培训过程，导致参训学员在一定时间内出现“听不懂”的现象，影响了培训质量。

（二）师资队伍来源需完善

不同师资在教学理念、授课方法、讲授技巧及专业知识等方面存在差异，如体育管理部门在管理方面具有丰富的经验与技巧，培训组织管理类的课程具有优势；项目协会、专业队更适合讲授健身指导类的技能课程；具有扎实基础知识的高校教师传授理论知识更为适宜。根据《社会体育指导员技术等级培训大纲（2011年版）》要求，社会体育指导员培训内容主要包括工作规范、基本知识、组织管理、健身指导和自设内容5个方面。但当前社会体育指导员师资队伍中来源于体育管理部门和项目协会的师资较多，其次是专业队与高校的师资，而来源于科研机构、企业、医院及其他组织的师资较少，讲授工作规范的相关师资短缺。培训师资队伍的来源只有符合培训内容需求，才能有效提高社会体育指导员培训质量，需要拓展培训师资的来源渠道，改善培训师资队伍结构。

（三）不同等级评价不明确

根据《社会体育指导员管理办法》中社会体育指导员技术等级晋升标准，晋升三级社会体育指导员需近一年内开展或协同开展30次以上志愿服务；晋升二级社会体育指导员需获得三级社会体育指导员称号后，累计（以工作注

册为准）开展志愿服务两年以上；晋升一级社会体育指导员需获得二级社会体育指导员称号后，累计（以工作注册为准）开展志愿服务三年以上；晋升国家级社会体育指导员需获得一级社会体育指导员称号后，累计（以工作注册为准）开展志愿服务四年以上。三级社会体育指导员晋升要求至少进行30次志愿服务，而二级、一级、国家级晋升没有明确说明服务次数，只要求注册时间达到标准即可，缺少明确的技能水平、理论知识或者指导能力要求，晋升标准比较模糊。

（四）培训内容不完善

1. 服务意识及服务素质内容欠缺

社会体育指导员培训课程表内容的设置对社会体育指导员培训发展的方向有重要决定作用。如果社会体育指导员在指导健身过程中出现言谈举止缺少基本礼仪的现象，将有损社会体育指导员的形象。如图2所示，国家级社会体育指导员培训内容中，6地的工作规范培训平均课时未达到《社会体育指导员技术等级培训大纲（2011年版）》的要求，而工作规范中关于社会体育指导员礼仪、服务规范的课只有社会体育指导员应具备的素质和素养、社会体育服务规范、社会体育指导员的继续学习与提高三节，课时比较少，导致社会体育指导员对于工作规范类知识学习较少，不利于其自身素质与素养、服务指导、礼仪等方面的提高。

2. 信息技术应用类内容短缺

中国互联网络信息中心发布的第48次《中国互联网络发展状况统计报告》的数据显示，截至2021年6月底，我国网民规模达10.11亿，较2020年12月增长2175万，互联网普及率达71.6%。浩大的网民数量对我国社会体育指导员的信息化能力提出了巨大挑战。在信息技术日新月异的推进下，人们传统的思维和生活方式改变，网络将成为社会体育指导员学习及参与志愿服务的重要渠道，而信息技术应用能力也应成为社会体育指导员综合能力的一部分。同时，社会体育指导员参与志愿服务逐渐信息化，如社会体育指导员通过网络（抖音、快手等短视频APP）进行健身指导或宣传健身知识，成为大势所趋。

分析《社会体育指导员技术等级培训大纲（2011 年版）》《社会体育指导员技术等级培训教材》内容可知，教材以工作规范、基本知识、组织管理、健身指导和自设内容为纲目，列举了 80 余个教学专题和若干知识点，但关于信息技术应用类却很少（如何网上学习，使用抖音、快手等短视频 APP 等信息技术知识）。通过图 2 国家级社会体育指导员培训内容可知，全国多省市社会体育指导员培训中普遍缺乏信息技术应用类知识。

五、结语

社会体育指导员在全民健身服务过程中扮演着引导者、指导者、推动者的角色，其队伍规模及服务质量对提升全民健身的科学化认知和参与程度，以及丰富人们的文化生活具有重要作用，也是我国由体育大国向体育强国迈进过程中不可或缺的力量。“十三五”时期，我国社会体育指导员培训工作取得显著成效，社会体育指导员与社会体育指导员培训基地数量大幅提升、培训内容与类型丰富多样、培训形式逐步信息化，但存在教师授课方式单一、师资队伍来源需完善、不同等级评价不明确、培训内容不完善等问题。因此，社会体育指导员培训工作仍需进一步完善，发挥项目协会作用，多途径吸收优质资源；创新培训形式；多部门协同参与；考核志愿服务时长和科学指导能力；健全培训内容体系等，进一步推动社会体育指导员培训工作开展，助力全民健身国家战略建设。

参考文献：

[1] 黎庆 .2017 全国社体指导员交流展示大赛促提高 [EB/OL].[2021 - 12 - 27]. http://www. sport. gov. cn/n317/n344/c827988/content. html.

[2] 杨中兵，王江萍 . 多元参与的全民健康路径实践研究——以国家级社会体育指导员培训为例 [J]. 北方民族大学学报，2021（4）：147-152.

[3] 北京市社会体育管理中心 .2018 年北京市社会体育指导员信息管理系统培训班举办 [EB/OL]. [2021-10-08]. http://tyj. beijing. gov. cn/bjsports/gzdt84/zwdt/1563601/index. html.

[4] 石家庄市人民政府 . 运动促进健康：我市举办体医融合培训班 [EB/OL]. [2021-11-25]. http://www. sjz. heibei. com. cn/system/2019/11/25/100115532. shtml.

[5] 王灿 . 京津冀社会体育指导员交流展示大赛举行 [EB/OL].[2021 - 11 - 05].

http://www.sport.gov.cn/n317/n344/c911249/content.html.

[6] 徐州市贾汪区人民政府．贾汪区举办三级社会体育指导员线上培训班 [EB/OL]. [2021-12-24]. http://www.xzjw.gov.cn/xwzx/001002/20200824/230b832f-df43-464-c-b7c3-a16d3e0a09a5.html.

[7] 河北省体育局社体中心．2020 年河北省社会体育指导员线上培训活动启动 [EB/OL]. [2021-12-09]. http://www.sport.gov.cn/n14471/n14474/n14511/c962585/content.

[8] 国家体育总局．山东烟台健身气功社会体育指导员线上培训 [EB/OL]. [2021-11-18]. http://www.sport.gov.cn/n14442/c970080/content.html.

[9] 周玉强，闫民．山东省公益性社会体育指导员队伍发展困境及优化路径 [J]. 山东体育学院学报，2017，33（6）：26-30.

“十三五”时期社会体育指导员活动情况报告

今润觉　冯建民*

“十三五”时期，国家体育总局社会体育指导中心、社会体育指导员协会举办的“全国社会体育指导员交流展示大会”不断发展完善，为社会体育指导员搭建了交流展示的国家级平台，成为一年一度的全国知名品牌活动。

一、全国社会体育指导员交流展示大会发展进程

早在2008年11月，国家体育总局社会体育指导中心就充分调研了地方社会体育指导员工作先进经验，参考了2005年在上海市举办的国家级社会体育指导员交流活动、2006年北京市首届社会体育指导员技能大赛等赛事活动的成功做法，在江苏省举办了首届全国“群众喜爱的社会体育指导员”评选暨全国社会体育指导员技能展示大会。该项活动由国家体育总局主办，国家体育总局社会体育指导中心、江苏省体育局承办。此后，国家体育总局社会体育指导中心、社会体育指导员协会又结合多个地区开展社会体育指导员交流、展示、竞赛等相关活动的好模式、好做法，如2009年云南省全民健身日系列活动社会体育指导员展示活动、2012年江西省第4届全民健身运动会首届社会体育指导员技能展示大赛、2012年吉林省社会体育指导员技能交流展示活动、2013年河南省“全民健身　舞动中原”品牌展演暨社会体育指导员技能展示活动等，同时总结2011—2013年全国绿色运动大会社会体育指导员技能与风采交流展示活动的成功经验，从全国社会体育指导工作大局出发，组织专家进行了科学探讨与深入研究，于2014年11月在安徽省池州市举办了首届全国社会体育指导员素质大赛。竞赛项目由技能竞赛（健身项目自选，

* 今润觉，社会体育指导员协会理事。冯建民，海南师范大学硕士研究生。

由参赛者选择适宜在舞台表演展示的个人项目）、体能竞赛、知识竞赛和演讲竞赛四个板块构成。此次大赛既是对各地社会体育指导员队伍建设成果的一次大检阅，也是拓展全国社会体育指导员交流和展示活动的新尝试，更是自2010年社会体育指导员协会成立以来，采用“政府主导、部门协同、全社会共同参与”模式举办的一次具有创造性的实践活动。

2015年举办的第2届全国社会体育指导员素质大赛分为南部、北部分区赛和总决赛三部分，其中南部、北部分区赛分别于6月、7月在湖北省黄石市、内蒙古自治区呼和浩特市举办，8月12—15日在黑龙江省哈尔滨市举行了大赛总决赛。此届大赛仍然设置技能竞赛（分设健身舞类、健身操类、武术气功类、其他类四个组别）、体能竞赛、知识竞赛和演讲竞赛四个竞赛项目。

2016年主办单位对前两届大赛进行深入总结，并吸收了各地体育主管部门和参赛社会体育指导员的反馈意见与建议，将其更名为全国社会体育指导员交流展示大赛，并将竞赛项目调整为教学技能展示（分为两类：健身操舞类，武术、气功和其他类）、主题演讲、理论测试、现场指导四个板块，取消了体能竞赛内容，使之更能体现社会体育指导员的属性特征与功能指向。此届大赛采取分赛区的模式，分别于9月和10月在内蒙古自治区包头市（北部赛区）、安徽省池州市（南部赛区）举行。

2017年9月在甘肃省兰州市举办的第4届全国社会体育指导员交流展示大赛，设有技能比赛（包括广场舞、柔力球两个项目）、展示交流、知识测试、主题演讲和现场问答多项竞赛内容，同时邀请专家为参赛社会体育指导员进行健身理论及技能知识讲座。

为更好地满足社会体育指导员交流学习与展示提高的实际需求，2018年大赛再度更名为全国社会体育指导员交流展示大会，并于12月18—20日在重庆市荣昌区隆重举行。此届大会仅设技能比赛和展示两项内容，其中技能比赛选择了群众喜闻乐见的广场舞、健身秧歌、太极扇三个健身项目（三选二）；展示项目旨在挖掘具备科学健身功能、适合在健身站点开展的创新性群众健身项目，并举办了社会体育指导员工作交流展等活动。每类竞赛内容均分为A、B两组进行竞赛，A组以省（自治区、直辖市）、新疆生产建设兵团为单位组队报名参赛，运动员必须是经常在一线从事指导、服务工作的社会体育指导员；B组以省级、地级、县级体育部门、协会、俱乐部等独立法人组织为单位组队。此届大会通过对赛制进行改革创新，搭建了“全民健身”体育健康文化交流新舞台，有利于吸引更多人才加入社会体育指导员队伍，促进了人们对全民健身的认知、认同，切实推动了社会体育指导员工作的不断创新发展。其间还召开了2018年全国社会体育指导员协会工作会议、全国社会体育指导员学术论文报告会、全国社会体育指导员工作研讨会等，为全国社会体育指导员工作者搭建了相互交流与学习的良好平台。

2019年全国社会体育指导员交流展示大会在项目设置上沿用上一届的做法，分为健身技能比赛（健身操舞类、武术类）和交流展示项目（原则上为已被列为非物质文化遗产、具备科学健身功能、适合在健身站点开展的群众健身项目），各设A、B两个组别。项目设置既突出了对较大群体规模体育项目的关注重视，又兼顾了对传统健身项目的整理传承与创新发展。大会期间还特别邀请高水平教师组织社会体育指导员进行了现场授课活动。此届大会采取了“分区参会+年终总结”的新模式，在6月、10月先后成功举办湖北站、山东站大会之后，年终交流展示总结大会于11月12—15日在安徽省池州市举行，共有来自全国26个省（自治区、直辖市）及新疆生产建设兵团的600余名一线社会体育指导员参会。

2020年为贯彻落实国家体育总局办公厅下发的《关于大力推广居家科学健身方法的通知》精神，社会体育指导员协会积极策划、周密组织，将交流展示活动的“线下舞台”转为“线上平台”，广泛推送居家健身视频，普及科学健身知识，推广居家健身的科学方法，倡导健康的生活方式，号召广大群众在新冠肺炎疫情期间坚持锻炼身体，同时鼓励广大社会体育指导员积极发挥引领带动作用，通过各类网络途径分享居家健身知识与经验，带动更多群众参与居家健身，提高身体素质，安全战胜新冠肺炎疫情。

自2011年在全国绿色运动大会上举办社会体育指导员技能与风采交流展示活动开始，国家体育总局社会体育指导中心、社会体育指导员协会已连续9年举办全国性的社会体育指导员交流展示活动，其中“十三五”时期连续举办4届（2016—2020年）共7场线下活动（表1），这是社会体育指导员协会组织的年度规模最大、规格最高的综合性活动，也是全国一线社会体育指导员相互交流与集中展示的“大舞台”，对促进全民健身和全民健康深度融合，推动体育强国建设和健康中国建设起到了积极的作用。

表 1 “十三五”时期全国社会体育指导员交流展示活动举办情况一览表

序号	举办时间	举办地点	备注
1	2016 年 9 月	内蒙古自治区包头市	北部赛区
2	2016 年 10 月	安徽省池州市	南部赛区
3	2017 年 9 月	甘肃省兰州市	—
4	2018 年 12 月	重庆市荣昌区	—
5	2019 年 6 月	湖北省武汉市	湖北站
6	2019 年 10 月	山东省邹城市	山东站
7	2019 年 11 月	安徽省池州市	年终总结大会
8	2020 年	—	线上活动

二、全国社会体育指导员交流展示大会产生的积极影响

（一）为全国社会体育指导员提供了一个交流展示的平台

每年一度的盛会，激发了广大社会体育指导员的社会感、荣誉感，增加了社会体育指导员的社会认知度，促进了社会体育指导员工作的再开展。通过全国社会体育指导员交流展示大会这一品牌活动，促进了各地社会体育指导员之间的相互学习，强化了其对社会体育指导员工作“奉献、服务、健康、快乐”宗旨的认知、认同，提高了社会体育指导员的健身指导技能，增强了社会体育指导员的科学健身指导理念，带动了各地社会体育指导员队伍的均衡发展，促进了各省（自治区、直辖市）社会体育指导员工作的提升进步，为推动基层群众体育工作，满足人民群众科学健身需求发挥了积极作用。

（二）给各地社会体育指导员工作的开展提供了良好的学习范本

各地纷纷以全国社会体育指导员交流展示大会为基础模板，在本地区举办形式多样的社会体育指导员交流展示活动，或对原有的社会体育指导员交流展示活动进行改革与规范，并逐步形成具有较高知名度和较大影响力的群众体育品牌活动。全国社会体育指导员交流展示大会成为社会体育指导员交

流展示、互相学习、经验借鉴的良好平台，对推动各地社会体育指导员技能水平的提高，促进各地全民健身活动的深入开展发挥了独特的作用。以甘肃省为例，该省自 2013 年首次举办社会体育指导员交流展示大赛，到 2020 年的“我要上全运”甘肃省社会体育指导员暨健身站点技能交流展示大赛，已连续举办了 8 届全省社会体育指导员交流展示活动。“十三五”时期，除港、澳、台及新疆生产建设兵团，各省（自治区、直辖市）均举办了本地区的省级社会体育指导员交流展示活动，具体情况如表 2 所示。

表 2　“十三五”时期各地举办省级社会体育指导员交流展示活动情况一览表

序号	省（自治区、直辖市）	举办届数/届	举办时间/年	社会体育指导员交流展示活动创新项目
1	北京市	5	2016—2020	京津冀社会体育指导员交流展示大赛
2	天津市	5	2016—2020	京津冀社会体育指导员交流展示大赛
3	河北省	2	2016—2017	京津冀社会体育指导员交流展示大赛
4	山西省	2	2019—2020	山西最美社会体育指导员电视大赛
5	内蒙古自治区	5	2016—2020	
6	辽宁省	4	2016—2019	
7	吉林省	4	2016—2019	
8	黑龙江省	3	2016—2018	
9	上海市	5	2016—2020	
10	江苏省	4	2017—2020	
11	浙江省	3	2016—2018	
12	安徽省	4	2016—2019	
13	福建省	2	2019—2020	
14	江西省	4	2016—2019	
15	山东省	5	2016—2020	
16	河南省	5	2016—2020	
17	湖北省	5	2016—2020	
18	湖南省	4	2017—2020	

续表

序号	省（自治区、直辖市）	举办届数/届	举办时间/年	社会体育指导员交流展示活动创新项目
19	广东省	3	2016、2018—2019	
20	广西壮族自治区	4	2017—2020	
21	海南省	5	2016—2020	
22	重庆市	4	2016—2020	成渝社会体育指导员广场健身操（舞）技能大赛
23	四川省	4	2016—2020	成渝社会体育指导员广场健身操（舞）技能大赛
24	贵州省	1	2019	
25	云南省	1	2020	
26	西藏自治区	5	2016—2020	
27	陕西省	4	2016—2020	
28	甘肃省	5	2016—2020	
29	青海省	4	2016—2019	
30	宁夏回族自治区	5	2016—2020	
31	新疆维吾尔自治区	5	2016—2020	

同时，社会体育指导员交流展示活动还在各省（自治区、直辖市）的省会城市及地市、区县乃至乡镇举办，如东莞市凤岗镇于2019年举办首届社会体育指导员展示大赛并选拔优秀队伍代表广东省参加了当年的全国社会体育指导员交流展示大会；2020年10月22日举办第2届大赛，给最基层的一线指导员提供了交流展示的平台和机会，很好地带动了当地社会体育指导员工作的良性、快速发展。另外，部分省（自治区、直辖市）还创新了社会体育指导员交流展示活动的形式与内容，北京市、天津市、河北省三地的体育主管部门与社会体育指导员协会，不仅分别举办本地区的社会体育指导员交流展示活动，而且在2018年、2019年联合举办京津冀社会体育指导员交流展示大赛。2019年、2020年山西省连续举办两届最美社会体育指导员电视大赛，以电视节目的形式展现社会体育指导员的良好形象与美丽风采。2020年9月在成都市龙泉驿区举办的成渝社会体育指导员广场健身操（舞）技能大赛则为成都市、重庆市两地社会体育指导员和健身操（舞）爱好者们提供了跨区

域的展示交流平台。甘肃省、浙江省、山东省等地还举办了本省分片区的多市、县社会体育指导员交流展示活动，如2018年甘肃西片区一级社会体育指导员培训班暨社会体育技能交流展示大赛，2020年山东沿黄九市社会体育指导员健身技能精品项目展示活动，2020年浙江省西片区社会体育指导员技能展示交流活动暨健身气功、广场舞社会体育指导员（衢州站）培训班等。北京市等部分省（自治区、直辖市）还将社会体育指导员交流展示活动纳入本地区的体育大会、全民健身运动会等综合性运动会，进一步扩大了社会体育指导员工作的社会影响范围。

（三）是培养社会体育指导员优秀人才的“催化剂”

随着全国社会体育指导员交流展示大会的持续举办，参加交流展示的队伍和人员越来越多样化、基层化，很多都是来自区县、乡镇的一线社会体育指导员。参加交流展示大会这一全国性的赛事活动对一线社会体育指导员来说，既是一种荣誉，更是一次难得的宝贵学习机会。通过参与大会的各项活动，来自全国各地的一线社会体育指导员们相互交流，专业技能与指导水平都得到了质的提升，成为各地开展社会体育指导员工作的宝贵火种，直接带动了当地社会体育指导员整体水平的提高；通过对大会评判规则的学习与实践，把握全民健身项目的正确发展方向，促进了社会体育指导工作的科学化发展和赛事活动的规范化发展。此外，连续多届大会的成功举办，还培养了一大批来自社会体育指导员队伍的优秀评审人才，身兼多能，技术全面，业务熟练，既是教学指导的老师，又是执裁评判的专家；既是活动策划的高手，又是组织管理的内行，同时建立了一支团结、专业、严谨、高效的执行工作团队。这些优秀人才不仅为大会的成功举办提供了有力保障，也间接提升了承办地社会体育指导员专业人才培养工作效果与赛事活动组织管理水平。

（四）是社会体育指导员工作持续创新发展的“助推器”

根据每年大会的实践经验总结，社会体育指导员协会逐步对全国社会体育指导员交流展示大会进行改革和创新，使活动名称、项目选择、评判标准乃至奖项设置都更加贴合社会体育指导员工作实际。通过更改活动名称（变“大赛”为“大会”）和调整项目设置（变“竞技”为“展示”），强化了交流功能，淡化了锦标意识；通过开展公益教学，充分挖掘大会平台多元功能，与会社会体育指导员开阔了教学视野、拓宽了指导思路，从而更好地服务于群众日常健身需求；通过增加展示项目板块，挖掘整理各地民族民间传统体育项目，丰富了我国全民健身的内容元素，增加了广大人民群众的健身选择；通过完善评审规则，逐步确立了“健身性、整体性、推广性”的基本评判标准，很好地引领了群众科学健身的正确导向，为群众体育项目尤其是集体项目赛事活动的评判工作提供了有益的借鉴和参考；通过取消开幕式，更加合理高效地使用活动经费，让颁奖典礼逐步变成优秀队伍展示的高潮环节，使大会成为社会体育指导员欢乐沸腾的全民健身大联欢。

三、社会力量参与社会体育指导员活动举办的工作案例

“十三五”时期，国家体育总局社会体育指导中心、社会体育指导员协会积极发动社会力量广泛参与社会体育指导员活动，其中以香港赛马会助力全民健身系列活动的社会影响最为广泛。每年的活动均围绕“相约动起来　健康中国人”的主题，开展各种形式、各类项目的科学健身指导公益活动，让社会体育指导员队伍走遍全国各地，品牌活动影响深入人心，受益群众念念不忘，社会效益显著，促进了各地社会体育指导员工作乃至全民健身工作的开展。

此项活动始于2014年，由香港最大的公益慈善机构——香港赛马会全资赞助，2014年的活动主要包括内地香港青少年健身联谊夏令营与社会体育指导员公益服务西部行（在中国西部12个省市组织开展社会体育指导员交流展示和技能培训）两大类。2015年，此项活动内容采取了“技能培训+交流展示”的方式，8—9月先后在兰州市、重庆市、南京市、长春市举办四站社会体育指导员专项技能培训活动，每站600人，共培训2400人，覆盖全国31个省（自治区、直辖市）的优秀社会体育指导员队伍。培训导师均为社会体育指导员协会从全国选调的具备“一技之长”的优秀社会体育指导员，他们分期、分批对全国各省选送的社会体育指导员开展为期三天的专项技能培训，培训内容为广场舞、健身秧歌、柔力球、跳绳、轮滑五个大众喜闻乐见、易于推广、社会认知度高、参与年龄覆盖广泛的健身项目。11月17—20日，“相约动起来　健康中国人”2015年香港赛马会助力全民健身公益系列活

动——全国社会体育指导员健身技能培训汇报交流展示大会在广州体育职业技术学院举行，这是对专项技能培训活动的检验总结与成果展示，受到了广大社会体育指导员的热烈欢迎，初步确立了香港赛马会助力全民健身公益系列活动开展的基本模式。

2016年香港赛马会助力全民健身公益系列活动启动仪式于5月28日在北京奥林匹克公园举行，此次活动充分总结了2014年、2015年的成功做法，除了在四川香港马会奥林匹克运动学校举办内地香港青少年体育交流夏令营之外，还将活动重点放在技能培训和交流展示两方面，于6—8月先后在海南省海口市、安徽省黄山市、广东省广州市、黑龙江省大庆市四地为各省（自治区、直辖市）培训一线社会体育指导员骨干，每站培训640人，培训内容为广场健身操舞、柔力球、太极扇、健身秧歌、节奏体语操五个项目，共有来自全国各省（自治区、直辖市）的2500余名一线社会体育指导员骨干直接受益，取得了丰硕的培训成果。10月10—13日，2016年香港赛马会助力全民健身公益系列活动——全国社会体育指导员健身技能培训交流展示大会在重庆市举行，来自全国25个省（自治区、直辖市）的300余名一线社会体育指导员相聚山城进行交流展示。连续三年的活动，使“相约动起来　健康中国人”的主题口号为广大社会体育指导员熟知。

2017年香港赛马会助力全民健身公益系列活动于5月27日在北京启动，活动内容仍为三项：全国一线骨干社会体育指导员健身技能培训、优秀社会体育指导员交流展示大会和内地香港青少年体育交流夏令营。为了更好地贯彻服务基层的工作要求，使广大一线社会体育指导员能就近参加技能培训，此次活动将技能培训地点放在了31个省（自治区、直辖市），每地一站，每站100人，培训内容根据各地群众健身实际需求确定，涉及广场舞、健身秧歌、轮滑、柔力球、太极拳等近20个群众健身运动项目。11月27—30日，2017年香港赛马会助力全民健身公益系列活动——全国社会体育指导员健身技能交流展示大会在广州体育学院举行，大会设比赛项目与展示项目，其中比赛项目为两项，规定项目为广场舞，自选项目从健身秧歌、柔力球、太极拳中任选一项；展示项目为比赛项目以外的具备科学健身功能、适合在健身站点开展的群众健身项目。来自全国25个省（自治区、直辖市）的近600名基层社会体育指导员欢聚一堂，对前期的31站培训效果进行了一次大展示和大检阅。

2018 年香港赛马会助力全民健身公益系列活动于 5 月 19 日在国家体育总局训练局田径场正式启动，此次活动继续采取“技能培训+交流展示”的方式。根据各省（自治区、直辖市）健身技能培训实际需求，2018 年全国社会体育指导员健身技能培训安排了集中培训和分站培训两种方式。集中培训分为辽宁省、安徽省、甘肃省三站，覆盖 18 个省（自治区、直辖市）的社会体育指导员，培训内容为广场舞、健身秧歌、柔力球、太极拳（扇），每站集中由 6 个省（自治区、直辖市）选派的 80 名（每个项目 20 名）一线社会体育指导员参加培训。分站培训则在 13 个省（自治区、直辖市）分别开展，每站 150 人，各选择广场舞、健身秧歌、柔力球、太极拳（扇）中的 1~2 个项目进行培训。每年活动的收官之作——全国社会体育指导员健身技能交流展示大会于 11 月 23—26 日在广东省珠海市举行，来自全国 30 个省（自治区、直辖市）的近 600 名一线社会体育指导员参加了比赛与展示，其中，比赛项目分为舞蹈类、武术类两项，展示项目要求为新颖、具备科学健身功能、适合在健身站点开展的群众健身项目。2018 年是香港赛马会助力全民健身公益系列活动的第五年，也是香港赛马会与国家体育总局社会体育指导中心、社会体育指导员协会第一个合作周期的最后一年。五年累计直接培训社会体育指导员约 2 万人，参与人数超过 6 万人；间接受益健身群众超过百万人。五年来，各地社会体育指导员深入基层社区、全民健身中心、体育公园等群众身边的场地，以实际行动引导群众就近健身，享受科学健身带来的健康与快乐。五年来，香港赛马会助力全民健身公益系列活动主题鲜明，地域覆盖广阔，产生了广泛的社会影响，树立了活动品牌，为全民健身活动的深入开展和科学健身指导提供了新的平台。

2019 年香港赛马会助力全民健身公益系列活动启动仪式于 6 月 8 日在国家奥林匹克体育中心体育场举行。启动仪式上，香港赛马会嘉宾与合作项目单位负责人交换合作签约文本，与会领导和嘉宾同时剪断彩绸，启动了第二个新周期的香港赛马会助力全民健身公益系列活动。深受广大社会体育指导员欢迎的全国社会体育指导员健身技能培训，全年共设海南省海口市、四川省都江堰市、江苏省连云港市、北京市、西藏自治区、新疆维吾尔自治区 6 站，并于 12 月 10—13 日在广东省珠海市迎来此次活动的年度收官之作——

全国社会体育指导员健身技能交流展示大会，来自全国22个省（自治区、直辖市）的近400名一线社会体育指导员参加活动，这是大会第二次在珠海市举办。系列活动通过技能再培训的方式不断提高社会体育指导员的健身技能指导水平，通过交流展示大会为一线指导员提供交流展示的平台，极大地丰富了指导员及健身群众的体育文化生活，掀起了全民健身的运动热潮，为满足人民群众日益增长的科学健身需求，以及加快体育强国建设发挥了积极作用。

2020年9月17日，国家体育总局社会体育指导中心、社会体育指导员协会通过“社会体育指导”APP、微博、抖音等多个手机端平台启动了2020—2021年度香港赛马会助力全民健身公益系列活动，启动仪式邀请到了奥运冠军武大靖（短道速滑）、何可欣（体操）、傅海峰（羽毛球）、李娜（击剑）、孙玉洁（击剑）、刘诗雯（乒乓球）、马琳（乒乓球）、李娜（跳水）、奚爱华（赛艇），奥运亚军隋剑爽（艺术体操），世界冠军韩天宇（短道速滑）、陈佩娜（帆板）、程爽（自由式滑雪空中技巧）、王睁茗（羽毛球），全国冠军薛松（羽毛球），武术明星赵文卓，健身达人陈海诺，以及王广成、仝保民、王晓君、陈新萌等全民健身明星和骨干社会体育指导员参与。线上启动仪式热度持续了两个月，启动仪式视频的点赞、浏览、转发数量超过100万次，在全民健身人群中反响热烈。系列活动包括居家科学健身方法有奖征集推广活动、全国社会体育指导员交流展示大会等，这是国家体育总局社会体育指导中心、社会体育指导员协会和香港赛马会认真落实党和政府要求、积极应对全球突发新冠肺炎疫情的创新性举措。居家科学健身方法有奖征集推广活动面向全国各级社会体育指导员，征集视频项目不限，视频内容为适合居家练习、适于推广的科学健身方法且不能出现危险动作，视频形式包括套路展示、健身讲解、套路讲解等。

四、香港赛马会助力全民健身公益系列活动连续举办的积极作用

“十三五”时期，香港赛马会助力全民健身公益系列活动的连续举办，是国家体育总局社会体育指导中心、社会体育指导员协会积极发动社会力量广泛参与社会体育指导员工作的成功案例。具有130年发展历史的香港赛马会，

秉持“取之社会、用之社会”的宗旨，积极参与公益慈善事业，助力全民健身公益系列活动，以活跃在群众身边的社会体育指导员为资助的重要对象，开展公益培训和交流活动，通过社会体育指导员的引领作用带动更多的群众参与健身活动，很好地实现了“相约动起来　健康中国人”的主题目标，充分体现了公益慈善组织的社会责任。通过专项技能培训和交流展示活动，在提高社会体育指导员的健身指导技能与综合素质，增强社会体育指导员的科学健身理念，以及促进各地区社会体育指导员之间的学习与交流，满足人民群众日益增长的全民健身需求等方面都起到了积极的促进作用。

香港赛马会助力全民健身公益系列活动的举办，进一步促进了科学健身理念的广泛传播，这是推进全民健身活动的基本要求；进一步提高了一线社会体育指导员的专项指导技能，这是科学指导群众健身活动的关键保障；进一步探索了社会公益力量参与全民健身活动的合作运行模式，这是“政府主导、部门协同、全社会共同参与”工作方针的有益实践，为推动全民健身国家战略实施、加快体育强国建设做出了积极努力和贡献。

五、结语

社会体育指导员活动是社会体育指导员交流学习的平台，是培养优秀社会体育指导员的“催化剂”，是社会体育指导员工作创新发展的“助推器”，同时，国家级社会体育指导员品牌活动的举办为各地区提供了样板。“十三五”时期社会体育指导员活动的举办，促进了社会体育指导员之间的交流和学习，激发了社会体育指导员参与活动的积极性，提升了社会体育指导员的技能水平。

参考文献：

［1］刘青健．中国社会体育指导员动态发展比较研究［J］．北京体育大学学报，2007（7）：901-903.

［2］张正雷．公共体育服务视野下社会体育指导员能力培养路径优化［J］．体育科技，2020，41（2）：36-37.

［3］王先阁．公益社会体育指导员工作困境及优化路径研究——基于扎根理论视角［C］//第十一届全国体育科学大会论文摘要汇编．北京：中国体育科学学会，2019：928-929.

[4] 王玉侠，李润中．需求导向型政府购买社会体育指导员服务模式研究［C］//第十一届全国体育科学大会论文摘要汇编．北京：中国体育科学学会，2019：6863-6864.

[5] 郝欢欢．全国社会体育指导员交流展示大赛内容及形式的研究［D］．西安：西安体育学院，2018.

[6] 宋萍萍．社会体育指导员信息服务平台构建研究［D］．天津：天津体育学院，2018.

[7] 刘国永，王欢．中国社会体育指导员发展报告（1994—2014）［M］．北京：社会科学文献出版社，2016.

"十三五"时期社会体育指导员工作信息化建设报告

钦 怿 张秋月*

随着数字化、网络化、智能化的深入发展，社会体育指导员工作迎来了新挑战、新任务、新目标、新机遇。信息化建设是破除社会体育指导员工作瓶颈的有效方法，也是实现社会体育指导员工作现代化治理的必经之路。社会体育指导员工作信息化，能有效提升各级社会体育指导员协会的管理与服务能力，促进社会体育指导员队伍在科学健身领域发挥更多、更大的作用，落实党关于"人民群众对美好生活向往"的新要求，坚定不移地推进社会体育指导员工作在数字中国和体育强国战略中不断发展进步。通过建立能够充分发挥社会体育指导员资源优势作用的线上信息管理与服务平台，客观、全面、准确地记录社会体育指导员参与全民健身志愿服务的全过程，积累社会体育指导员科学健身指导大数据，为更加科学、准确地制定全民健身政策提供数据支撑，切实提高全民健身公共服务均等化、普惠化、便捷化水平。

一、社会体育指导员工作信息化建设的背景

我国社会体育指导员制度实施近 30 年，在国家体育总局和地方各级体育部门的高度重视和共同努力下，社会体育指导员队伍从无到有、从小到大、从弱到强。截至目前，社会体育指导员总人数已突破 260 万，全国形成了上下贯通的协会工作网络。利用信息化手段提高社会体育指导员的组织与管理效能是当前社会体育指导员工作的首要任务。

信息化是指培养、发展以计算机为主的智能化工具所代表的新生产力，

---

* 钦怿，社会体育指导员协会秘书长。张秋月，社会体育指导员协会理事。

并使之造福于社会的历史过程[1]。基于数据、信息和知识的处理与应用的信息化，将大幅度提升社会生产力水平。社会体育指导员工作的信息化建设，利用以计算机和网络为代表的信息科技，为社会体育指导员和健身群众提供一个高效、便捷的交流学习平台，创新社会体育指导员管理与服务模式，提高社会体育指导员工作的决策、管理和服务水平。体育强国战略的实施，为社会体育指导员工作信息化带来了机遇，对社会体育指导员队伍高质量发展提出了新的要求，同时，群众的多样化体育健身需求也为其提供了发展动力。

（一）宏观背景：国家信息技术快速发展的推动

信息技术的快速发展为社会体育指导员工作的信息化建设提供了机遇，并奠定了基础。早在 1984 年，党中央就明确指出新的“工业革命”是信息化革命，也是我国的战略机遇。而党的十九大报告中提及与互联网、信息化、数字经济等相关词汇达 20 多次，显示出党中央对信息化、网络化和数字化的高度重视。进入 21 世纪，网络信息技术快速发展，物联网、云计算、大数据、人工智能、区块链等技术在国家建设和社会发展中得到广泛应用，新技术、新产业、新业态、新模式不断涌现。以计算机发明为起点的信息革命已经渗透到人类社会的每个角落。中国互联网络信息中心发布的统计报告显示，截至 2020 年 6 月，我国网民规模达到 9.4 亿，相当于全球网民的五分之一。信息科技的发展为社会体育指导员工作变革带来了新机遇，信息化建设有助于打破传统管理工作架构和时空限制，编织一张线上线下相互促进、有机融合的服务网络，使群众能方便快捷地预约社会体育指导员进行健康指导，使社会体育指导员能随时随地地找到组织、获取行业发展信息、进行课程学习、参加等级考核等。

（二）中观背景：社会体育指导员队伍高质量发展的需要

社会体育指导员队伍高质量发展，需要加快信息化建设的进程。在国家体育总局和地方各级体育部门的高度重视和共同努力下，社会体育指导员队伍从无到有、从小到大、从弱到强，逐渐发展壮大，并在全民健身事业发展和体育强国建设中发挥了举足轻重的作用。截至 2020 年底，全国建立了 29 个省级社会体育指导员协会、242 个地市级社会体育指导员协会、1026 个区县级社会体育指导员协会，社会体育指导员总人数达到 260 万人，形成了上下贯通、层次分明、队伍庞大的立体化、层级化和规模化的协会工作网络体系。但面对庞大的全民健身志愿服务人群，如何进行科学有效的管理与服务；面对各级社会体育指导员协会，如何进行深入密切的合作与沟通；面对人民群众对科学健身指导的多元化需求，如何进行广泛及时的宣传与指导。为解决这些社会体育指导员工作中存在的问题，社会体育指导员信息化建设被提上议事日程。

（三）微观背景：群众多样化体育健身需求的满足

群众多样化、个性化、多层次体育健身需求对社会体育指导员工作提出了新要求。健康中国战略和全民健身国家战略，强调以满足人民群众的需求为根本出发点。体育是增进健康、增强体质的重要手段，随着人们健康意识和健身意识的增强，群众体育健身需求也呈现爆发式增长，并日趋多样化、个性化。传统的线下服务供给方式已经难以满足群众的高质量健身需求，而线上服务使不同性别、不同年龄和不同健身需求的群众，均可以通过方便快捷的网络预约到社会体育指导员进行健身技能培训和健康知识指导，也可以通过免费课程资源进行自学。特别是在新冠肺炎疫情期间，群众居家健身需求剧增促使广大社会体育指导员主动转变线下服务方式，充分利用网络开展线上教学和活动。因此，社会体育指导员工作的信息化建设，是满足群众多样化、个性化和多层次体育需求的必然选择。

二、社会体育指导员工作信息化建设的优势

通过社会体育指导员工作信息管理平台，可以即时、动态地掌握社会体育指导员工作发展全貌，精准社会体育指导员管理，便捷群众获取健康指导服务，多渠道进行社会体育指导员培训。

（一）明晰社会体育指导员工作发展全貌

利用信息技术手段，实现社会体育指导员动态数据统计管理，明晰社会体育指导员工作发展全貌。随着各类移动设备和感知设备的普及、智能系统的开发及大数据的应用，每个人都在被实时感知、监测和服务，同时贡献着自己的数据。社会体育指导员信息管理平台将通过迭代的方式，实现社会体

育指导员注册数据统计、可视化图表分析、社会体育指导员服务时间统计、社会体育指导员地域分布、社会体育指导员实时活跃程度、社会体育指导员资格审批及晋升管理、题库管理、全国社会体育指导员协会层级构架管理、全民健身志愿服务活动信息发布等多重功能。

（二）精准社会体育指导员管理

从生产过程的联系方式和管理方式来说，信息社会是柔性化、定制化生产，并且依托各种信息系统实施全面的系统化管理[2]。信息管理方面，社会体育指导员动态数据的可视化呈现，不仅可以简化数据的纸质报送环节，提高工作效率，同时能够快速把握社会体育指导员日常工作中存在的问题。指导员管理方面，针对普遍存在数据流失、数据失效等导致日常管理工作量大的问题，采用信息化手段可以精准社会体育指导员管理，剔除“僵尸”社会体育指导员等。等级考核管理方面，社会体育指导员可以线上学习理论和技能内容，并进行线上理论考试。其中，理论在线考核包括在线报名、理论考试、成绩查询、缴纳会费四部分。普通访客可以通过考核的方式成为社会体育指导员。等级较低的社会体育指导员可以通过考核的方式晋升社会体育指导员级别。自我管理方面，通过客观记录社会体育指导员参与全民健身志愿服务的时间并给予物质和精神激励，将极大地鼓舞社会体育指导员的服务热情，提升社会体育指导员增长率和活跃度。

（三）便捷群众获取健康指导服务

信息化平台能使群众便捷获取多样化的健康指导服务。一方面，为全国各级社会体育指导员提供风采展示、技能指导的平台，社会体育指导员可以向社会发布“居家科学健身”等教学视频，开展居家健身直播教学活动。同时，社会体育指导员的活动信息趋向公开透明，服务趋向高效便捷。另一方面，为群众提供了科学健身指导的平台，群众可以借助移动端应用实现社会体育指导员服务的在线预约、服务评价等功能，免费学习健身技能和理论知识。此外，信息化平台数据的积累与分析，可以对群众的多样化体育健身需求进行深入挖掘。在深入理解群众需求的基础上，为群众提供更加精准的个性化服务，实现服务内容、形式和渠道的多样化和专业化。

（四）多渠道进行社会体育指导员培训

通过信息化平台，可以进行线上培训，方便社会体育指导员学习并提升专业技能和综合素质。师资团队可根据不同等级社会体育指导员的能力与发展需求，制作科学健身知识、健身方法、指导方法等相关课程，并形成社会体育指导员培训的资源库。同时，参考抖音短视频便于推广的特点进行课程建设和推送，以适应网络化时代的线上培训学习方式。线上、线下相结合的培训，拓展了社会体育指导员的学习渠道和方式，使社会体育指导员队伍建设从注重数量向注重质量转变，加快优化社会体育指导员队伍结构的步伐。

三、社会体育指导员工作信息化建设的现状

为摸清社会体育指导员工作的现状，找准社会体育指导员信息化工作的方向，全国社会体育指导员工作负责人组建社会体育指导员信息化工作小组，从2018年5月开始，在全国深入基层进行了为期1年的专题调研。工作小组与基层体育部门、社会体育指导员协会、骨干社会体育指导员、互联网公司开发人员进行深入探讨，达成了通过线上信息管理平台建设突破发展瓶颈的共识。

（一）网络平台：建设社会体育指导员信息管理平台

网络平台层面，正在建设社会体育指导员信息管理平台，并与国家政府服务平台对接。社会体育指导员信息管理平台主要通过公开招标方式，由第三方网络技术服务公司负责开发，以满足各级社会体育指导员及广大社会体育爱好者的需求。社会体育指导员可通过计算机和移动APP进行指导课程发布与管理等；普通访客可采用手机号码、微信号码及QQ等方式登录APP进行课程预约。随着社会体育指导员信息管理平台建设的推进，根据国家相关部门要求，社会体育指导员信息管理工作平台将为国家、省、市、县四级社会体育指导员管理部门及组织提供信息管理和数据服务，建立全国统一的电子证照标准。

（二）应用服务：包括信息宣传、课程学习、等级考核等

应用服务层面，主要包括信息宣传、课程学习、等级考核等。信息宣传，

主要在首页呈现，报告新闻资讯、活动通知、风采展示、TOP 排行榜等。课程学习，包括技能学习、理论学习、理论在线考核三部分，社会体育指导员信息管理平台通过 APP、小程序、公众服务号等载体实现用户信息与服务推送功能，为大众提供科学、便捷、高效的科学健身培训公益课程。等级考核包括实际指导工作的量化考核和技能评估晋级，实现社会体育指导员服务时间统计、在线学习、在线答题、在线报名、评估审核、级别核定、级别标签等功能。

（三）网络安全：网络安全等级保护备案和测评等

网络安全层面，正在依照国家相关制度要求进行网络安全等级保护备案和测评工作。大量的数据集中于信息管理平台，如果发生泄露并被滥用，可能侵犯当事人的隐私，也可能对社会运行产生不良影响；相关的算法和数据分析，可能存在伦理风险；如果发生虚假信息、过激信息等传播，将会降低受众对平台和主管单位的信任。2020 年 11 月 26 日，国家体育总局发布《国家体育总局网络安全管理办法》。社会体育指导员信息管理平台主管单位已按照文件要求，推进网络安全等级保护备案和测评等相关工作。

四、社会体育指导员工作信息化建设的未来规划

2019 年，国务院办公厅印发《体育强国建设纲要》，明确提出建设体育志愿服务工程；2020 年，国务院办公厅印发《关于加强全民健身场地设施建设发展群众体育的意见》，提出加强社会体育指导员队伍建设，优化社会体育指导员等级制度。社会体育指导员是实施体育志愿服务工程、发展群众体育、建设体育强国的骨干力量。信息化建设是社会体育指导员队伍高质量发展的必由之路。社会体育指导员工作信息化建设将秉承“以用户为中心”的服务理念，认真遵循“用户服务为先，数据为关键，平台为基础，规范为墙”的准则，进行网络平台、应用服务和技术规范等方面的优化和建设。

（一）网络平台更新

网络平台建设是信息宣传、健身指导、课程建设和等级考核等服务得以实现的关键载体。社会体育指导员协会将依照国家推进互联网健身的要求，

适度采用先进信息技术，以需求为导向，有序更新社会体育指导员信息管理平台的软硬件设施。互联网健身将信息与通信技术应用到健身运动服务的所有环节，将线上服务（社会体育指导员信息、运动记录、线上社交、电商等服务）与线下健身指导活动有机结合。社会体育指导员信息管理平台将会根据网络技术的创新发展情况，不断创新应用与服务模式，坚持便捷服务原则，适应不同年龄段、不同文化层次及大部分人的应用习惯；通过社会体育指导员和健身群众的个性化数据、筛选性数据、预测性数据的处理与分析，实现社会体育指导员管理的科学化决策与专业化服务供给。

（二）应用服务推新

应用服务是社会体育指导员工作信息化建设的出发点和落脚点。随着人工智能等新兴信息技术的广泛应用，信息平台将不断创新应用服务内容，优化服务流程和使用方法。在应用服务层面，将秉承“以用户服务为中心”的价值理念，以社会体育指导员和健身群众需求为导向，打造个性化的用户服务。在信息宣传方面，为增强社会体育指导员工作活力，加大宣传力度，吸引更多人群参与全民健身志愿服务，充分利用社会公共平台资源，如微博、抖音、今日头条等平台发布公益课程，在全社会树立社会体育指导员的良好形象，激发社会体育指导员的责任感与荣誉感。在健身指导方面，以“我要健身、我要指导”为核心，优化健身群众预约、社会体育指导员指导和服务评价等流程。在课程学习方面，以课程体系建设、在线教学和在线学习为建设核心，为受众提供丰富多彩的学习内容。在等级考核方面，不断优化在线报名、评估审核、级别核定、级别标签等流程，缩减等级考核流程时间，提高工作效率。

（三）网络安全创新

网络安全是网络平台层、应用服务层的保障，能对社会体育指导员和群众体育健身等数据信息予以监测与约束，减少数据高度集中化引发的信息安全风险。社会体育指导员信息管理平台将从物理规范、网络规范、数据规范和应用规范等方面进行创新和优化，以降低数据风险发生概率。在物理规范方面，主要是设备及安全检测；在网络规范层面，主要是对恶意程序及外部入侵的防护等；在数据规范方面，主要是建立数据和信息的存储、传输、共享规范；在应用规范方面，主要是对各应用系统进行技术标准设定和防护，并建立宣传信息审查制度等。通过物理规范、技术规范、数据规范和应用规范等层面的科学管理和技术创新，避免网络安全原因给社会体育指导员、社会体育指导员协会和受众群体等带来负面困扰。

五、社会体育指导员工作信息化建设的关键路径

社会体育指导员工作的信息化建设，从顶层设计到具体实施，需要把握以下关键路径。

（一）优化信息平台的软硬件建设

信息平台的软硬件建设是社会体育指导员工作信息化的基础。信息化建设能在多大程度上提升社会体育指导员工作的效率和质量，取决于它能否及时适应不断变化的社会体育指导员和健身群众的个性化需求。首先，在硬件层面，充分依托智能通信设施、智能传感设备、人脸和图像识别装置等信息技术的发展，不断升级硬件设施，真正实现降本增效；其次，在软件层面，根据管理人员、社会体育指导员和受众的年龄、文化程度等不同特点，简化移动终端设备的操作方法，方便不同层次受众线上学习和工作；最后，利用大数据资源，及时为社会体育指导员匹配个性化的课程资源，为群众快捷匹配距离、时间、内容、授课方式等合适且服务专业的社会体育指导员，实现实时、按需、共享的服务供给。

（二）提高管理者和社会体育指导员的信息化能力

信息素养是社会体育指导员工作信息化建设的支撑。社会体育指导员工作信息化建设，需要大力培养集信息技术能力、业务能力、管理能力于一身的复合型人才。相关部门应定期为管理人员和社会体育指导员举办培训班，对其进行全方位、多层次、多样化的培训，特别是增强其互联网和大数据的思维和意识、信息技术知识及技能、数据处理能力等，通过专题课、案例教学、经验分享等教学形式，以及高质量的培训，使其了解大数据的意义和价值，掌握平台使用方法和数据分析方法等。利用平台大数据的筛选、归类、挖掘和智

能分析，为社会体育指导员的管理、服务和决策提供重要的科学依据。

（三）构建数字资源服务体系

数字资源服务体系建设是社会体育指导员工作信息化建设的核心，也是信息宣传、健身指导、课程学习和等级考核等服务功能发挥的重要支撑。一方面，在数据资源生成方面，国家级社会体育指导员协会应建设专门的大数据储存平台，对各省社会体育指导员健身指导的相关信息等进行大规模采集和分类储存，构建高质量的社会体育指导员发展数据库，并依据大数据进行社会体育指导员工作发展的决策；另一方面，在课程资源共建共享方面，依托管理平台建设在线课程资源库，各省均可以根据需求建设并共享课程资源，开展社会体育指导员和健身群众需求的智能检测与评估，并根据不同需求实现资源的精准化推送。

（四）优化技术规范体系

网络技术的规范体系是社会体育指导员工作信息化建设的保障。一方面，社会体育指导员协会、技术供应商、社会体育指导员等应共建社会体育指导员工作平台内容治理小组，共同商讨信息化规范要求，主动预防和消除虚假宣传、数据泄露、隐私侵犯等方面的伦理问题，避免由于网络技术损害相关方的利益。另一方面，构建人工智能算法风险防范制度。以大数据为基础的人工智能算法能够提升决策的公平性、管理的精准性和服务的高效性，但算法也可能存在设计者和开发者的偏见等问题，因此，协会应与技术开发商等携手共建人工智能算法风险预警机制，并制定人工智能算法安全防范协议，切实保障数据与信息的隐私安全，确保数据的采集、共享和使用等各环节符合伦理规范。通过优化技术规范体系建设，削弱网络信息技术发展带来的不利影响，努力实现技术与人类的和谐共生。

参考文献：

[1] 王文，刘玉书．数字中国：区块链、智能革命与国家治理的未来［M］．北京：中信出版集团，2020.

[2] 任仲文．智慧社会：领导干部读本［M］．北京：人民日报出版社，2019.

专题篇

社会体育指导员工作发展的政策要求、内涵解读及发展措施

于善旭*

改革开放以来，社会体育指导员工作已成为我国体育事业和全民健身发展的重要组成部分，得到了国家相关政策和法规制度的保障。国家和有关部门发布的大量文件中，包括与社会体育指导员工作相关的多方面内容，逐步明确了社会体育指导员工作的发展方向、主要原则和规范要求。在加快建设体育强国和高质量发展全民健身的新征程中推进社会体育指导员工作的开展，做好《社会体育指导员管理办法》（以下简称《办法》）的修订，必须依据、符合和把握好相关国家文件的精神与规定，将这些文件精神要求贯彻到实际工作中，并将其转化为新《办法》的内容。为此，本文对涉及社会体育指导员工作的主要法规政策文件的相关内容进行概要梳理，并基于这些文件精神，就进一步推进社会体育指导员工作的开展创新，特别是针对其如何具体体现在《办法》的修订中，进行多视角的思考，提出多方面的建议。

一、国家出台社会体育指导员文件进程及其工作要求的梳理

本专题所称国家文件，主要是指党中央、全国人民代表大会及其常务委员会、国务院及其体育行政部门和其他相关部门发布的各种文件，包括立法文件，也包括各种规范性政策性文件。下面将国家出台的涉及社会体育指导员的一些主要文件及其工作要求分为三个阶段进行概要梳理。

（一）社会体育指导员制度创建初期的主要文件及其工作要求

1993 年 12 月 4 日，国家体委以第 19 号令发布了部门规章《社会体育指

* 于善旭，天津体育学院教授、体育人文社会学专业博士研究生导师，研究方向为体育法学。

导员技术等级制度》，该制度自1994年6月10日起施行，标志着我国社会体育指导员制度正式建立。该文件设定了逐级晋升的四个等级称号及其申请审批程序，规定了义务指导、有偿服务、经营指导和受聘指导等多种指导方式。国家体委随后专门印发了对该文件实施的通知和意见。

1995年6月20日，国务院颁布了开启我国群众体育发展新纪元的《全民健身计划纲要》，其中规定："实施《社会体育指导员技术等级制度》，加强社会体育骨干队伍建设。"1995年8月29日，全国人民代表大会常务委员会通过了具有新中国体育发展里程碑意义的《中华人民共和国体育法》（以下简称《体育法》），其中明确指出："国家实行社会体育指导员技术等级制度。社会体育指导员对社会体育活动进行指导。"这两个文件，从国家法律法规的高度确立了社会体育指导员工作的重要地位。此外，国家体委在1994年和1996年相继发布了《社会体育指导员培训大纲》和《关于进行国家级社会体育指导员培训工作有关事宜的通知》，并在1995年《关于贯彻〈全民健身计划纲要〉实施"全民健身一二一工程"的意见》、1997年《关于加强城市社区体育工作的意见》和1999年《关于加强老年人体育工作的通知》等文件中，对实施社会体育指导员制度和发挥其作用等提出了一系列要求。

（二）确定两类社会体育指导员并存发展后的主要文件及其工作要求

随着体育产业化发展和体育健身服务业的兴起，国家体育总局在1998年提出建立社会体育指导员执业制度，经与相关部门商定后，在1999年我国首部《职业分类大典》中确立了社会体育指导员职业。2001年8月，劳动和社会保障部发布了《社会体育指导员国家职业标准》。由于当时在社会体育指导员工作思路上的某些偏差，有关文件曾提出社会体育指导员队伍建设要向职业资格制度过渡，形成了一定的认识混乱和工作冲突。

根据就此的社会反响和专家建议，2002年2月，国家体育总局办公厅及时印发《关于进一步做好〈社会体育指导员技术等级制度〉实施工作的通知》，提出《社会体育指导员国家职业标准》是在社会主义市场经济条件下，对经营性社会体育指导的具体规范和社会体育指导员制度的进一步完善。2002年7月，《中共中央　国务院关于进一步加强和改进新时期体育工作的意见》从统一整合的角度明确了"建立社会体育指导工作队伍"的工作要求。

2002 年 11 月，国家体育总局在印发的《〈全民健身计划纲要〉第二期工程第一阶段（2001—2005 年）实施计划》中提出了对两类社会体育指导员制度的实施要求。2005 年 7 月，国家体育总局印发《关于进一步加强社会体育指导员工作的意见》，进一步明确公益社会体育指导员和职业社会体育指导员都是我国社会体育指导员队伍中不可缺少的重要组成部分，要并存发展，相互促进，按照各自方式共同为全民健身事业作出贡献。其间，国家体育总局及其联合其他部门发布的有关文件，如《农村体育工作暂行规定》《全国职工体育示范基地创建实施办法》《健身气功管理办法》等，继续对社会体育指导员作用的发挥提出要求。

2009 年 8 月，国务院发布《全民健身条例》，强调“国家加强社会体育指导人员队伍建设，对全民健身活动进行科学指导”，对两类社会体育指导员分别实行技术等级制度和职业资格制度作出了明确规定，要求纳入行政许可的高危险性体育项目经营必须“具有达到规定数量的取得国家职业资格证书的社会体育指导人员和救助人员”。其后，国务院制定的《全民健身计划（2011—2015 年）》、国家体育总局制定的《体育事业发展“十二五”规划》中，都有加强社会体育指导员工作的有关内容。2009—2011 年，国家体育总局相继印发了《全国优秀社会体育指导员评选表彰办法》《社会体育指导员发展规划（2011 年—2015 年）》和新版《社会体育指导员技术等级培训大纲》，并采取了建立社会体育指导员协会、发布社会体育指导员标志、扩大国家级社会体育指导员培训基地和培训数量等多个工作举措。同时，将社会体育指导员工作进一步与志愿服务连接起来，如国家体育总局等五部门联合印发的《关于广泛开展全民健身志愿服务活动的通知》中，强调“公益社会体育指导员是中国特色的全民健身志愿者，也是开展全民健身志愿服务活动的主力军”，要求发挥好两类社会体育指导员在志愿服务中的作用；国家体育总局制定的《建立全民健身志愿服务长效化机制工作方案》中，明确要形成以社会体育指导员为主体的全民健身志愿服务队伍。在此基础上，新修订的部门规章《办法》，于 2011 年 10 月 9 日以国家体育总局第 16 号令公布，11 月 9 日起施行，《社会体育指导员技术等级制度》即行废止。该《办法》明确适用于不以收取报酬为目的从事全民健身志愿服务的社会体育指导员工作，在文件正文对总体工作原则和各方面管理与服务要求作出了规定，将包括基本条件、等级条件和特许条件的《社会体育指导员技术等级标准》设为文件附件。2011 年 3 月，中国共产党中央精神文明建设指导委员会印发的《全国文明城市测评体系（2011 年版）》中，首次在综合性文件中将社会体育指导员作为健康向上的人文环境中的一项评价指标，提出每千人拥有 2 个社会体育指导员的要求。

（三）新时代以来社会体育指导员工作的主要文件及其工作要求

2013 年 9 月，国务院印发《关于促进健康服务业发展的若干意见》，在规范并加快培养的从业人员中，包括社会体育指导员。2014 年 5 月，全国爱国卫生运动委员会印发《国家卫生城市标准（2014 版）》，在健康教育和健康促进中提出广泛开展全民健身活动，明确了“每千人口至少有 2 名社会体育指导员”的指标。2014 年 12 月，国家体育总局印发的《关于加强和改进群众体育工作的意见》中，在拓宽全民健身工作的广度和深度部分，要求各运动项目管理中心和单项体育协会要研究制定运动项目业余等级锻炼标准、段位制和业余裁判员、教练员、社会体育指导员认证体系；具备条件的单项体育协会要根据《办法》的有关规定，探索建立本项目社会体育指导员培训、管理办法和项目社会体育指导员认证体系。2015 年 8 月，文化部、国家体育总局等四部门印发的《关于引导广场舞活动健康开展的通知》中提出，要吸纳包括社会体育指导员等人员参与广场舞管理，切实加强包括社会体育指导员的兼职队伍建设。2015 年 9 月，国家体育总局等十二个部门和团体联合印发《关于进一步加强新形势下老年人体育工作的意见》，其中在“要加强老年人体育工作骨干队伍建设”方面，提出要“有计划、有针对性地培训建立服务老年人的社会体育指导员等志愿者队伍”和“规范并加快培养服务老年人的职业社会体育指导员等从业人员”。2015 年 10 月，国务院办公厅印发《关于推进基层综合性文化服务中心建设的指导意见》，提出要“推广部分地方基层文化体育设施设立文化管理员、社会体育指导员等经验”。

进入“十三五”后，2016 年 4 月，国家发展改革委等四部门印发《中国足球中长期发展规划（2016—2050 年）》，在校园足球普及行动中提出要“构建社区足球指导服务体系，提高社会体育指导员的技能水平，有条件的地区探索设立社区足球指导员专门岗位”。2016 年 5 月，国家体育总局在《体育发展“十三五”规划》的全民健身组织建设方面，提出了“拓宽社会体育指导员的发展渠道，提升社会体育指导员的技能和综合素质，探索社会体育指导员与人群和项目结合的新模式”的要求。2016年10月，中共中央、国务院印发《“健康中国2030”规划纲要》，在“提高全民身体素质”一章中提出要“组织社会体育指导员广泛开展全民健身指导服务”，在“加强健康人力资源建设”一章中明确要“加强社会体育指导员队伍建设，到2030年，实现每千人拥有社会体育指导员2.3名”。2016年11月，国家体育总局等二十三个部门和团体印发的《群众冬季运动推广普及计划（2016—2020年）》中，在人才队伍建设方面，提出“将冬季项目社会体育指导员纳入国家社会体育指导员制度体系，加大冬季运动社会体育指导员培训”；在政策支持方面，提出“对做出突出贡献的社会体育指导员予以适当奖励”。2017年11月，国家体育总局印发《关于进一步规范广场舞健身活动的通知》，在加强组织和队伍建设方面提出，要鼓励包括社会体育指导员协会在内的有关组织利用场地、人才和技术资源，提供指导，协调、解决困难和问题；要积极引导、培养群众认可度高、经验丰富的广场舞健身团队负责人成为社会体育指导员，使其成为体育部门加强对广场舞活动进行有效管理的得力助手，“努力打造一批综合素质高、责任心强、乐于奉献、热心服务广场舞健身活动的社会体育指导员队伍”。

2017年11月，国家体育总局等七个部门和团体制定《青少年体育活动促进计划》，在主要任务中提出要建立青少年体育指导人员队伍，鼓励体育教师、教练员、裁判员、退役运动员和体育爱好者等各类人才通过培训获取社会体育指导员（青少年）资格。2017年12月，农业部和国家体育总局印发《关于进一步加强农民体育工作的指导意见》，在基本原则中提出要充分发挥农村基层社会体育指导员等的骨干作用，在工作目标中明确到2020年要“实现80%的行政村有1名以上的社会体育指导员”；在重点任务中规定发挥各级农民体育协会在社会体育指导员培训中的作用，发挥农村社会体育指导员等的指导和示范带头作用；在保障措施中要求“制定《重点乡村社会体育指导员培训计划》，农村社会体育指导员培训数量原则上不少于县级年度培训数量的1/3；要积极支持并委托农业部门承担部分农村社会体育指导员培训工作”。2018年1月，国家体育总局和国家民族事务委员会印发《关于进一步加强少数民族传统体育工作的指导意见》，在主要任务中提出要“推进社会体育指导员和志愿服务长效化、制度化”，在保障措施中提出“在民族地区的社会体育指导员中，要有一定数量的少数民族传统体育指导员”的要求。

2019 年 7 月，健康中国行动推进委员会印发《健康中国行动（2019—2030 年）》，在全民健身行动确定的行动目标中，要求到 2022 年和 2030 年“每千人拥有社会体育指导员不少于 1.9 名和 2.3 名”。2019 年 8 月，国务院办公厅印发《体育强国建设纲要》，在战略任务的全民健身部分，提出“组织社会体育指导员广泛开展全民健身指导服务，建立全民健身志愿服务长效机制”；在体育志愿服务工程中，提出“加大对欠发达地区社会体育指导员的培训力度”；在体育社会组织建设工程中，提出支持依法建立社会体育指导员协会等组织。2019 年 9 月，中国残疾人联合会和国家体育总局印发的《关于进一步加强残疾人康复健身体育工作的指导意见》中，提出“进一步扩大残疾人社会体育指导员队伍”的要求。2020 年 6 月，国家体育总局等八部门印发《关于促进和规范社会体育俱乐部发展的意见》，在突出发展重点中提出要鼓励社会体育俱乐部人才参加社会体育指导员等培训以及对外交流；在强化监督管理中提出要做好社会体育指导员职业技能鉴定评价质量的监督管理工作。2020 年 9 月，国务院办公厅印发《关于加强全民健身场地设施建设发展群众体育的意见》，在实施群众体育提升行动部分从推进“互联网+健身”方面提出，集成社会体育指导员情况等内容，实现社会体育指导员咨询等功能；从夯实组织人才基础方面提出，要培育发展包括社会体育指导员协会在内等基层体育组织，“加强社会体育指导员队伍建设，优化社会体育指导员等级制度”。

2021 年 8 月，国务院印发《全民健身计划（2021—2025 年）》，在发展目标中明确，到 2025 年，每千人拥有社会体育指导员 2.16 名；在提升科学健身指导服务水平的任务方面，规定“深化社会体育指导员管理制度改革，适当降低准入门槛，扩大队伍规模，提高指导服务率和科学健身指导服务水平”。2021 年 10 月，国家体育总局印发《“十四五”体育发展规划》，在总结“十三五”成就中指出，2020 年底我国“每千人拥有社会体育指导员数超过 1.86 名”；在“十四五”的主要目标中包括“每千人拥有社会体育指导员 2.16 名”；在全民健身部分的提高科学健身指导水平方面，提出“深化社会体育指导员管理制度改革，充分发挥社会体育指导员在组织社区体育活动、指导科学健身等方面的作用”；在竞技体育部分的集体球类项目提升工程中，提出要“壮大集体球类项目教练员、裁判员和社会体育指导员队伍”；在体育助力乡村振兴工程中，提出“培养一批面向基层的社会体育指导员，加强乡村体育健身指导”。另外，还在“国家社区体育活动管理服务系统”的名词解释中，指出其集成的内容中包括全国社会体育指导员情况。在2021年10月全国人民代表大会常务委员会初次审议后向社会公布的《体育法（修订草案）》，在“全民健身”一章中对社会体育指导员制度在基本保持原法精神的基础上，根据两类发展做了统一化表述：“国家实行社会体育指导员制度。社会体育指导员对全民健身活动进行指导”；在“监督管理”一章中，将《全民健身条例》中对经营高危险性体育项目条件包括职业社会体育指导人员的规定上升为法律。2021年12月，国家发展改革委印发的经国务院批复的《“十四五”公共服务规划》中，将“在社区推广社会体育指导员制度，开展全民健身志愿服务”，作为推进基本公共服务均等化、补齐基本公共服务短板的任务内容。

此外，国家体育总局办公厅印发的各年度群众体育工作思路、安排、要点，以及其他有关文件中，也有一些社会体育指导员工作方面的内容要求。

二、对国家文件推进发展社会体育指导员工作的内涵理解

我国社会体育指导员制度建立以来，国家持续出台了上述文件，对社会体育指导员工作的推进发展进行部署、提出要求。这些有关社会体育指导员工作的文件，既表现为多类型、各层次的文件形式，又包括多方面、各环节的工作内容，特别是新时代以来又不断提出社会体育指导员工作创新发展的新要求。

（一）国家以多种文件形式推动社会体育指导员工作的持续发展

这些有关社会体育指导员工作的文件，依其制定主体和性质层次，可在表现形式上主要进行以下分类：

1. 国家层面的立法和规范性文件作出的相关规定

全国人民代表大会常务委员会通过的《体育法》中，有关于社会体育指导员方面的规定，新公布的修订草案仍保持并增加了相关内容。国务院颁布

的行政法规《全民健身条例》在对社会体育指导员提出总体要求后，明确了对两类队伍建设的制度要求，同时从《全民健身计划纲要》到近年来印发的五年周期的《全民健身计划》系列文件，都对社会体育指导员工作作出了部署。同时，在中共中央、国务院制定的一些规范性体育文件和相关文件中，如《关于进一步加强和改进新时期体育工作的意见》《关于促进健康服务业发展的若干意见》《关于推进基层综合性文化服务中心建设的指导意见》《“健康中国 2030”规划纲要》《体育强国建设纲要》《关于加强全民健身场地设施建设发展群众体育的意见》等文件，都包括社会体育指导员工作方面的内容。

2. 国家体育总局关于社会体育指导员工作的专门文件

作为制度创立标志的部门规章《社会体育指导员技术等级制度》发布后，当时的国家体委就推行该制度印发了有关实施文件，同时制定了培训大纲和培训工作文件，至 2011 年，先后下发了 4 个社会体育指导员技术等级培训大纲。在建立职业社会体育指导员工作制度方面，主要是国家体育总局研制、国家劳动和社会保障部发布的《社会体育指导员国家职业标准》。为处理两类社会体育指导员的关系，国家体育总局先后下发了进一步实施社会体育指导员技术等级制度和加强社会体育指导员工作的相关文件。而后，又具体制定了社会体育指导员评比表彰和“十二五”发展规划文件，还有一些有关社会体育指导员培训、管理系统和登记注册、开展交流展示活动等方面的具体文件。2011 年出台的国家体育总局部门规章《办法》，是现行有效的规范公益类社会体育指导员工作最主要的专门文件。

3. 国务院部委等制定的相关文件中的有关规定

国家体育总局单独或与其他有关部委、团体联合制定的相关文件，以及少量由其他部委、团体单独制定的相关文件中，有部分关于社会体育指导员工作的内容。其中，在多个体育发展的五年规划中，都在群众体育方面对社会体育指导员工作有所规定；在关于群众体育和全民健身发展的很多文件中，除了群众体育工作要点、安排及其他一些综合性文件中有对社会体育指导员工作的要求，还有一些单项和专门性工作文件，如加强城市社区体育、促进农村体育发展、职工体育示范基地创建、健身气功管理、全民健身志愿服务、开展广场舞活动、全国文明城市测评、国家卫生城市评选、冬季运动项目普及、青少年体育促进、健康中国行动、加强少数民族体育、加强老年人体育、加强残疾人体育、社会体育俱乐部发展等相关文件中，从多方面涉及社会体育指导员工作，并对其作出了一系列工作规范。

（二）各种国家文件对创新发展社会体育指导员工作的主要内容

上述关于社会体育指导员工作或包括社会体育指导员工作内容的有关文件，对社会体育指导员工作的规定可概括为以下四方面的内容。

1. 关于社会体育指导员工作地位、意义、性质和职责

我国社会体育指导员制度创建伊始，就在文件中明确社会体育指导员是发展我国体育事业、增进公民身心健康、提高生活质量、建设社会主义精神文明的一支重要力量。随后有关文件又进一步强调，社会体育指导员是群众体育重要人才资源，这项工作是群众体育组织建设的重要内容，显示出社会体育指导员工作的重要意义和对其重视发展的鲜明态度。国家层面的法律、行政法规和法规性文件，已明确将社会体育指导员工作确定为国家建立推行的一项体育制度，强调了国家加强社会体育指导员队伍建设。在国务院和体育部门的有关立法与规范性文件中，界清了公益和职业两类社会体育指导员的工作性质、制度方式及并行发展的工作要求，特别明确了不以收取报酬为目的进行社会体育指导员工作的全民健身志愿服务性质，强调了公益社会体育指导员是全民健身志愿服务的主力军。相关文件规定了社会体育指导员对社会体育和全民健身活动进行指导的总体职责和任务要求，并明确规定了传授健身技能、组织健身活动、宣传科学健身知识等具体职责和工作。

2. 关于社会体育指导员的条件要求和工作管理

社会体育指导员的专门规章文件，在条件要求方面，明确我国对公益社会体育指导员实行逐级递进的三级、二级、一级和国家级四个等级称号；从思想道德素质和热心指导工作及参加培训考核合格等方面，规定了社会体育指导员的基本条件；从基本知识和理论、专业素质和技能及指导服务效果和影响等方面，分别规定了各等级条件，提出了对具有专业基础人员和工作业绩突出人员进行破格越级晋升的特许条件，也提出了社会体育指导员要在一定的组织中开展工作，要坚持科学、文明、安全、诚信原则，要经常开展服

务、提高自身素质、树立良好形象等方面的规范要求；在社会体育指导员工作管理方面，确立了体育行政部门主管、社会体育指导员协会和行业、单项体育协会参与、社会各方面支持的管理体制，从入门和晋升的等级培训、继续教育培训、申请审批和办理注册程序、提供工作保障和进行奖励处罚等方面，规定了管理工作的主要环节和内容。此外，还有一些工作文件分别对其中部分方面和环节的社会体育指导员管理工作进行了具体的部署与安排。

3. 关于发挥社会体育指导员的多方面作用

除了有关文件从总体上强调发挥社会体育指导员在群众体育、全民健身和志愿服务中的积极作用，还有很多与体育相关的工作文件在不同方面提出了建立相应的社会体育指导员队伍、发挥社会体育指导员作用的规定和要求。在发挥社会体育指导员对社会和体育的促进功能方面，有关文件显现出这项工作与健康中国建设、文明城市建设、卫生城市建设、社会体育组织建设、群众身边科学健身指导等方面的紧密联系和作用空间；在不同地域体育和全民健身发展方面，有关城市社区体育和农村乡镇体育的文件，都提出了对社会体育指导员工作的要求；在推动各类社会群体的体育工作中，有关促进职工体育、老年人体育、青少年体育、少数民族体育、残疾人体育发展的有关文件中，都有一些加强社会体育指导员工作的内容；在有关体育项目的发展中，有关开展健身气功活动、普及足球运动、发展群众冬季项目、开展广场舞活动的文件中，也对发挥社会体育指导员作用提出了要求。

4. 关于社会体育指导员工作的改革与发展要求

2011 年制定的《办法》，在更好发挥社会体育指导员协会和行业、单项体育协会作用，更加明确开展继续培训教育、提高社会体育指导员素质，以及在条件标准上更加重视社会体育指导员实际指导服务效果等多个方面，体现了社会体育指导员工作改革探索的一些实践成果和发展方向。在此基础上，新时代以来的有关文件，对社会体育指导员工作的创新发展进一步提出了更多的要求。

（三）新时代以来国家文件对创新发展社会体育指导员工作的重点要求

在新时代以来有关社会体育指导员工作的各种文件中，有些内容是专门针对加强职业社会体育指导员工作的创新发展要求。在国家更加重视技能人才培养的推动下，2015 年修订的《国家职业分类大典》设置了社会体育指导员的新增工种；2017 年经国务院批复同意公布的《国家职业资格目录》，虽在改革后较原来缩减了 70%，但仍保留了社会体育指导员职业资格；2020 年，又新颁布了经修订的《社会体育指导员国家职业技能标准》，职业社会体育指导员的鉴定和管理更加规范地加快发展。根据当前修订《办法》的需要，下面就有关文件对公益社会体育指导员工作的改革创新发展，概括介绍几方面的重点要求。

1. 积极推动社会体育指导员工作的改革创新

在国家体育总局进入“十三五”时期后提出“改革完善社会体育指导员工作制度”“拓宽社会体育指导员的发展渠道”改革要求的基础上，国家和体育部门在其后的有关文件中进一步明确要“深化社会体育指导员管理制度改革”“优化社会体育指导员等级制度”，要“将公共体育资源、社会体育指导员和科学健身指导联系起来”。在具体的改革创新方面，有关文件提出要推动公益社会体育指导员在《志愿服务条例》框架下开展工作并逐步纳入国家志愿服务体系；提出要培育发展社会体育指导员协会，发挥各级社会体育指导员协会的多方面作用，推进各级社会体育指导员协会改革；强调要探索社会体育指导员与人群和项目结合的新模式，要求运动项目管理中心和单项体育协会进行本项目社会体育指导员的培训、认证和管理。在一些关于地域、人群和项目体育发展的文件中，分别提出了建设面向社区、农村、老年人、青少年、少数民族、残疾人的社会体育指导员队伍，以及培养开展健身气功、足球、广场舞、冬季项目、集体球类等项目活动的社会体育指导员。此外，还有些文件要求推广基层文化体育设施设立社会体育指导员的经验，鼓励社会体育指导员积极参与新时代文明实践中心建设，创新和改善社会体育指导员培训方法与手段，提高培训的科学性、针对性和实效性。同时，有关文件在推进群众体育信息化的改革发展方面，对社会体育指导员工作进入互联网平台和体育管理服务系统、建立和完善社会体育指导员信息管理系统等方面提出了要求。

2. 逐步扩大社会体育指导员队伍规模和数量占比

多个文件提出要在整体上或某类人群、某个项目上要扩大、壮大社会体育指导员队伍规模，并为扩大队伍提出要适当降低准入门槛、吸收社会体育俱乐部人员和有关方面人员进入社会体育指导员队伍等要求。为了均衡和扩大社会体育指导员队伍发展，有关文件专门提出要加大对欠发达地区社会体育指导员的培训力度。在扩大社会体育指导员队伍规模的要求方面，有关文件提出 2020 年要实现 80%的行政村有 1 名以上社会体育指导员。一些文件分别提出了每千人拥有社会体育指导员的具体指标，其中，在全国文明城市标准和国家卫生城市标准的文件中，要求是 2 名和至少 2 名；有关文件提出阶段性发展要求，在 2020 年底达到 1.86 名的基础上，要达到 2022 年不少于 1.9 名，到 2025 年拥有 2.16 名，到 2030 年拥有 2.3 名。

3. 努力提高社会体育指导员素质和服务效果

有的文件在加强社会体育指导员队伍建设中，提出要举办各种社会体育指导员技能交流展示活动，提升社会体育指导员的技能和综合素质的要求；强调社会体育指导员要面向社会基层，广泛开展全民健身指导服务和线上科学健身指导活动，推进社会体育指导员志愿服务长效化；要使社会体育指导员成为体育部门加强全民健身活动管理的得力助手，提高指导服务率、服务实效和科学健身指导服务水平，充分发挥社会体育指导员在组织全民健身活动、指导科学健身等方面的积极作用。

4. 不断加强社会体育指导员工作的服务保障

在新时代以来国家体育总局的年度群众体育工作安排要点中，先后提出要制定社会体育指导员协会发展政策，保障社会体育指导员工作经费，为社会体育指导员创造工作条件，实施配发社会体育指导员工作服装等保障措施，并提出要使社会体育指导员在国家志愿服务体系中拥有更大平台，享受相应的激励和保障。

三、加强社会体育指导员工作创新发展的若干思考

根据我国社会体育指导员制度建立和发展的现有基础，着眼新时代和新征程开展全民健身工作的形势发展与社会需求，依照国家有关文件对社会体育指导员工作的精神和要求，如何进一步加强社会体育指导员工作的创新发展，特别是如何将其具体体现在当前对修订《办法》的总体思路与路径措施

中，从以下六个主要方面展开思考和提出建议。

（一）按照既定任务要求务实地追求高质量的新发展

推行社会体育指导员制度，建设社会体育指导员队伍，发挥社会体育指导员作用，是从国家及相关部门立法和相关政策文件层面予以清晰明确的重要规定。在全民健身相关的一系列国家文件中，无不将社会体育指导员工作作为全民健身事业发展和全民健身服务体系建设的一项重要内容。而且，有关重要文件在全民健身和群众体育及建设健康中国等方面的发展目标中，社会体育指导员的人均占比成为为数不多的指标之一。这些国家文件对社会体育指导员工作的任务要求，要成为修订《办法》的基本依据和总体原则，确保通过《办法》的完善更好地实现和落实这些任务要求。

当前，我国已经跨入“十四五”，开启了向第二个百年奋斗目标进军、全面建设社会主义现代化国家的新征程。在这个时间节点进行《办法》修订，必须根据党和国家确立的贯彻新发展理念、以推动高质量发展为主题、以改革创新为根本动力、以满足人民日益增长的美好生活需要为根本目的等指导思想，按照新周期《全民健身计划》“促进全民健身更高水平发展，更好满足人民群众的健身和健康需求”的总体要求，体现新征程的时代新意，坚持改革创新的总基调，以社会体育指导员工作的高质量新发展来定位其努力方向，力求构建起更高水平的制度规范格局，能够切实指导和适用工作实践而产生新的发展面貌。

为促进社会体育指导员工作高质量的新发展，要求《办法》修订工作必须以求真务实的科学态度，进行周密严谨的顶层设计与实际操作并行的制度建设。一方面，要从实际出发，坚持问题导向，认真调研，梳理分析影响制约工作发展的主要短板和顽症痛点，切实改变只重队伍规模和表层业绩的“GDP 思维”，突出可持续发展和讲求实际成效的工作出发点与落脚点。另一方面，要在涉及两类社会体育指导员发展关系、志愿服务体系和全民健身服务与社会体育指导员工作发展关系、体育人才队伍整体发展与社会体育指导员工作发展关系，包括公益社会体育指导员能不能收费这样的疑惑问题等方面，从宏观整体上进行制度性质和工作定位的厘清与安排。同时，《办法》作为部门规章，要具有实施操作性和实际落地的可行性，要设计确定出可实际应用执行的具体措施和行为规范。

（二）在现有基础上做纳入志愿服务体系的制度调整

现行《办法》根据社会体育指导员工作发展和《全民健身条例》的规定，虽然在对适用对象的工作性质上定位于全民健身志愿服务，但当时尚未结合志愿服务制度进行系统研究，同时国家尚未出台志愿服务法规对其进行明确规范，故当时所规定的公益社会体育指导员工作虽有明确的原则方向，却未能实际进入国家的志愿服务体系。随着我国志愿服务事业的发展和《志愿服务条例》的颁行，有关社会体育指导员工作的文件越来越多地提出要将其纳入志愿服务体系，相关问题研究有了一定积累。在我国社会体育指导员制度建立在先且已形成一定惯性方式的基础上，按照纳入志愿服务体系的方向来推进公益社会体育指导员工作，就需要在《办法》的修订中确立这一制度建构的基本思路，处理好现有社会体育指导员制度与志愿服务制度的关系，在保持社会体育指导员工作特色的同时，进行纳入志愿服务体系的制度调整。

（三）列入政府主管公共服务和志愿服务的重要事项

社会体育指导员工作是体育事业发展和全民健身发展的重要组成部分。根据我国宪法关于“国家发展体育事业”和体育法律法规关于国家制定和推行《全民健身计划》，以及宪法和体育法律法规关于各级人民政府体育主管部门负责体育和全民健身工作的规定，社会体育指导员工作同样应是国家和政府及其体育部门发展与主管的工作内容。现行《体育法》及其修订草案都规定了国家实行社会体育指导员制度。因此，修订《办法》，建议应继续坚持现行《办法》关于体育部门对社会体育指导员工作的主管职责，列入本级政府领导和提供公共体育服务、管理和协调志愿服务的工作范畴与发展规划，确定社会体育指导员工作为各级体育行政部门主管公共体育服务和体育志愿服务工作的重要事项，并做好与其他相关部门在社会体育指导员工作列入公共文化服务和志愿服务事项工作中的协调。

加强政府及其体育部门对社会体育指导员工作的领导和主管，同样要根据有关文件的要求，在《办法》修订中体现深化管理体制改革的发展进程。《办法》制定时鉴于改革的阶段性和渐进性，体育行政部门对社会体育指导员工作的主管有些还陷入直接的具体管理事务中，其中最为突出的是社会体育指导员各等级称号的受理申请和审批，仍主要由体育行政部门负责。同时，还规定社会体育指导员培训基地的审批、社会体育指导员培训资格审查、办理社会体育指导员注册等工作，也由体育行政部门负责。很显然，在改革不断深化的当下，这些做法很多已不合时宜且需要变化，要进一步明确和建立符合改革进程的新型社会体育指导员管理体制。

以简政放权的改革精神考量体育行政部门对社会体育指导员工作的主管职权，建议应从现行《办法》规定的一些具体管理事务中解脱出来，着重抓住两头的工作。一方面，负责顶层设计和制度安排，制定法规政策，把握社会体育指导员工作的宏观发展方向和进行总体工作部署；另一方面，负责服务保障和工作监管，提供有关经费、工作条件和激励手段的支持保障，对社会体育指导员工作开展情况和相关法律法规实施情况进行执法监督检查，对出现的违纪违法行为进行行政和法律责任追究。

改革创新社会体育指导员工作管理体制，还需发挥全民健身综合协调机制及相关部门在社会体育指导员工作中的积极作用。同时，在社会基层，可探索建立由街道、乡镇政权机构统一管理协调，基层群众自治组织支持配合，在体育社会工作者、体育公益岗位从业者等工作骨干组织带领下，公益社会体育指导员有组织地开展志愿服务的工作体系。

（四）创建社会力量广泛参与的社会治理体系和机制

坚持和扩大体育的社会化发展，是深化体育改革的重要方向和内容，更是社会体育指导员工作改革创新的重要任务，这应是《办法》修订中要坚持和体现的重要原则与具体内容。在不断深化的体育社会化改革中，按照党和国家创新社会治理体制的要求，要鼓励各种社会力量支持和参与社会体育指导员工作，加强社会体育指导员工作的社会行业系统自治管理，明确并建立在政府及其部门领导下的，由社会体育指导员协会与体育行业、人群、项目协会等体育社会组织共同参与和协调促进的社会体育指导员工作的社会治理体系与机制。

现行《办法》和有关文件都强调要普遍建立社会体育指导员协会并积极发挥其作用。社会体育指导员协会应在社会体育指导员工作中成为具有高度权威性和凝聚力的核心社会组织。目前，省级社会体育指导员协会已普遍建立，但市、县两级的社会体育指导员协会还有一些地方没有建立，还有很多社会体育指导员协会徒有虚名或运转不畅。因此，建议《办法》修订要将普遍建立各层级的社会体育指导员协会作为一项明确要求，并要进一步明确社会体育指导员协会的职责范围和工作方式，也要明确社会体育指导员协会与社会体育指导员、志愿服务组织及其他社会组织的关系，更要明确社会体育指导员协会的运行保障。

根据体育健身活动指导的实际需要，很早就形成了引导和要求更多社会组织参与社会体育指导员工作的认识，并在《办法》中体现为有条件和能力的全国和省级行业、单项体育协会申请获批后负责相应社会体育指导员工作的规定。近年来，国家体育总局在有关文件中提出社会体育指导员工作要建立与人群和项目结合的新模式。据初步了解，这方面工作的实际进展并不大，单项体育协会除健身气功外，似乎没有其他项目组织参与。行业体育协会授权开展在《办法》实施前还有许多，实施后却无明显增加，且没有实质性的推动。建议《办法》修订要在引导和要求各行业、各人群、各项目体育协会，共同做好其系统和工作范围内的社会体育指导员工作的同时，有进一步和更加明确的要求与推进措施。此外，需要进一步考虑，在现有体育社会团体的系统中，社会体育指导员协会应成为各级体育总会的单位会员，并将社会体育指导员工作列入各级体育总会的工作范围，协调同时作为体育总会单位会员的各行业、人群和项目体育协会在社会体育指导员工作上进行积极的配合。

调动和发挥体育社会团体在社会体育指导员工作中的作用，必须推进体育社会团体的实体化改革，使其能够有条件、有能力和有保障地开展工作。这方面目前存在着一定的瓶颈问题，需要根据国家改革进程和制度政策安排，从而推进体育社会团体的改革和实体化运行。建议《办法》要根据实际情况，在政策允许范围内对社会体育指导员协会的实体化运行提出尽可能明确的可行性要求，以保证社会体育指导员工作社会化改革的积极推进和落地生效。

（五）紧密依托基层群众体育组织网络发展互促共进

在国家支持推动下，广泛开展全民健身运动是一项有组织的工作和活动。因而，建立全民健身基层组织网络，建设群众身边的健身活动组织，成为多年来全民健身工作着力推进的一项重要内容。社会体育指导员正是有组织地开展全民健身活动，推动全民健身发展重要的工作组织力量。一方面，要为社会体育指导员搭建施展才华的工作平台，构建容纳和需要他们奉献力量的组织载体，让他们在各种体育组织中发挥应有的作用；另一方面，建设以基层体育组织为基础的全民健身组织网络，需要大量业务骨干，而社会体育指导员是支撑和运行各类基层体育组织的重要力量。因此，社会体育指导员的队伍建设与作用发挥，必然要与基层体育组织建设紧密结合，互相促进，共同发展。

多年前，国家体育总局在有关文件中就提出了社会体育指导员工作与社会体育组织网络建设互动发展的工作思路，也提出过一些要求。现行《办法》在多个条款中作出规定，明确社会体育指导员是在基层体育组织或机关、企事业单位中开展活动，还要求体育主管部门应明确基层体育组织等配备社会体育指导员的数量和等级要求，组织社会体育指导员依托体育组织和设施，或委派到基层组织和单位开展志愿服务。根据志愿服务的要求，在志愿组织中进行志愿服务是志愿者开展活动的重要方式。实践中，为开展社会体育指导员指导活动，一些地方除了建有健身活动站点等基层组织形式，有的还明确建设了作为社会体育指导员基层组织形式的指导站点。建议《办法》在修订中要继续坚持和进一步强化这一工作思路，切实推进和规范社会体育指导员工作与组织建设的互促共进。

同时，根据将社会体育指导员工作纳入志愿服务体系的需要，如何根据《志愿服务条例》的志愿服务组织的要求，将社会体育指导员活动所在的基层体育活动组织结合与协调起来，是《办法》修订中需要考虑的一个问题。几年前，国家体育总局曾推出全民健身活动站点的文件草案，后来这项工作搁浅，尚未看到此方面工作的新进展。因此，要把握我国体育基层组织建设和全民健身志愿服务发展的工作思路与改革动向，结合社会体育指导员工作实际，在《办法》修订中进行明确的措施体现。

（六）运用创新措施和数字技术加强激励服务与保障

社会体育指导员工作在新征程中高质量的新发展，需要有进一步的改革理念和思路，并且要将其转化为可行管用的创新措施予以实现。建议《办法》修订前要首先进行现行《办法》实施成效的可行性检验。比如，现行《办法》关于在体育教育机构中批准设立相应等级的社会体育指导员培训基地的规定，除了国家级培训基地由国家体育总局批准均设在高等院校，其他等级的培训基地难以普遍做到，且鲜有体育部门对此问题进行执法监督和整改。这些方面的相关问题，都需要进行施行实践的总结和审视。

为保证《办法》作为部门规章的可适用执行性和规范实效性，修订工作在对现行文件内容进行多视角检视的同时，要研究和构建出适应改革要求、形势发展和现实需要的一系列创新性具体规范和制度措施。根据社会体育指导员志愿服务性质，要特别在加大激励、服务和保障的力度上，增加一系列可行有效的制度政策设计。比如，在培训方面，目前普遍现场培训的方式对资源投入的要求条件较高，如何进一步深化培训改革，包括扩大社会力量参与和利用现代科技手段平台；对社会体育指导评价在纸面要求经常服务和效果影响的基础上，如何进一步加强实际服务和实效考量；在提升工作和队伍吸引力方面，为进一步扩大社会体育指导员的社会影响和激励力度，如何获得应有的志愿服务经费、物资和奖励等政策保障；为有效提升社会体育指导员自身素质和实际能力水平，如何加大交流展示和培训学习的工作力度等，都需要有可行措施以解决实际问题。

在国家加快数字社会建设步伐，有关文件对社会体育指导员工作提出信息化要求的情况下，《办法》修订要在广泛运用“互联网+”的理念思路、方式手段和技术平台，在提高智能化服务与管理方面做进一步的规范。要在目前建立社会体育指导员协会网站和信息管理系统及纳入体育管理服务系统的基础上，进一步完善和提升质量水平，并且要在纳入志愿服务体系的过程中，将其纳入全国志愿服务统计信息系统，不断推动信息化、智能化的建设步伐，为社会体育指导员工作提供更加充分和先进的技术条件支撑，进一步拓展与提高为社会体育指导员服务乃至为社会服务的空间与效率。

参考文献：

[1] 刘国永，王欢．中国社会体育指导员发展报告（1994—2014）［M］．北京：社会科学文献出版社，2016.

[2] 于善旭，等．完善我国社会体育指导员制度的研究［M］．北京：北京体育大学出版社，2013.

全民健身志愿服务背景下社会体育指导员协会的服务能力提升研究

汪 流 刘 典*

2009年，国家体育总局联合其他部委向全社会发出广泛开展全民健身志愿服务的号召，全民健身志愿服务深入社区、学校、机关、医院、厂矿等各个领域，为全民健身事业的发展注入了新的生机与活力。党的十九大以来，在我国社会主要矛盾发生改变、全民健身治理不断创新、群众健身需求不断提升的新时代背景下，国家和社会对全民健身志愿服务提出了新的要求。志愿服务组织建设是全民健身志愿服务事业发展的基础所在。2010年以来，全国各地陆续成立了枢纽型全民健身志愿服务组织——社会体育指导员协会，初步建立了全民健身志愿服务行业组织体系，但服务水平、能力与新时代全民健身志愿服务的发展要求存在差距。社会体育指导员协会能力提升是全民健身治理体系与治理能力现代化，全民健身科学化、组织化的重要体现和支撑，是建立健全全民健身志愿服务体系，提高体育公共服务水平的客观需要。党的十九大报告中明确指出，要推进志愿服务制度化。现实语境中，如何进一步激发社会体育指导员协会的活力与创造力，展示全民健身志愿服务“新作为”，走出符合人民实现美好生活需要的全民健身志愿服务发展新路径，成为学术界亟须研究的课题。

一、全民健身志愿服务与社会体育指导员协会发展

（一）全民健身志愿服务的基本内涵

志愿服务源于英文“Volunteer Service”，起源于19世纪西方国家宗教性

* 汪流，博士，首都体育学院教授、博士研究生导师，研究方向为社区体育、体育社会组织。刘典，首都体育学院硕士研究生。

的慈善服务[1]。随着“二战”后福利主义的兴起，志愿制度逐步得以确立，志愿服务事业蓬勃发展。我国志愿者组织和志愿服务的起步则要更晚一些。直到 20 世纪 80 年代末，随着社区服务的推行，中国在社区层面开始出现了自己的志愿者行动和志愿者。1994 年底，共青团系统形成了全国性的志愿者组织——中国青年志愿者协会，中国其他社会团体也开始开展志愿者活动。2008 年初南方雪灾和“5·12”汶川大地震中，社会志愿者发挥了巨大作用。北京 2008 年奥运会推动中国志愿者事业实现历史跨越，志愿服务理念和志愿服务精神得到弘扬。2017 年，国务院发布《志愿服务条例》，使志愿服务面临前所未有的发展机遇。

志愿服务是现代社会文明进步的重要标志。“服务”是一方为了另一方的利益而从事的活动，而“志愿”意味着有志于并情愿，志愿服务的内涵是自愿地从事有利于他人利益的活动，具有自愿性、无偿性、公益性等基本特征。联合国教科文组织将志愿服务定义为一种利他行为，指人们在正式（非私人）场合中，自愿、无偿地贡献自己时间和专业技术的行为。国务院颁布的《志愿服务条例》将志愿服务界定为“志愿者、志愿服务组织和其他组织自愿、无偿向社会或者他人提供的公益服务”。有学者认为，“志愿服务是指不以获取报酬为目的，自愿以智力、体力、技能等为他人和社会提供服务的公益性行为”[2]。

我国官方将全民健身志愿服务界定为：为推动全民健身运动的普及，志愿、自由地服务他人和社会的公益活动。根据志愿服务的核心思路，也可将其简易理解为充分发挥社会各界力量，以志愿者公益服务的方式参与群众体育的普及、推广和活动开展中的一种制度化的服务方式[3]。2011 年公布的《社会体育指导员管理办法》明确提出，社会体育指导员从事的是向公众提供传授健身技能、组织健身活动、宣传科学健身知识等全民健身志愿服务。

（二）我国全民健身志愿服务发展

西方大众体育志愿服务于“二战”后深入开展。有研究指出，英国每年有 600 万人为全英国 10 万多家各类社区体育俱乐部提供志愿服务，德国有 250 万志愿者为全德国 18 万社区体育俱乐部提供志愿服务[4]。1974 年，北京市体委与北京市总工会联合，在崇文区建立了第一个太极拳活动站（辅导站），并在全市推广，出现了早期的社会体育指导者，其可以算作我国群众体育事业志愿服务的开端。20 世纪 80 年代，具有行政指令性质的单位体育弱化，自组织性质的社区体育兴起，体育健身日益融入百姓日常生活，大批业余体育技术辅导员活跃在基层。20 世纪 90 年代，随着《社会体育指导员技术等级制度》和《全民健身计划》的实施，专门的"义务从事社会体育的指导工作"的全民健身志愿者队伍出现。北京 2008 年奥运会的承办与举办极大地推动了体育志愿服务的发展。为推动《全民健身条例》深入贯彻落实，更好地满足广大人民群众日益增长的体育健身需求，不断提高体育公共服务的规模、质量和水平，国家体育总局创新性地将志愿服务的理念和做法引入全民健身实践，联合中央文明办、民政部、全国总工会、共青团中央、全国妇联等部门印发《关于广泛开展全民健身志愿服务活动的通知》（体群字〔2009〕158 号），组织举办全国全民健身志愿服务活动启动仪式，与地方体育部门共同组织开展一系列全民健身志愿服务活动。2010 年，国家体育总局进一步研究制定了《建立全民健身志愿服务长效化机制工作方案》，其中要求充分依托和发挥各级体育指导员协会的作用，尽快建立健全全民健身志愿服务组织体系。政策的出台标志着全民健身志愿服务进入组织化、规范化、现代化发展的新阶段，对推动全民健身公共服务体系高质量发展影响深远。全民健身上升为国家发展战略以来，国家通过政策倡导、资金支持、表彰先进及大力宣传等手段，不断地推进我国全民健身志愿服务向着更高水平发展。在此过程中，公益性社会体育指导员成为我国全民健身志愿服务队伍中的中坚力量。

（三）社会体育指导员协会发展与全民健身志愿服务的理论关联

1. 志愿服务组织与全民健身志愿服务

志愿服务组织是非营利组织的重要类型，也是促进志愿服务的组织化和规范化发展的根本保证。在《志愿服务条例》颁布实施前，关于什么是志愿服务组织，国内学者并没有统一的认识。在我国的现实生活的具体实践中，对志愿服务组织有广义和狭义两种认识，其中，广义的志愿服务组织是指一切经过官方认可或者未经官方认可的、以组织形式存在的志愿组织，包括未经注册的微型志愿者团队、组织志愿服务活动的机关、非营利性事业单位和已经注册的正式社会团体；狭义的志愿服务组织是指依法在民政部门登记注册、专门从事志愿服务的公益性社会团体。2017 年，国务院颁布的《志愿服务条例》采用了狭义的概念，其给出的权威界定是："所称志愿服务组织，是指依法成立，以开展志愿服务为宗旨的非营利性组织。"狭义的志愿服务组织是指具备相应的注册、管理、教育、培训、保障等资质和机制，能够确保志愿服务组织的责任能力，有利于促进志愿服务的组织化和规范化，也便于国家进行相应的管理和提供政府支持的组织。被誉为"政府再造大师"的戴维·奥斯本从正式、规范的视角看待志愿服务组织，认为其"是正式建立、独立于政府的私立组织，有自我管理并具有控制自己活动的能力，有一些有实质意义的志愿内容"[5]。2016 年，中共中央宣传部等 8 部委专门下发《关于支持和发展志愿服务组织的意见》，意在解决我国志愿服务组织在总体上还存在的数量不足、能力不强、发展环境有待优化等问题，推动志愿服务持续健康发展。

全民健身志愿服务组织是对各类从事全民健身志愿服务的体育社会组织的一种统称。一个国家、一个地区的全民健身志愿者资源是否丰富，全民健身志愿者组织是否富有成效，成为衡量体育公共服务水平的重要尺度。从全民健身志愿服务的视角看，支持和发展社会体育指导员协会等全民健身志愿服务组织，加强服务能力建设，有利于搭建社会体育指导员和健身群众联通对接平台，解决健身服务信息不对称、渠道不通畅的问题，提高传授健身技能、组织健身活动、宣传科学健身知识的整体性、规范性、专业性和持续性；有利于整合各类社会资源，团结各种志愿力量，动员和招募更多的运动员、体育教师、学生，以及各类公立、私立机构等主体加入全民健身志愿服务的浪潮，以一种热情、自愿、自觉的心态服务于全民健身国家战略与健康中国战略的发展目标；有利于将服务范围延伸至政府公共体育服务以外的更多社会角落，通过提供多样化的体育公共服务，弥补政府在一些公共服务与财力资源方面投入的不足，以及由于部分居民体育消费能力较低而导致的市场供给有限的客观现实[6]，确保全民健身发展成果更多、更公平地惠及全体人民。

2. 社会体育指导员协会推动全民健身志愿服务组织化、专业化发展

组织化是现代社会的基本特征，正如现代管理学之父彼得·德鲁克所说："社会已成为一个组织的社会，在这个社会里，不是全部也是大多数社会任务是在一个组织里和由一个组织完成的。"[7]社会本质上已成为各种类型、规模

和性质的组织的集合，社会的整合将通过组织这一社会空间来实现[8]。这种组织化的驱动力和驱动主体可能来自凌驾于社会之上的政权力量，也可能来自与社会内部诉求相似的社会自主性力量。与此同时，在运动与娱乐领域，我们可以看到一个非常明显的社会服务“专业化”的趋势[9]。国家明文鼓励和支持具有专业知识和技能的志愿者提供专业志愿服务。随着全民健身国家战略的实施，人民的健身需求层次发生转型升级，未来全民健身志愿服务发展方向将更加倾向于专业化，志愿服务水平的要求将会越来越高。中国特色社会主义进入了新时代，我国社会主要矛盾已经转化为人民日益增长的美好生活需要和不平衡不充分的发展之间的矛盾，同时，人民需求层次发生转型升级，社会主要矛盾的变化要求志愿服务能进一步提升人民群众的获得感。

要让全民健身志愿服务成为创新群众体育治理、提高政府公共体育服务能力的重要途径，志愿服务就必须由个体走向集体、由分散走向统一，保证全民健身志愿服务的组织化、专业化。社会体育指导员协会是从事管理、培训、监督、服务社会体育指导员，承担体育主管部门委托的社会体育指导员相关工作，为广大基层群众提供科学、高效、便捷的健身技能指导等具体事务性工作的体育社会组织，它将其他类型的全民健身志愿服务组织与志愿者有机地组织、联合起来，吸引社会公众积极有序地参与全民健身志愿服务，提高全民健身志愿服务的效率、水平和质量，为全民健身志愿服务提供组织化保障，提升全民健身志愿服务专业化程度。2010 年 7 月 20 日，国家级社会体育指导员协会正式成立。当日，时任国家体育总局局长的刘鹏指出，“要加强和完善各级社会体育指导员协会的建设，充分发挥协会作用，为全民健身事业发展提供强有力的组织和队伍保障”。社会体育指导员组织体系建设是体育社会组织建设不可或缺的组成部分，是构建更高水平全民健身公共服务体系的结构性支撑。2010 年，国家体育总局下发的《建立全民健身志愿服务长效化机制工作方案》提出，要充分依托和发挥各级体育指导员协会的作用，尽快建立健全全民健身志愿服务组织体系。

二、社会体育指导员协会服务能力建设中的问题

志愿服务事业要长效发展，志愿组织的能力建设至关重要。社会体育指导员协会服务能力和服务水平是全民健身志愿服务组织化、专业化程度的重

要标志。但我们也应当看到，尽管政府及其相关部门在推进社会体育指导员协会发展方面出台了很多政策，且力度很大，但由于各方面的原因，社会体育指导员协会能力不足依旧是一个现实问题。

（一）服务能力界说

能力这一术语被广泛应用于很多领域[10]。能力在《当代汉语词典》中的解释是“能胜任某项工作或做好某一事情的才能、力量或条件”。《社会科学大词典》将能力分为实际和潜在两个层面，一层指实际能够做到或愿意去做的实际能力，另一层指可造就性和潜力。在管理学中，组织能力概念与组织绩效、组织的内外部环境相关。广义的组织能力体现在环境、输入、转化、输出和反馈各个环节；狭义的组织能力仅指组织将投入转换为产出的能力。对于社会组织而言，其能力就是能够充分利用各种资源，为社会提供非营利性质产品和服务的潜能和素质。根据霍顿（Horton）等的研究，组织能力是指一个组织实现自己任务与目标的潜力[11]。艾辛格（Eisinger）强调，组织能力的重要属性影响着组织的效率和目标的实现[12]。尤巴拉（Jurbala）的研究认为，在社区层次，由于志愿者数量的下降、政府资助的匮乏、体育设施的缺乏和青少年不愿意参加活动并伴有肥胖的趋向，社区体育活动的开展面临一些压力[13]。如果社区体育组织不具备足够的能力（如招募足够志愿者、足够的设施和制订未来的发展计划），有利于个人或社会利益的体育服务将会大打折扣[14]。霍尔（Hall）等指出，一个非营利组织生产出自己理想产品的总体能力是吸收和调动一系列的组织资本[15]。霍尔通过人力资源、财政、关系网络、基础结构、运行过程、计划等各种维度，对体育组织的服务能力进行研究，指出其中关键性的指标，并揭示了这些指标间的关系。凯蒂（Katie）借鉴霍尔的研究框架，对一个非营利社区体育俱乐部的能力进行个案研究，指出了制约这一组织向社区提供体育机会的各种因素，并对如何提升组织能力提出了自己的看法[14]。

针对志愿服务能力的分型，地方政府不曾有科学的分类实践，学界却不乏这一问题的探索。佘双好将其分为专业技术能力、沟通协调能力和自觉服务能力[16]。刘辉将志愿服务能力划分为志愿服务所需的基本能力与优势能力，认为基本能力是优势能力的基础，二者是相辅相成的关系[17]。曾凡凡以马拉松赛事的志愿者服务为切入口，将志愿服务能力划分为专业知识和技能的能力、自我认知能力、角色定位能力[18]。马奕婕将志愿服务能力概括为沟通能力、团队合作能力、专业服务能力这三个方面[19]。石珍认为，志愿服务能力是指志愿者在进行或开展志愿服务活动时应该达到的水平，其能力主要涵盖共情能力、合作能力、沟通能力、专业能力、倾听与表达能力等[20]。

针对社会组织的能力分型，马庆钰将社会组织能力体系概括为内部治理能力、战略管理、筹募资源、财务管理、人力资源管理、公益营销与公关、项目管理、公信力管理八个方面的能力[21]。黄浩明提出，社会组织应当具备筹集与管理资源的能力，包括内部治理能力、创新能力、协调能力和持续发展能力[22]。高成运认为，社会组织能力包括可持续发展能力、自我管理能力、开展活动能力、竞争能力与社会参与能力[23]。孙伟林认为，社会组织能力包括专业服务能力、自我约束能力、社会疏导能力、创新发展能力[24]。

可以看出，学界相关研究并不欠缺，但无论是志愿服务还是社会组织能力分型，都不是严格意义上的逻辑划分，而仅是一种描述式的划分，对实践难以形成强有力的支撑。

作为志愿服务组织，社会体育指导员协会服务能力主要是指通过完善自身内部治理结构，加强与组织外部环境的联系，积极获取管理和发展所需资源，从而为社会提供公共性产品和公共服务的能力。简而言之，就是其为了更好地完成服务项目所必备的基本能力。社会体育指导员协会的服务能力既体现在社会体育指导员的日常管理工作中，同时也体现在开展各类活动和所处地域的公共关系中，是一个全方位、立体化的概念与范畴。由于承接的服务涉及的要素较多，社会体育指导员协会服务能力的构成十分多样。从其宗旨及职能范围看，社会体育指导员协会的服务能力可包括以下两个方面：一是从志愿服务组织自身的建设出发，它应该具备一定的影响社会公众、动员与管理志愿者的能力，以及资金筹措和组织内部管理运作的能力；二是从完成全民健身志愿服务工作任务的角度出发，它应该具备专业技术、适应社会环境、发展创新、塑造品牌的能力。

（二）社会体育指导员协会服务能力建设中的短板问题

近 20 年来，我国社会体育指导员协会组织建设取得飞速发展，逐步建立起国家、省、市、县（区）组织管理体系。但同时，社会体育指导员协会能力不足成为政府职能转变的制约因素，以及全民健身志愿服务发展的短板。

1. 组织体系不够健全

为适应社会体育指导员工作的需要，2003 年起，上海在全国率先成立了地方社会体育指导员协会，此后，江苏省、河北省等地的社会体育指导员协会相继建立。2010 年，国家级社会体育指导员协会正式成立，标志着我国社会体育指导员工作进入一个新的发展阶段，对全民健身服务组织化、社会化、科学化水平的提升有着重要意义。目前，我国已经建立了国家、省、市、县（区）四级社会体育指导员协会体系，除四川省、云南省外，全国有 29 个省级社会体育指导员协会，同时还有 242 个地市级社会体育指导员协会、1026 个县（区）级社会体育指导员协会。但省级社会体育指导员协会没有全覆盖，县（区）级指导员协会更不健全，覆盖率仅为 38.9%左右。调查发现，42.1%的地区尚没有成立社会体育指导员协会，协会的基层站点建设不完善成为社会体育指导员管理过程中面临的主要困难。

2. 发展资金短缺

充足的资金来源是确保社会组织赖以生存和可持续发展的基础。社会体育指导员协会虽然不以营利为主要目的，但要实现自身的可持续发展，离不开一定量的资金支持。由于我国社会体育指导员协会尚处于发展的初级阶段，许多重要资源还不能自给自足，无论在社会影响、政策影响力、公信力、品牌、技术等无形资源方面，还是在专业人才、物质和资金等有形资源方面，都存在短缺问题，面临着不同程度的挑战。从实际情况看，筹集资金能力不足是社会体育指导员协会发展过程中的一个相当普遍和非常严峻的问题。调查发现，69.3%的管理者认为，经费短缺是协会面临的主要困难，排在第一位；70.3%的管理者认为志愿服务提供缺乏资金保障。目前，协会活动资金来源单一，主要来自政府拨款，69.17%的社会体育指导员参与科学健身指导的活动经费主要来自管理部门的支持，有少量的企业赞助，没有会费的收入。同时，协会没有自身的产业，没有开展其他的经营项目。政府财政支持主要是一些工作经费补贴，活动经费的资助具有临时性和不确定性。此外，尽管政府购买公共体育服务可以为部分有能力承接项目的协会弥补一定的资金短板，但 36.21%的协会没有承接政府购买服务。

3. 专业人才短缺

人才对任何一个社会组织的能力建设都起着决定性作用。有研究者指出，当前社会组织人才建设出现的问题主要是“协会成员专业素质普遍不高，接受过专业知识技能培训的人也不多”[25]。同时，“大多数协会中的专业社会工作者少之又少，大多都是政府机关单位分流过来的部分人员，且普遍年龄偏大”[26]。社会体育指导员协会承担各项职责，工作领域十分广泛，所需要的知识性、专业性较强，且直接面对数量众多的社会体育指导员，其人才需求与政府部门和企业部门具有不同的特点，而且对于人才的综合素质要求较高。调查发现，对于社会体育指导员协会的人才队伍而言，目前至少存在四个层面的问题：一是工作人员兼职多、专职少，调查结果表明，仅有 51.27%的协会无专职人员，很多工作无人去执行落实；二是组织缺乏长远目标与眼光，缺乏对组织发展的长远规划，等、靠、要思想严重；三是管理人员知识结构单一，管理能力不足，管理理念陈旧，对组织在市场经济中运作的管理能力较差，缺乏专业知识；四是缺乏对工作专业化程度的认识，不注重对职员的专业培训。全民健身志愿服务组织的发展不能没有优秀人才，拥有高素质、专业化的人力资源是保证其服务能力的关键，而社会体育指导员协会缺乏稳定的专职工作人员队伍，已经成为组织发展面临的又一主要困难。

4. 志愿服务的质量不高

经过十余年的快速发展，我国全民健身志愿服务在“量”上已有了很大进步，作为全民健身志愿服务的主体，社会体育指导员的规模、服务覆盖人群、所产生的综合效益都产生了较大影响。但是，我国全民健身志愿服务在“质”的方面还存在诸多不足，社会体育指导员整体专业水平不容乐观，综合素质参差不齐，所提供的服务在满足群众健身需求方面的能力还不高，很难做到即时响应、快速地满足群众需求。目前，各个社会体育指导站点所提供的服务还较为单一，多元化程度不够，无法精准地向群众提供健身服务，以及有针对性地满足群众需求。进一步提高综合服务能力，是摆在我们眼前的首要难题。调查结果显示，分别有 96.5%和 48.5%的社会体育指导员通过手机和电脑学习健身指导知识和技能；其主要关注的学习内容是运动项目技能，占95.5%，而对于管理组织知识的关注仅占44.9%。社会体育指导员中学及以下文化程度者占54.2%，退休人员占41.3%，需要具备的岗位知识和技能、职业化水平、服务质量和水平均偏低，难以为服务对象提供个性化、多样化、系统化的服务，导致志愿服务的质量和形式仍然停留在比较原始的阶段，社会体育指导员存在数量整体不足、质量整体较低、指导率整体不高等现实问题[27]。体育健身指导与公众的健身质量和健身效果密切相关。2020年进行的《全民健身计划（2016—2020年）》实施效果评估结果显示，参加体育锻炼的受访者中没有接受过指导的比例为75%。在接受过指导的2042名受访者中，曾经接受过专业教练指导的比例为15.30%，接受过社会体育指导员指导的比例仅占5.28%。各领域满意度评价中，受访者对体育健身指导的满意度较低。可以看出，目前我国社会体育指导员的作用未能充分发挥。

5. 社会属性较弱

社会性是社会组织区别于其他组织的重要标志，贯穿其发展全过程。社会体育指导员协会在法理上、学理上属于非政府组织，但这类组织多为政府推动成立，是自上而下的产物。很多社会体育指导员协会与政府部门或事业单位合署办公，一个机构，两块牌子，在观念、组织和行为上依旧有极强的行政色彩，在人事、财务、业务等方面严重依赖政府部门，非官方的社会力量介入十分有限。调查显示，51.85%的社会体育指导员协会与体育部门合署办公，29.98%的协会挂靠在地方体育总会，37.75%的协会法人为公职人员，30.22%的协会没有独立的资金账号，83.1%的协会与政府体育部门保持密切联系。协会与政府部门及其附属机构合署办公，实际上变成"政府所有""部门所有"或"单位所有"，社会性较弱，造成"官民不分""公私不分""政社不分"等问题。由于其资金、人员配置、活动开展等方面都要依靠政府，协会的工作内容基本全部由政府指定、委派，这些协会的自主意识缺失，依赖性较大，服务能力受到了一定的影响。

三、社会体育指导员协会服务能力提升策略

近年来，无论是政府还是学界，都越来越清醒地意识到支撑全民健身志愿服务的社会结构和社会力量对于全民健身志愿服务发展的基础性意义。这

是因为全民健身志愿服务是一个涉及多领域、多层面的实践过程，包括政府、志愿服务组织（以社会体育指导员协会为主体）、志愿者（核心是社会体育指导员）、社会民众、法规制度等要素及其相互之间的协调。健全的法规制度、活跃的全民健身志愿服务组织、政府与公民对公共体育事务的合作治理等，都是全民健身志愿服务健康发展所不可或缺的。建构政府与志愿服务组织的良性关系架构、提升志愿服务组织的综合能力是从根本上解决全民健身志愿服务现存问题的重要途径，也是公共体育服务的重要条件。

社会体育指导员协会是全民健身志愿服务组织的重要类型。以社会的现实需求作评判，当前社会体育指导员协会的总体发展水平并不令人满意，其发展还面临诸多困难，如组织体系不完善、组织专业素质不高、内部管理制度不健全、身份职责不明确、独立运作能力较弱、志愿服务资源供需失衡、资源匮乏运营困难等，这些问题一方面制约着组织服务能力的提升，另一方面也反映出组织服务能力的缺失。志愿服务组织的健康发展不仅受政策及社会环境的影响，也受自身能力的限制。为使其能在公共体育服务体系建设中更好地发挥作用，需要体制与机制的完善，也需要政府、社会及体育社团自身的不懈努力。

（一）营造体育社会组织发展的制度环境，加大社会体育指导员协会扶持与培育

政府不但决定了非营利组织的合法性和行动权利的空间，而且其态度直接影响着非营利组织的运作效果[28]。在政府占主导地位的社会中，国家权威及其符号仍然在中国社会的各个领域发挥着巨大的作用，政府的作用不可或缺。目前，我国体育社会组织特别是社会体育指导员协会的力量还不够强大，在绝对数量、规模、人力和活动能力上还有待加强。因此，政府要承担其培育、扶持社会体育指导员协会的重任，适时转变直接提供公共体育服务的全能角色，加强重视培育和发展其他供给主体。同时，在政策和法律等一系列制度上为社会体育指导员协会的发展给予优惠，积极调配和调动辖区范围的各种社会资源，让更多的力量参与到公共体育服务中，让社区居民能够享受到优质的体育服务。

1. 加强基层工作站点建设，夯实组织根基

2010 年 12 月，国家体育总局发布的《建立全民健身志愿服务长效化机制

工作方案》中指出："建立全国范围内层级化的组织网络体系。发挥各级社会体育指导员协会的作用，逐级建立志愿服务组织，并将组织延伸到乡镇、街道，形成国家、省、地市、区县和乡镇、街道的层级组织网络。"《全民健身计划（2021—2025 年）》中提及"完善以体育总会为枢纽，单项、行业和人群体育协会为支撑，基层体育社会组织为主体的市、区、街道（乡镇）、社区（行政村）四级体育社会组织网络。加强基层体育组织建设，推动体育总会向街道（乡镇）延伸、各类体育社会组织下沉社区（行政村）"。尽管当前我国全民健身志愿服务组织化的程度在不断提高，但整体组织的建设情况并不乐观。目前，全民健身志愿服务的组织网络主要依托于各个地方的社会体育指导员协会。可见，各层级的社会体育指导员协会的建设是健全我国全民健身志愿服务组织体系的重点工作。虽然目前我国社会体育指导员协会已经初步建立了国家、省、市、县（区）四级社会体育指导员协会组织体系，但与基层健身组织缺乏必要的联系，导致社会体育指导员的作用发挥受限。2018 年，中共中央办公厅、国务院办公厅印发《关于改革社会组织管理制度促进社会组织健康有序发展的意见》（以下简称《意见》），其中最引人瞩目的主体思想是明确提出发展社会组织应将重心向社区基层下移。广大社会体育指导员活跃在基层，社会体育指导员协会的重心也应在基层。建立健全社会体育指导员工作站点，是全民健身发展新阶段的必然要求，也是社会组织回归本色的历史必然。

新时期，全民健身工作进入新周期，社会体育指导员协会的组织建设面临新挑战和新机遇，建立健全社会体育指导员工作站点，推动社会体育指导员工作重心下移成为必然。为此，应加强《社会体育指导员管理办法》的修订与完善，优化社会体育指导员协会的职能，在建立健全地方性社会体育指导员协会的基础上，加强社会体育指导员工作站点建设，探索将基层健身站点纳入全民健身志愿服务体系，以及社会体育指导员协会工作范畴的新模式，形成科学的组织架构和服务体系。

2. 加大资金扶持力度，创新扶持路径

资金对组织的生存与发展发挥着重要作用。无论是组织日常的运转、活动的开展，还是设备的购买与租赁、人才的招募与调动均需要相应的资金作为基础，而这些要素也与组织的服务能力息息相关，所以提供必需的资金扶持有助于其服务能力的增长。而我国政府对于社会组织的财政扶持，总体比例还相对较低。当前社会体育指导员协会主要通过政府购买服务来承接社会体育指导员的培训与管理，以及群众体育活动开展等工作，资金来源渠道相对单一，并无其他持续、稳定的资金流。因此，政府要继续加大财政资金的投入，有条件的地区应针对协会发展特立相应的专项资金拨款，给予协会相对稳定、持续的资金流。

在这方面，有些省份进行了积极探索，并给予了制度化的保障。2020 年 12 月，江苏省体育局下发《关于加强社会体育指导员管理服务工作的通知》，要求各级体育行政部门安排社会体育指导员工作经费；鼓励行业体育协会、单项体育协会、基层文化体育组织等单位为社会体育指导员工作提供经费；鼓励社会各界对社会体育指导员工作提供捐赠和赞助；社会体育指导员工作经费应当专款专用，不得截留、挤占、挪用。2021 年 12 月，浙江省体育局印发《关于进一步加强社会体育指导员工作的实施意见》，通过委托授权、职能转移、购买服务等多种形式，引导各级社会体育指导员协会在会员招募、业务培训、服务管理等方面发挥重要作用。

就地方政府而言，除了通过设置专项资金、政府购买服务、政府补贴等方式给予社会体育指导员协会扶持外，还可以通过完善相关税收政策的方式变相减少其资金压力，同时应尽快建立相应的税收保障制度，加快其提供志愿服务时的免税资格认定，通过多措并举，从多个维度扶持社会体育指导员协会的发展，更好地促进其服务能力的提升。

3. 厘清政社关系，推进协会改革

改革开放以来，一个相对独立的市民社会正在中国形成。现代意义上的市民社会强调独立于国家的社会力量，自主性、自治性和契约化是市民社会的三个维度。独立于政府的社会组织是市民社会的外在表现，治理主体多元、政府权力有限是市民社会的内在逻辑。作为市民社会的一种具体组织形式，体育社会组织可以“更灵活地了解和满足居民的需求，推动社区体育服务的专业化和社会化发展”[29]。2005 年 7 月，国家体育总局发布的《关于进一步加强社会体育指导员工作的意见》中明确表示，要积极探索社会体育指导员管理的社会化模式，建立全国和地方性的社会体育指导员协会，发挥其自治与自律管理的职能，将体育行政部门中可以由社会体育指导员协会管理的事项，逐步向协会转移。但当前地方政府体育部门与社会体育指导员协会之间普遍存在“管办不分”“政社不分”的现象，协会独立性较差，对政府的依赖过多，对外工作内容的来源全部是政府派遣，主要承担政府交给的任务，协会成为政府职能的延伸或者附庸，严重影响了协会的自治性，阻碍了社会化发展的能力。厘清政社关系，推进社会体育指导员协会改革，是提高全民健身志愿服务水平，构建更高水平体育公共服务体系的客观需要。

各地应注重社会体育指导员协会作为人群协会的特点及特殊性，加快推进“管办分离”“政社分开”进程，以规范化、社会化、实体化为发展方向，以政府扶持、职能转移、市场运作为重要手段，以社会体育指导员协会的能力提升为工作重点，推进协会实体化，加强协会的组织建设、制度建设、队伍建设，确保协会有专门的人员和专业的队伍、固定的办公场所、稳定的资金保障，有影响的品牌赛事，更好地发挥社会体育指导员协会在提供志愿服务、协调其他体育社会组织、动员社会力量、满足大众健身需求等方面的作用，并激发组织活力。同时，各级体育主管部门应当积极协调本地志愿服务工作机构，将社会体育指导员工作纳入志愿服务工作体系，引导社会体育指导员在科学健身指导、赛事活动组织、体育场地设施使用和维护、体育宣传等方面发挥作用，各地组织大型体育赛事活动时可优先选用社会体育指导员参与志愿服务工作，为社会体育指导员提供工作平台。

4. 完善相关法律制度，推动协会规范发展

在法治社会的背景下，社会发展与变革的需求必须通过立法的途径才能得到合理的反映与实现。提升社会体育指导员协会的服务能力，也需要政策法规的保障。我国全民健身志愿服务发展的现实需要与立法的滞后性矛盾日益突出，有关法律正在抓紧拟制或修改。《全民健身条例》已经将全民健身的基础组织有关内容置于十分重要的地位。《社会体育指导员管理办法》实施以来，社会体育指导员协会不断发展壮大，对推动社会体育指导员协会组织体系建设发挥了重要作用。“十四五”时期，全民健身工作进入新周期，社会体育指导员协会的组织建设面临新挑战和新机遇，加强地方社会体育指导员协会建设，强化社会体育指导员协会的职能成为必然。

（二）以参与公共体育服务为主要目标，加强自身建设，争取社会支持

1. 明确组织的使命和价值观，植根基层民众

开展志愿服务，传播志愿精神是社会体育指导员协会的社会价值所在。社会体育指导员协会作为一种特定性质的组织，其使命和价值观非常重要。协会从成立之初，就应始终把满足整体民众公共体育利益，为其提供优质、满意的志愿服务作为组织公共服务机制不变的使命。彼得·德鲁克指出，经营非营利事业应以“使命”为重，不能像商界那样以追求利润为目的，只在乎商品的“卖与买”的交易，而是要全身心地投入，创造出价位、视野、观念、设想和服务来点化人类，改善环境与社会。它的精神是仁爱的、利他的、为公众利益着想的，做法应是兼具系统化、持续性和前瞻性的[30]。作为一个团结凝聚全民健身志愿者的非营利组织，社会体育指导员协会应认识到自身的存在和行为在社会中的价值。

作为服务民众的志愿组织，民众的需求和满意度是社会体育指导员协会持续发展的重要源泉和动力。协会要根据居民的需求来进行服务内容的设置，要立足当地社区及其居民，积极回应公众需求，真实地代表民意，才能获得民众的广泛支持。社会体育指导员协会应利用自身根植于民的优势，深入基层、体察民情、充分调研，了解群众的需求，及时地提供民众所需的健身服务。

2. 加强多方联系，以能力换信任

从当前有一定社会影响力的体育社会组织的发展经验看，这些组织并不是单纯自闭地发展，也没有一味地紧贴政府，而是通过与企业、媒体等组织合作，开展各种公益活动，逐渐获得其他社会组织、群众的认可，进而推动官方合法化和社会合法化认同。因此，社会体育指导员协会多渠道渗透、建立多方联系是一种生存智慧和发展策略，其在发展中需要加强以下三个方面的联系。一是加强与相关体育社会组织的沟通与合作并获得支持，争取其在业务上能为社会体育指导员协会提供人力、物力方面的支持，增强社会体育指导员的整合能力。二是与企业加强联系。在各地社会体育指导员协会的发展历程中，资源缺乏问题始终伴随左右，仅靠政府支持远远满足不了其发展

的需要。但需要注意的是，“在从事公益事业的时候，企业真正关心的不是合作的对象，而是合作的效果如何”[31]，因此，社会体育指导员协会和企业合作的关键在于从社会的角度唤起企业的公益意识，从市场的角度发掘与企业合作的亮点。三是加强与其他社会组织的合作，如媒体等。在电视、广播、网络媒体高度发达的今天，提倡媒体不应只关注党和政府体育方面大政方针的报道、国内国际重大体育新闻事件，还应在志愿服务、基层体育报道上，在贴近百姓健身需求上下功夫。此外，社会体育指导员协会要将改革与开放并进，采取更加开放的姿态开展社团活动；要采取群众化、民间化的工作方式，调动多元主体的积极性，探讨和丰富联合政府部门、社区、学校、企事业单位等共同开展活动的方式方法，取得全社会的大力支持。

3. 开辟多元化经费来源渠道，提高经费自筹比例

经费来源渠道畅通与否，是一个组织能否正常运转的决定性因素。广泛利用社会资源，争取自身发展所需要的资金，努力完善造血机制，提高自身影响力，努力改变由政府单一投资的发展方式，形成多方面、多渠道的融资形式，是组织发展自主性、能动性的体现，是各类社会组织脱钩改革必须面对的问题。社会体育指导员协会更好地向前发展仅靠政府的拨款是远远不够的，还需开辟新的、持久的筹集资金的途径，合理配置使用物质资源，加强资源集成。为此，应将个人和团体会员会费收入作为社团基础性收入，探索建立健全会员定期缴纳会费制度，提高会费收入在总收入中的比重。同时，广泛争取承接政府和企业的委托任务，面向社会多方募集资金，争取社会各界的支持，实行社会集资、广告冠名权出让等多种筹资形式。

4. 社团活动品牌化

我们所处的时代是品牌化生存的时代，竞争社会，品牌决胜。一个没有品牌的经济，在全球化时代的世界市场，是没有立足之地的。同样，对于任何一个体育社团来说，如果没有一个具有较高影响力的品牌工程，在市场时代将没有立足之地，只能沦为体育行政部门的附庸。全民健身服务志愿组织必须清楚地认识到，虽然非营利性的公益体育事业本身不是市场行为，但是我们必须向市场学习，认同市场生活的法则——品牌决胜。而且，从事公益事业、生产社会产品，必须更加具有品牌意识，因为我们的项目和产品是公

共性的、公益性的，是为公众服务的，必须比一般的商业产品更加透明、更加具有公信力，这样才能被广大的公民认同、信赖，赢得社会大众的支持与参与。目前，地方社会体育指导员协会能做到常年有活动、经常有比赛。但是，一些协会举办活动的机动性较大，受资金等外界因素制约严重，缺乏固定的活动运作模式，“品牌”活动、特色活动较少，尚没有形成活动的制度化。

5. 完善制度建设，形成良性运行机制

健全的制度是体育社会组织实现有效治理的有力保障，也是体育社团获得社会支持的重要途径。体育社会组织的制度建设是一个不断探索的过程。一般而言，它应包括财务管理制度、项目管理制度、民主议事制度。社会体育指导员协会应加强制度建设，通过简报或在互联网、媒体发布的形式，定期将财务现状、运作程序、服务对象、绩效评估等信息和相关数据向社会公开并接受相关监督。

在加强制度建设的同时，社会体育指导员协会应根据社会需求，努力形成适应自身发展的良性运行机制。一是推动运作机制市场化。社会体育指导员协会多是自上而下建立起来的，往往缺乏市场经验，在运作管理和开展活动上习惯于行政性方法，有的还拥有某种形式的垄断权力。运作机制市场化，意味着要改变其完全行政化的运作机制，按照市场经济的要求和体育社会组织的特点建立和发展市场化的运作机制，使其真正成为责、权、利相统一，拥有独立核算的组织实体。二是推动社团活动民间化。社会体育指导员协会工作是社会性工作，组织体系是开放的体系，不能自我封闭，封闭等于孤立，也等于拒绝发展。而当前社会体育指导员协会对政府相关部门的依赖性太强，虽是独立法人机构，但独立性很差，发展空间狭小，不能适应社会主义市场经济体制的要求。因此，要还原其社会组织的民间本色，更好地为社会服务。

参考文献：

[1] 张敏杰．欧美志愿服务工作考察（上）[J]．青年研究，1997（4）：46-49.

[2] 肖金明，龙晓杰．志愿服务立法基本概念分析 [J]．浙江学刊，2011（4）：136-143.

[3] 袁锋，张晓林．我国全民健身志愿服务现状及发展策略研究 [J]．广州体育学院学报，2015（1）：40-43.

［4］卢志成．我国城市全民健身志愿服务概观与创新发展研究［J］．山东体育学院学报，2015（4）：8-17.

［5］戴维·奥斯本，特德·盖布勒．改革政府：企业精神如何改革着公营部门［M］．上海：上海译文出版社，1996.

［6］武国栋，宋铁男．基于当代公民社会转型的体育志愿行动社会价值述微［J］．上海体育学院学报，2011（2）：50-51，60.

［7］彼得·德鲁克．后资本主义社会［M］．上海：上海译文出版社，1998：2.

［8］吕方．单位社会变革与社会基础秩序重构［D］．长春：吉林大学，2010.

［9］Erin K. S. Resources at the Grassroots of Recreation：Organizational Capacity and Quality of Experience in a Community Sport Organization［J］. Leisure Sciences，2006，28：385-401.

［10］Morgan，P. Study on Capacity，Change and Performance：The Concept of Capacity［EB/OL］.［2021-12-25］. http://www. ecdpm. org/dcc/capacitystudy.

［11］Horton D.，Alexaki A.，Bennett-Lartey S.，et al. Evaluating Capacity Development：Experiences from Research and Development Organizations Around the World. The Hague，NL：International Service for National Agricultural Research，2003.

［12］Eisinger P. Organizational Capacity and Organizational Effectiveness among Streetlevel Food Assistance Programs［J］. Nonprofit and Voluntary Sector Quarterly，2002，31，115-130.

［13］Jurbala P. Sport，the Voluntary Sector，and Canadian Identity［EB/OL］.［2021-12-20］. http://www. sportmatters. ca/Groups/SMG%20Resources.

［14］Katie M，Alison D. A Case Study of Organizational Capacity in Nonprofit Community Sport［J］. Journal of Sport Management，2009，23，457-482.

［15］Hall M. H.，Andrukow A.，Barr C.，et al. The Capacity to Serve：A Qualitative Study of the Challenges Facing Canada's Nonprofit and Voluntary Organizations. Toronto，ON：Canadian Centre for Philanthropy，2003.

［16］佘双好．志愿服务概论［M］．武汉：武汉大学出版社，2013.

［17］刘辉．小组工作在提高社区志愿者服务能力中的应用［D］．苏州：苏州大学，2014.

［18］曾凡凡．马拉松赛事志愿者服务能力及影响因素研究［D］．武汉：武汉体育学院，2021.

［19］北京志愿服务发展研究会．中国志愿服务大辞典［M］．北京：中国大百科全书出版社，2014.

［20］石珍．团体辅导对提升大学生养老志愿服务能力的实践研究［D］．昆明：昆明理工大学，2020.

[21] 马庆钰．社会组织能力建设［M］．北京：中国社会出版社，2011.

[22] 黄浩明．加强民间组织能力建设的有效途径［J］．杭州师范学院学报：社会科学版，2003（5）：5-9.

[23] 高成运．民间组织能力建设的视角与路径［J］．学会，2006（5）：15-21.

[24] 孙伟林．把握机遇 突出重点 提升能力 为新时期全面加强社会管理注入创新活力——第四届社会组织创新与发展论坛主题报告［J］．社团管理研究，2011（12）：5-7.

[25] 王名，刘求实．中国非政府组织发展的制度分析［J］．中国非营利评论，2007（1）：92-145.

[26] 姜楠．我国体育社会组织人力资源配置研究［J］．体育世界（学术版），2019（12）：37-38.

[27] 于善旭．我国公益社会体育指导员工作发展的基础与对策［J］．上海体育学院学报，2010（1）：58-61，68.

[28] 赵秀梅．中国 NGO 对政府的策略：一个初步考察［J］．开放时代，2004，6.

[29] 汪流，李捷．北京市体育社会组织发展研究［J］．北京社会科学，2010（2）：59-63.

[30] 徐永光．全球性社团革命的中国经验——以青基会为例［J］．中国青从会通讯，2001，7.

[31] 崔欣．中国草根非政府组织发展中社会资本的遗乏——以 Z 热线为例［D］．北京：中央民族大学，2007.

全民健身志愿服务背景下社会体育指导员培训的创新发展研究

黄晓灵　杨宗乾　邓　亮　周　唯*

近年来，国家相继出台了《建立全民健身志愿服务长效化机制工作方案》《优秀运动员全民健身志愿服务实施办法》《关于广泛开展全民健身志愿服务活动的通知》等文件，为全民健身志愿服务工作的开展提供了制度保障。全民健身志愿服务作为全民健身的重要内容，是推动全民健身运动社会化、经常化、制度化的有力抓手。全民健身志愿服务队伍的建设情况，关系着全民健身志愿服务的效果与质量。社会体育指导员作为全民健身志愿服务队伍的主力军和中坚力量，其培训工作开展情况影响着全民健身志愿服务队伍的服务水平。伴随群众体育需求的多元化、个性化发展，对社会体育指导员的综合素养提出了更高要求，但当前社会体育指导员的服务质量还无法满足人民群众的需求。因此，必须创新社会体育指导员培训模式，才能真正培养出国家体育事业的执行者、全民健身的宣传者、科学健身的指导者、体育活动的组织者、体育设施的维护者、健康生活方式的引领者和优秀传统体育文化的传承者。

一、全民健身志愿服务背景下社会体育指导员培训创新的必要性

（一）构建更高水平全民健身公共服务体系的必然要求

全民健身公共服务体系是以政府为主导，以公益性体育服务产品为内容

* 黄晓灵，博士，西南大学教授、博士研究生导师、体育学院院长，研究方向为体育管理学。杨宗乾，西南大学体育学院博士研究生。邓亮，西南大学体育学院硕士研究生。周唯，西南大学体育学院硕士研究生。

和以全体人民为对象所形成的系统性、整体性制度安排，包括供给体系、产品体系、资源配置体系、服务对象体系等。我国《“十四五”体育发展规划》明确提出要“构建更高水平的全民健身公共服务体系，满足人民日益增长的美好生活需要”。社会体育指导员在全民健身公共服务体系中发挥着重要的作用，是构建全民健身体系、推动全民健康发展的核心力量[1]。从供给体系而言，社会体育指导员作为政府提供全民健身公共服务的重要组成部分之一，创新其培训模式既是保障社会体育指导员队伍质量的重要手段，同时也是体育部门创新职能的需求[2]；从产品体系而言，健身指导、体育培训、体质监测等都属于社会体育指导员职责范围，社会体育指导员队伍素质的高低直接影响全民健身公共服务质量的好坏；从资源配置体系而言，社会体育指导员是全民健身公共服务体系中不可或缺的人力资源；从服务对象体系而言，社会体育指导员所服务的对象为全体人民群众。社会体育指导员的培训创新，不仅是高素质、复合型社会体育指导员队伍供给的重要保障，同时也是构建更高水平全民健身公共服务体系的重要抓手和必然要求。

（二）践行全民健身国家战略的有效途径

体育强则中国强，国运兴则体育兴。早在2002年《中共中央　国务院关于进一步加强和改进新时期体育工作的意见》中，强调“开展全民健身活动，增强人民体质，是体育工作的根本任务，是利国利民、功在当代、利在千秋的事业”，并提出要“建立社会体育指导工作队伍”。“十二五”时期，全民健身上升为国家战略，体育事业迅速发展。《全民健身计划（2021—2025年）》中明确提出，到2025年，随着全民健身公共服务体系更加完善，每千人拥有社会体育指导员2.16名。社会体育指导员作为群众体育活动的传授者、指导者，在全民健身国家战略下发挥科学健身指导等作用，对社会体育的进步、体育发展水平甚至人民生活质量等都有极为深刻的影响。全民健身作为社会建设的重点内容，社会分工精细化要求社会体育指导员培训创新[3]，作为践行全民健身国家战略的有效途径之一，创新社会体育指导员培训是大势所趋。

（三）社会体育指导员自身发展的重要保障

全民健身服务人才包含社区体育服务、青少年健身服务、老年人健身服务、医疗康复服务、休闲娱乐服务等[4]。一方面，群众健身需求增多，全民健身活动多样，健身设施与场地日益丰富，社会体育指导员作为大众持续健身的引导者，在全民健身与社会体育指导员的融合发展支持下，需要更多的人群加入社会体育指导员队伍，这为社会体育指导员的发展提供了空间。另一方面，社区、学校、体育非营利组织等社会体育指导员就业的单位，是社会体育指导员与全民健身志愿者互动交流的重要场所，在社会体育指导员工作类别多元化基础上，充分发挥公益型社会体育指导员的牵头领航作用。这为吸引更多社会体育指导员进入不同的职业场所，盘活社会体育指导员市场人员资源，拓宽社会体育指导员就业途径，保障社会体育指导员自身的职业发展选择多元化指明了方向。这些均向社会体育指导员的培训创新发展提出了要求。

（四）新时代赋予体育专业人才的要求

《中华人民共和国体育法》指出：国家实行社会体育指导员技术等级制度；社会体育指导员对社会体育活动进行指导；地方各级人民政府应当为公民参加社会体育活动创造必要的条件，支持、扶助群众性体育活动的开展。社会体育指导员作为我国社会体育发展和全民健身服务的骨干力量，为民众提供科学健身指导是法定义务。社会的发展变化要求体育专业人才必须具备广而精的知识储备，不仅涉及科学指导的健身技能，同时也要有与时俱进的眼光与能力。在疫情防控常态化背景下，北京2022年冬奥会的成功举办更加印证了加强新时代体育专业人才队伍建设的重要意义。社会体育指导员培训体系的不断完善及规模的逐步扩大，必将吸引更多跨学科、复合型人才的加入。

二、社会体育指导员培训面临的问题

（一）培训内容与实践需求的不适应

社会体育指导员培训内容的确立，要先对培训需求进行分析，其中既包括国家和大众对社会体育指导员的需求，又包括社会体育指导员自身对培训内容的需要。目前，培训内容与实际需求的不适应主要体现在三个方面。

其一，社会体育指导员各级别培训教材更新缓慢，同时，培训基地大多只是按照培训教材设立培训内容，设置培训课程，培训内容重点放在理论培训，缺乏对知识的实践，使参培人员无法将理论知识转换为生产能力，在一定程度上造成了培训课程内容体系与现实需求的脱离。

其二，社会体育指导员培训更多的是培训主体和培训对象两者之间的事，培训主体确立培训内容，培训对象接受培训，在培训过程中忽视了大众对社会体育指导员能力、素养等方面的需求，缺乏对大众需求调研的培训是背离培训初衷的。

其三，社会体育指导员参加培训多为被动式学习，在授课教师的统一安排和组织下，众多能力各异、兴趣不同的参培人员参加统一内容的集中培训，这种集中培训忽视了参培对象的个性化需求，甚至欠缺对参培人员自身发展的考虑，导致培训效果大打折扣。

（二）培训方法与形式单一

社会体育指导员培训是促进群众体育发展的重要环节，不仅需要了解体育相关理论知识、运动技能相关技巧，还要对社会体育活动进行组织和策划，动员广大群众参与体育活动，发挥社会体育指导员在群众体育中的骨干作用。社会体育指导员培训虽形成了固定的培训方式和方法，但其培训方式和方法单一，无法适应社会对社会体育指导员的需求。

社会体育指导员培训采用传统教学方法，以单理论考核形式居多。关于理论课，传统授课教师与学员之间的互动不多，教师没有办法及时解决学员的疑问，虽然是系统教学，但学员接收的知识有限，没有办法形成系统的理论框架。关于实践课，由于参与社会体育指导员培训的学员人数较多，且在技能课堂学习中对技术动作要领的掌握程度不一致，授课教师难以面面俱到，从而降低对学员的培训要求，导致学员在运动技能方面提高不大。

社会体育指导员培训方式方法单一，面授教学方式制约学员的学习积极性，使自制力较差、自主学习意识不强的学员边缘化，从而导致社会体育指导员的培训质量不高，进行群众体育活动指导等方面的能力欠缺。

（三）培训主体间衔接不足

培训主体间衔接不足主要包括两个方面。

第一，各技术等级培训基地之间衔接不足。现行《社会体育指导员管理办法》第十一条规定，社会体育指导员培训教育工作由社会体育指导员培训基地承担。在实际运行过程中，各等级培训基地的培训课程设置、师资配备和资源保障方面的不同，导致社会体育指导员之间技能传授与健身指导的能力、活动组织与项目管理的能力、科研能力、指导与培养低等级指导员的能力水平各不相同，其工作实践与经验积累存在较大差异，同等级、同批次的社会体育指导员个人工作能力与水平差距较大。同时，培训主体间的信息闭塞与考核评价标准不一，使社会体育指导员等级培训和继续培训在课程设置的连续性和等级晋升的层次性上大打折扣。

第二，体育行政部门、企事业单位、体育社会组织等协同不足。我国社会体育指导员培训主要在国家体育总局和各地方体育局的主导下进行，多元主体参与培育的模式尚未发展成熟。社会体育指导员的培养数量确定和指导项目类型认定应进行社会调研，实现培养与需求的相对平衡。若社会体育指导员培训没有对其指导项目进行比例划分，容易产生“供需错位”现象。

（四）法律法规建设滞后

近年来，在各地政府的组织领导下，体育活动的普及度提升、项目增多，体育场地与设施不断增扩，呈现稳中向好的发展趋势。但同时也出现了相应的问题，一方面体育锻炼人数的增多对社会体育指导员的队伍规模有了新要求；另一方面则是随着人民健身意识的增强对社会体育指导员的队伍质量提出了新思考。

社会体育指导员队伍规模与质量的受限，很大一部分原因在于社会体育指导员队伍的宣传力度及专业精准度不高。现阶段社会体育指导员大多为兼职存在，在工作之外进行体育健身指导，指导时间少与队伍的不确定性造成社会认识度不足、队伍招揽慢。而社会体育指导员需要通过培训获得资格，才可进行技能传授、健身指导和组织管理工作。学员队伍的参差不齐，专业基础与学习能力有所差异，会造成培训内容与培训课程的效果事倍功半。通过培训获得职业资格的专业人才组织不成体系，培训效果亟待提升都使社会体育指导员队伍质量与数量无法进一步升级[5]。

2001 年《社会体育指导员国家职业标准》相关部分阐述，包括职业定义、职业要求、培训内容与工作内容等。但由于该文件年限过久与需求变化，社会体育指导员管理办法有待更新，相关法律法规的建设呈现滞后趋势。根据调查，社会体育指导员开展工作的客观受限因素主要集中在缺乏经费、场地和机会等方面，反映出社会体育指导员管理办法或相关政策落实不够，社会体育指导员培养相关法律法规建设滞后于现实发展实际。

（五）培训机制不完善

培训后未进行回访追踪，缺乏培训长效性。社会体育指导员们由于线下集中培训时间较短且班中学员指导项目较多，课程培训多为“一次性”，学员培训中后期效果不明显，不易在工作中将理论转化为实践。培训后，未开设供学员反映培训效果的反馈途径，体育行政部门、各级社会体育指导员培训基地未做到定期对参加完培训的学员做追踪与回访。例如，没有定期组织活动集中交流，以问卷或电话的形式让学员提出当前学习的困惑及对培训课程、内容或方式的一些意见，缺乏在掌握学员动态基础上改善调控途径，优化课程设置的环节。

现行各级社会体育指导员培训评估办法不明细、不透明。培训机制的工作规范、基本知识、组织管理、健身指导、自设内容等方面没有具体、明晰的评估标准，也未在官方网站对外公布培训评估办法、标准。体育行政部门在课程培训后，未针对人员管理、工作规范、活动组织、信息反馈等方面进行考核，也未对考核不合格者作出惩罚，对各级社会体育指导员的培训效果缺乏再评估。各级社会体育指导员培训监督机制不严格、不持续。

社会体育指导员培训基地是培训各级社会体育指导员的主要责任主体，上级组织对培训基地的监督较弱，监督的内容大部分只针对课程培训内容与方式、培训主体、组织管理等方面，但对信息反馈（培训实际效果）、内容创新、资金腐败等方面却未涉及。在某种程度上，上级对培训机制的监督管理较为松懈，造成“走过场”现象，导致培训基地在检查时出现“应付”的情况。

三、全民健身志愿服务背景下社会体育指导员培训创新发展策略

（一）创新培训方式，突出地方特色

社会体育指导员培训应充分利用“互联网+”等技术手段，构建“线上+

线下”的培训方式，打造优秀的教学环境。线下理论教学可以构建社会体育指导员的知识体系，但仅依靠面授无法使学员形成系统的理论框架。线上教学不仅可以增加学员与授课教师的互动，也能增加学员之间的互动，同时方便授课教师一一解答学员们的疑惑。

创新培训方式不仅可以增强学员的学习兴趣、理论知识、运动技能，还可以打破学员之间的界限，使学员可以经验共享，共同进步。学员之间的互动可以增加学员之间的交流，取人之长，补己之短。在运动技能培训中，可以采用线上教学的方式对运动技能进行详细讲解，避免错误动作的出现，方便学员将技能讲解视频保留并且重复观看，巩固自己的技术动作。此外，采用线上教学的方式可以使教师在自己的闲余时间对学员的疑问进行解答，使学员随时随地说出自己的疑问，解决自己的困扰，线上教学在很大程度上打破了学员与教师之间的隔阂。

社会体育指导员培训除了传授大众体育运动项目，还可以在培训内容上突出地方特色，将少数民族传统体育项目及其相应的民族文化和风俗习惯等相关内容纳入培训课程体系。采取“线上+线下”的培训形式，更好地传播各地的少数民族传统体育项目和地方特色项目，并推进其传承与发展。

（二）丰富培训内容，对接培训需求

确立培训课程的内容体系，要在依据培训教材的基础上，对接群众需求和参培人员需求。既要看到培训教材在培训内容中的基础性作用，也要保证个性化培训的提升性作用。在培训内容设置上，根据《“健康中国2030”规划纲要》《全民健身计划（2021—2025年）》等文件中有关全民健身的论述，紧密结合运动处方制定、慢性病干预、运动康复等群众运动健身的痛点和热点问题，充分体现“体医融合”和“全民健身与全民健康”等时代需求。

同时，培训内容应在对群众需求调研的基础上进行设置。可每年进行区域性调研，了解群众对社会体育指导员的能力和素养等方面的需求，提高培训内容的针对性和科学性，力求培训内容与全民健身实际需求的有效对接，保证社会体育指导员培训工作能真正解决群众的健身需求。

此外，社会体育指导员培训内容要有一致性，要符合参培人员的个性化需求。在培训工作开展前期，可提前调研参培人员的参培需求，在集中培训

的基础上，有效利用培训基地的资源配置，通过设立分类培训、自主培训、单项目培训等方式，帮助参培人员有效提升个人能力，以达到良好的培训效果。

（三）加强协同联动，注重有效衔接

实现社会体育指导员培训的创新发展，需要加强体育行政部门、企事业单位和体育社会组织等培训主体间的协同联动，同时还应注重各等级培训基地之间在课程设置、师资配备、资源保障和考核评价标准等方面的有效衔接。

首先，可由政府牵头联合高校、体育社会组织和企事业单位等成立社会体育指导员培训创新中心，整合优质资源，完善课程体系，健全运行框架，以促进社会体育指导员的职业发展。通过签订协同创新合作协议，明确各主体间的职责与利益分配，从而实现互惠共赢。

其次，若社会体育指导员的培训与发展单独依靠政府推动，容易造成独木难支的不利局面。因此，社会体育指导员的培训创新发展应形成一个由政府宏观引导，社会积极参与的多主体协同联动发展模式。除了开展等级培训，各培训主体还可以联合举办高级研讨班进行社会体育指导员继续教育培训，促进其工作能力和综合素养的提升。

最后，可借助现代信息技术，加快全国范围内培训基地的入驻与连通，搭建集社会体育指导员注册管理、交流展示、宣传推广、资源共享和后续跟踪指导于一体的线上综合管理平台。

（四）健全法律法规，强化队伍管理

建立健全社会体育指导员队伍管理办法的相关法律法规，营造社会体育指导员队伍建设和服务的良好环境任重道远。社会体育指导员队伍建设来源错综复杂，主要以兼职存在，对长期发展来说无法形成固定模式，且人员组成参差不齐，市场暂无制度管理体系监督[6]。地方政府要认真落实相关政策文件精神，引起重视并在统筹领导上建立相关制度规范，确保社会体育指导员队伍建设和体育专业人才合理发挥效能。通过多种途径提升社会体育指导员队伍建设的规范性与系统性，建立相应的监督机制和保障机制，提高社会体育指导员的职业认可度，确保社会体育指导员队伍的发展空间和队伍规模。

在政府治理方式转变过程中，借助社会与市场力量规范社会体育指导员培训模式与队伍建设，确保社会体育指导员在无后顾之忧的基础上展开健身指导活动；借助现代信息科技手段，加快推动互联网、大数据、人工智能与体育实体经济深度融合，创新社会体育指导员队伍建设和体育专业人才就业形式；吸引跨学科人才与体育联动，提高社会体育指导员队伍服务质量与体育服务业转型升级，提升体育专业人才职业效能感与幸福感。

（五）提升管理能力，完善评估办法与监督机制

首先，构建人员管理系统，增设学员回访追踪环节。在社会体育指导员信息服务平台的基础上，让社会体育指导员在参加各级培训后根据培训证书编号进行信息入网注册，方便后期工作人员对其进行回访追踪和学年注册管理；培训结束后采取电话或问卷形式联系学员，询问其对课程的评价，针对其学习效果开通平台反馈途径，不断对培训课程、培训管理等方面进行完善；定期组织集中活动（网上交流、考试、名师讲堂等），让学员互相交流学习、解决困惑，提升指导经验。

其次，加快完善社会体育指导员培训评估办法与监督机制。针对工作规范、基本知识、组织管理、健身指导、自设内容等内容制定更为清晰的评估标准。以评估标准为引领，明确社会体育指导员培训基地的职能、责任，结合全民健身需求，不断完善社会体育指导员培训基地的考核机制和社会体育指导员培训成效的评估机制，划分评估内容及格线，其不仅要满足总分数的及格线，也要满足各分项评估内容的及格线，评估不合格者将被取消培训资格。

最后，制定更为严格的社会体育指导员培训监督机制。针对不同地区、级别的社会体育指导员培训，建立更严格的监督机制。比如，完善培训监督制度，明确培训主要职责，制定精细的奖惩条例，增强培训示范基地对规章制度的执行力；实行管理问责监督制度，若培训“无作为”、培训课程“敷衍”等，导致培训效果不佳、大部分学员反馈差评的，首先对相关负责培训主体予以问责，其次层层问责，最终实行责任追究制；建立考核监督体系，监督过程以分数为考核标准，划分优、良、中、合格、不合格五个等级，若连续两年处于不合格等级，直接取消培训基地资格。同时，不断优化社会体

育指导员的培训机制，实行奖励政策，培训评估与监督机制连续三年优秀者，可适当增加培训基地的下拨经费和培训名额。

四、结语

社会体育指导员作为全民健身的宣传者、科学健身的指导者、体育活动的组织者、体育设施的维护者、健康生活方式的引领者和优秀传统体育文化的传承者，在全民健身志愿服务如火如荼开展的背景下，成为促进群众体育发展、提高人民体质、保障人民体育权益，以及贯彻落实全民健身国家战略和健康中国战略的强有力抓手。社会体育指导员培训是社会体育指导员队伍建设的起点，是群众体育改革的重要关口，其创新发展需要克服法律法规建设滞后、培训机制不完善等诸多体制机制问题，通过完善培训评估办法与监督机制、创新培训方式、健全法律法规、加强培训主体间的协同联动和丰富培训内容等有力举措，来打造一支高素质、复合型社会体育指导员人才队伍，将助推我国由体育大国向体育强国迈进。

参考文献：

[1] 杨中兵，王江萍．多元参与的全民健康路径实践研究——以国家级社会体育指导员培训为例［J］．北方民族大学学报，2021（4）：147-152.

[2] 郑汉山，蒋义丹．政府与高校协同培养社会体育指导员模式构建［J］．体育文化导刊，2016（12）：22-26.

[3] 于善旭．论我国社会体育指导员制度的多元发展与创新［J］．体育与科学，2014，35（5）：97-102.

[4] 李国玲．高校全民健身服务人才培养途径研究［J］．科技资讯，2017，15（26）：214-215.

[5] 陈立农，金成全，李钦升，等．我国社会体育指导员发展的困惑与对策［J］．西安体育学院学报，2006（4）：7-10.

[6] 王聪，袁东．我国潜水社会体育指导员队伍现状、问题及优化路径［J］．体育文化导刊，2019（8）：65-71.

依法治国背景下《社会体育指导员管理办法》修订若干问题的探讨

姜 熙 朱震隆 刘 佳*

社会体育指导员制度是我国体育事业发展中的一项重要制度。社会体育指导员是推动我国社会体育发展，开展全民健身指导活动的重要力量。1993年12月，国家体委发布了《社会体育指导员技术等级制度》。1995年，国务院颁布《全民健身计划纲要》，进一步推动了社会体育指导员技术等级制度的实施。1995年颁布的《中华人民共和国体育法》第二章为“社会体育”专章，其中第十一条规定：“国家推行全民健身计划，实施体育锻炼标准，进行体质监测。国家实行社会体育指导员技术等级制度。社会体育指导员对社会体育活动进行指导。”自此，社会体育指导员制度通过《中华人民共和国体育法》被正式确定下来。1999年，社会体育指导员被列入我国首部《中华人民共和国职业分类大典》。2005年7月11日，国家体育总局发布了《关于进一步加强社会体育指导员工作的意见》。2011年10月9日，国家体育总局公布了以公益性社会体育指导员工作为对象的《社会体育指导员管理办法》(以下简称《办法》)，并于2011年11月9日施行。如果以《社会体育指导员技术等级制度》的出台时间为起点计算，我国社会体育指导员制度已经发展29年。29年来，我国社会体育指导员制度逐步成型，社会体育指导员队伍不断壮大。截至2020年底，我国社会体育指导员队伍达到260万人，每千人拥有社会体育指导员1.86人[1]。社会体育指导员成为我国公共体育服务体系和全民健身志愿服务体系中的重要力量，在服务全民健身国家战略和体育强国建

* 姜熙，博士，上海政法学院教授、宪法学与行政法学硕士研究生导师、体育法治研究院常务副院长，研究方向为体育法学。朱震隆，上海政法学院本科生。刘佳，上海政法学院本科生。

设中发挥了重要作用。尤其是《办法》实施10余年来，其在社会体育指导员队伍发展、组织管理、培训教育、注册审批、工作保障、服务规范等方面发挥了积极保障作用。

进入新时代后，尤其是在国务院办公厅发布《体育强国建设纲要》后，标志着新时代中国步入全面推进体育强国建设进程。在体育强国建设中，落实全民健身国家战略，助力健康中国建设是重要的战略任务之一，完善全民健身公共服务体系、广泛开展全民健身活动、优化全民健身组织网络都是核心内容，这些均与我国社会体育指导员制度密切相关。值得注意的是，在2021年公布的《中华人民共和国体育法（修订草案）》征求意见稿中，全民健身作为国家战略，对提升国民体质、促进全民健康具有不可替代的作用。为突出全民健身的重要基础性保障作用，其第二章修改为“全民健身”专章，第十七条规定“国家实行社会体育指导员制度。社会体育指导员对全民健身活动进行指导”。可见，《中华人民共和国体育法（修订草案）》征求意见稿进一步提高了对社会体育指导员制度的重视程度，将社会体育指导员制度进行了单独条文设定。从上位法的角度来看，社会体育指导员制度仍然是我国全民健身事业发展中不可或缺的重要制度。因此，落实《中华人民共和国体育法》的要求，进一步完善我国的社会体育指导员制度，让其更好地在全民健身战略中发挥积极作用是我们面临的重要任务，其中《办法》的修订是关键一环。

一、《社会体育指导员管理办法》修订的必要性

（一）全面推进依法治国建设的法治保障要求

党的十八大以来，以习近平同志为核心的党中央全面推进依法治国。随着从依法治国到全面依法治国、从建设中国特色社会主义法律体系到建设中国特色社会主义法治体系的历史转型，中国共产党领导中国人民不断从深度和广度上践行法治，无数实践表明，推进全面依法治国是实现中华民族伟大复兴的中国梦的重要保障。全面依法治体是全面依法治国的重要组成部分，是全面依法治国在体育领域的重要体现[2]。在全面推进我国体育法治建设、实现依法治体的进程中，社会体育指导员制度的法治化发展是必由之路。

首先，社会体育指导员制度的设立主要是为了公共体育服务的供给，是通过社会体育指导员为全民健身活动提供知识、技能的指导，本质上是对公民体育权利的保障，而公民体育权利的保障是体育法治的核心之一。其次，随着我国体育事业的迅速发展，我国体育法治建设水平不断提高。目前我国已经形成了以《中华人民共和国宪法》《中华人民共和国体育法》《全民健身条例》等为核心的体育法治体系。《办法》作为体育部门的规章，是对《中华人民共和国体育法》的落实，是社会体育指导员制度法治化发展的具体体现。最后，全面依法治国背景下的依法治体，除了一定的体育领域的立法基础外，还应将体育工作嵌入一系列国家综合性制度规范中[2]。体育法治要融入整个国家法治中，这就需要体育领域的相关立法与其他领域的立法互相衔接和协同。就《办法》而言，其与《中华人民共和国体育法》《全民健身条例》等直接相关。此外，《办法》主要涉及的是公益性社会体育指导员，提供的是全民健身志愿服务，这与2017年的《志愿服务条例》也密切相关。《志愿服务条例》在保障志愿者及志愿组织、志愿服务对象的合法权益，规范志愿服务活动，健全志愿服务管理监督方面的完善与健全，从更高位阶的法律层面提出了对志愿服务管理的新要求，《办法》中有关公益社会体育指导员的组织建设与监督应当随着《志愿服务条例》的施行而进行更新。因此，《办法》的修订符合新时代对公共体育服务的供给和全民健身国家战略发展的需求，是全面推进依法治体的法治保障要求。

（二）新时代体育强国建设和健康中国建设的需要

全民健身是我国体育事业发展的重要组成部分，也是新时代体育强国建设的核心任务之一。全民健身已经成为国家战略，是保障公民体育权利的重要举措。“落实全民健身国家战略，助力健康中国建设”是《体育强国建设纲要》的重要战略任务之一，是我国体育事业发展的重要组成部分。习近平总书记在党的十九大报告中指出，“广泛开展全民健身活动，加快推进体育强国建设”。全民健身不仅是《体育强国建设纲要》的核心内容，而且是《“健康中国2030”规划纲要》的重点领域。《“健康中国2030”规划纲要》提出：“全民健康是建设健康中国的根本目的。立足全人群和全生命周期两个着力点，提供公平可及、系统连续的健康服务，实现更高水平的全民健康。要惠及全人群，不断完善制度、扩展服务、提高质量，使全体人民享有所需要的、有质量的、可负担的预防、治疗、康复、健康促进等健康服务，突出解决好妇女儿童、老年人、残疾人、低收入人群等重点人群的健康问题。要覆盖全生命周期，针对生命不同阶段的主要健康问题及主要影响因素，确定若干优先领域，强化干预，实现从胎儿到生命终点的全程健康服务和健康保障，全面维护人民健康。”立足“全人群和全生命周期”两个着力点，需要社会体育指导员对不同年龄、不同收入人群进行公益指导，帮助重点人群解决体育运动中存在的问题。在体育强国建设进程中，全民健身不仅承担着塑造国民健康体魄的使命，而且肩负着满足人民群众体育需求和保障人民群众体育权利的重任。在推动全民健身大众化、生活化的同时，全民浓厚的健康意识和健身氛围正在形成[3]。与全民健康与健身意识提高相对的是大众对于体育运动知识的了解薄弱，《办法》的修订有利于充分发挥社会体育指导员的公益作用，一方面，可以不断激发公众进行体育活动的兴趣与热情，营造全民健身的氛围；另一方面，确保公众进行体育活动的安全性与科学性，加强公共体育服务和志愿服务体系的完备，为新时代建设体育强国和健康中国作出贡献。

（三）新时代社会体育指导员制度优化的内在要求

《办法》的实施为社会体育指导员队伍发展、组织管理、培训教育、注册审批、工作保障、服务规范等提供了保障。《中国群众体育发展报告（2018）》指出，截至 2018 年 8 月，我国公益社会体育指导员数量已达 200 万人，全国每千人公益社会体育指导员比例超过了 1.5‰的标准。截至 2020 年，社会体育指导员队伍已经发展壮大到 260 万人，成为我国全民健身公共服务体系和志愿服务体系建设的重要力量，在服务国家大政方针和实践需要方面功能效益明显。但当前工作依旧面临社会体育指导员队伍活跃度不高、社会体育指导员协会生存力较弱及管理配套不到位等问题。《全民健身计划（2021—2025 年）》明确提出社会体育指导员的发展目标为 2.16‰。可见，我国社会体育指导员制度面临新形势和新要求，如何进一步创新开展社会体育指导员工作，加快转变发展模式，建立社会体育指导员参与全民健身志愿服务的“长效化”机制，进一步促进群众体育科学化、生活化、社会化、组织化和多样化发展，是迫切需要解决的问题。因此，《办法》的修订成为新时代社会体育指导员制度优化的内在要求。

二、《社会体育指导员管理办法》修订的基本遵循

（一）以习近平法治思想为指引，贯彻全面推进依法治国的基本精神

2020 年 11 月召开的中央全面依法治国工作会议，明确了习近平法治思想在全面依法治国工作中的指导地位，这不仅具有十分重大的理论和实践意义，而且具有非常深刻的政治和法治价值。习近平法治思想从我国革命、建设、改革的伟大实践出发，着眼全面建设社会主义现代化国家、实现中华民族伟大复兴的奋斗目标，深刻回答了新时代为什么实行全面依法治国、怎样实行全面依法治国等一系列重大问题。因此，在新时代中国体育法治建设进程中，我们要始终以习近平法治思想为指导，以人民为中心，全面推进依法治体，实现国家体育治理体系和治理能力现代化，在体育治理领域不断贯彻、深化、丰富习近平法治思想的内涵，最终在建设体育强国的伟大实践中探寻中国特色社会主义新时代的体育法治道路，谱写新时代体育事业的新篇章。经过实践证明，习近平法治思想是具有重大指导力的强大思想武器，彰显出强大感召力、创新力、引领力，是在法治轨道上建设体育强国的科学行动指南，指引着全国体育行业工作者在体育领域中守正创新。坚持在法治轨道上推进国家治理体系的完善和治理能力现代化，修订《办法》能够有效地促进新时代我国社会体育指导员制度的系统性、规范性和法治化发展。《办法》的修订应深入贯彻习近平法治思想，在全面依法治体大背景的基础上，完善社会体育指导员制度，对加快推进全民健身战略的高质量实施具有重要的意义。

（二）以社会体育指导员管理制度发展实践需求为导向，发挥《办法》的引领、规范、保障作用

我国社会体育指导员管理制度发展在取得成就的同时存在诸多的问题，尤其是进入新时代后，我国社会体育指导员制度如何进一步符合社会需求，真正在实践中契合全民健身国家战略的实施，以及在提高人民体质的过程中发挥作用是十分重要的问题。当前社会体育指导员呈现出专业知识水平不高、技能不足的情况，加之存在场地设施分布不均、保障不完善等诸多薄弱环节，

使社会体育指导员作用发挥具有较大的局限性。对《办法》的修订要以我国社会体育指导员制度发展和全民健身国家战略实践需求为导向。同时，《办法》的修订应努力实现社会体育指导员制度的实践创新、制度创新，既能够为社会体育指导员履行职能提供更具有操作性、针对性的制度基础，也有利于进一步提高社会体育指导员的综合业务能力。

（三）为建设体育强国助力，提高人民群众在体育领域的获得感、幸福感

2020年，习近平总书记在教育文化卫生体育领域专家代表座谈会上用“四个重要”概括了新时代体育的新内涵，提出体育是提高人民健康水平的重要途径，是满足人民群众对美好生活向往、促进人的全面发展的重要手段，是促进经济社会发展的重要动力，是展示国家文化软实力的重要平台。体育承载着国家强盛、民族振兴的梦想，是实现中国梦的前提条件。习近平总书记曾强调：“体育是提高人民健康水平的重要手段，也是实现中国梦的重要内容，能为中华民族伟大复兴提供凝心聚气的强大精神力量。”体育强国的基础是群众体育，全面推进依法治国，要聚焦群众的期待，依法保障好人民群众的利益，增强人民群众在法治领域的获得感、幸福感。各项体育相关政策的出台，体现出我们党以人民为中心的发展思想，在以习近平同志为核心的党中央领导下，群众体育锻炼的硬件设施在各地区被建设起来，软件服务水平快速提高。为扩大全民健身范围，需要进一步推进公共体育服务体系的建设，以解决社会大众体育运动指导力量与目前指导需求之间的矛盾，推动全民参与体育的热潮，增强人民群众在体育领域的幸福感、获得感，其中社会体育指导员起着至关重要的作用，因此《办法》的修订要紧紧遵循社会体育指导员制度，以充分发挥其作用，为人民群众提供更优质的体育服务。

（四）明确社会体育指导员服务于公民体育权利的保障

权利保护是法治的基本要义。党的十八届四中全会审议通过的《中共中央关于全面推进依法治国若干重大问题的决定》提出“依法保障公民权利，加快完善体现权利公平、机会公平、规则公平的法律制度……保障公民经济、文化、社会等各方面权利得到落实，实现公民权利保障法治化”，这是对公民

权利意识的唤醒。对于体育法治而言，对公民体育权利加以保护是最为基本的任务。从比较法学的角度来看，通过体育立法保障公民参与体育的权利是众多国家立法的主流观念，一些国家以往的体育立法没有确定公民体育权利问题，但通过重新立法或修改，增加公民体育权利的规定已经成为一种趋势。就我国而言，党的十八届四中全会已经对公民权利的保护提出了新的要求。国家大力发展公共体育服务，将全民健身上升为国家战略都是保障公民体育权利的具体体现。此外，国务院行政法规《全民健身条例》规定了公民有依法参加全民健身活动的权利，这实际上是对公民体育权利的保障。《中华人民共和国宪法》第二十一条规定“国家发展体育事业，开展群众性的体育活动，增强人民体质”，表明我国发展体育事业的主要目的是通过体育运动来增强公民的体质，这也是对公民体育权利的保护。

要把公民体育权利的保障落到实处，发展全民健身，推动社会体育的发展是核心要求。否则，权利的保障只能停留在纸面上。而发展全民健身，推动社会体育的发展，让群众积极参与体育健身活动，并得到科学的锻炼，一个重要的制度基础就是社会体育指导员制度。社会体育指导员是全民健身中群众参与体育活动的核心指导者，是实现全民健身科学开展和全民健身推广的重要社会力量，是满足人民群众不断提高的科学健身需求的人力资源保障。因此，《办法》的修订应以社会体育指导员服务于公民体育权利的保障为核心理念，通过《办法》的修订让社会体育指导员在全民健身活动开展和社会体育发展中发挥更为积极的作用，最终将公民体育权利的保障落到实处。这是我国建立社会体育指导员制度的主要宗旨，也是《办法》落实体育法治的要求。

三、《社会体育指导员管理办法》的基本目标：建立新时代中国社会体育指导员制度的新框架

《办法》修订是中国社会体育指导员制度建设的新起点。就社会体育指导员制度发展而言，要以此次《办法》修订为契机，努力解决中国社会体育指导员制度新时代发展中的重大问题，最终构建起新时代中国社会体育指导员制度的新框架。

首先，要努力解决社会体育指导员领域中的一些关键性问题，如社会体

育指导员的性质问题、社会体育指导员组织建设问题、社会体育指导员的保障问题等。这些是困扰中国社会体育指导员发展的问题，也是只能依靠《办法》的修订才能解决的问题。其次，要解决中国社会体育指导员制度及其运行机制的优化问题。通过制度的优化，进一步发挥社会体育指导员制度在全民健身中的作用，《办法》的修订应考虑到新时代中国社会体育指导员制度发展的顶层设计。通过《办法》的修订，推动制定符合新时代需求的社会体育指导员制度，转变社会体育指导员发展模式，建立社会体育指导员参与全民健身志愿服务的“长效化”机制，促进群众体育科学化、生活化、社会化、组织化和多样化发展，引领社会体育指导员工作的高质量开展，充分发挥社会体育指导员在健康中国战略和全民健身国家战略中的作用。

四、《社会体育指导员管理办法》修订的若干理路

（一）细化《办法》的目的和依据

部门规章的制定在《中华人民共和国立法法》中有专门的规定：部门规章规定的事项应当属于执行法律或者国务院的行政法规、决定、命令的事项。《办法》属于国家体育总局的部门规章，主要是为了执行《中华人民共和国体育法》《全民健身条例》中有关社会体育指导员制度而制定的。由于《办法》涉及的主体是公益社会体育指导员，与《志愿服务条例》存在密切关系。从法的总则理论来看，总则部分一般包括“立法目的”“立法依据”等内容。从现行《办法》的内容来看，其第一条规定“为了促进社会体育指导员队伍发展，规范社会体育指导员工作，发挥社会体育指导员在全民健身活动中的作用，根据《中华人民共和国体育法》《全民健身条例》，制定本办法”，是关于《办法》制定目的和依据的规定。从内容来看，《办法》的制定目的有三个：其一，促进社会体育指导员队伍发展；其二，规范社会体育指导员工作；其三，发挥社会体育指导员在全民健身活动中的作用。《办法》的制定依据是《中华人民共和国体育法》《全民健身条例》，同时还涉及《志愿服务条例》。

在第一条就明确规定立法目的和依据是我国立法惯例，符合立法学对法律总则部分的基本要求。《办法》虽然不是严格意义上的法律，而是部门规

章，但我国的部门规章制定基本都已经遵循严格意义上的立法模式，所以《办法》的修订应该遵循这一惯例。从《办法》的现有内容来看，制定目的已经明确，但制定依据有待进一步修改完善。现行《办法》的制定依据简洁明了，从我国通常的立法习惯来看，这一表述是没有问题的，但从立法学的要求来看，这一表述还不够精细。我国的许多法律在立法时都存在表述方式过于笼统的问题，一般都会采用“根据××法，制定本法”的表述方式，现行《办法》也采取了这一表述方式。但是党的十八届四中全会召开之后，全面推进依法治国战略对立法质量的要求进一步提高，关于立法依据的表述开始更加注重明确具体。从立法学的角度来看，一般采用“根据××法关于××的规定，制定本法”的表述方式，如《中华人民共和国国务院组织法》第一条规定“根据中华人民共和国宪法有关国务院的规定，制定本组织法”。在上位法中，1995 年颁布的《中华人民共和国体育法》第二章为“社会体育”专章，其中第十一条是关于社会体育指导员的规定；在 2021 年公布的《中华人民共和国体育法（修订草案）》征求意见稿中，第十七条为专门的社会体育指导员条款；国务院行政法规《全民健身条例》第三十一条是有关社会体育指导员的条款。这些是上位法中关于社会体育指导员的直接规定，成为《办法》制定的上位法直接依据。此外，由于《办法》所涉及的是公益社会体育指导员，其具有志愿者性质，因此应该与我国《志愿服务条例》相衔接。那么，《办法》的制定依据中就应该新增《志愿服务条例》。所以，《办法》第一条可以考虑进一步细化立法依据的表述，将其表述为“根据《中华人民共和国体育法》《全民健身条例》《志愿服务条例》有关社会体育指导员和志愿服务的规定，制定本办法”。

（二）继续对“社会体育指导员”这一关键性概念进行界定

无论是法律法规还是部门规章，对关键性概念的界定都是至关重要的。在我国当前的立法实践中，绝大部分立法或规章的制定均会对关键性概念加以明确。例如，《中华人民共和国电影产业促进法》第二条对“电影”这一关键性概念进行了界定，《志愿服务条例》对“志愿服务”进行了界定，《奥林匹克标志保护条例》对“奥林匹克标志”进行了界定，《反兴奋剂条例》对“兴奋剂”进行了界定。对“社会体育指导员”概念的界定意味着《办法》调整对象的确定。现行《办法》第二条就是对社会体育指导员的专门论述。从内容上来看，《办法》所指社会体育指导员是“不以收取报酬为目的，向公众提供传授健身技能、组织健身活动、宣传科学健身知识等全民健身志愿服务（以下简称志愿服务），并获得技术等级称号的人员”。因此，如果对现行《办法》中“社会体育指导员”的概念没有新的认知或者内涵没有发生变化，该条款应该得到保留；如果内涵和概念发展有所变化，则可以进行相应的调整。但无论如何调整，都需要对“社会体育指导员”这一概念进行明确界定。此外，从立法学的角度来看，法的效力是总则的一个组成部分，指所立的法律在什么空间、什么时间和什么主体中有效。由于《办法》是部门规章，这一内容可不进行具体表述。

（三）确定社会体育指导员的性质

2001 年，国家劳动和社会保障部正式颁布《社会体育指导员国家职业标准》，这是体育系统第一个由国家层面颁布的职业标准。《国家职业标准制定技术规程》要求职业的定义应依照《中华人民共和国职业分类大典》的规定确定。据此，其将“社会体育指导员”职业定义为“在群众性体育活动中从事运动技能传授、健身指导和组织管理工作的人员”。社会体育指导员从事的工作主要包括：指导社会体育活动者学习、掌握体育健身的知识、技能和方法；组织人们进行健身、娱乐、康复等活动；协助开展体质测定、监测、评价等活动；承担经营、管理及服务工作。2005 年，国家体育总局发布了《关于进一步加强社会体育指导员工作的意见》，其中指出：“在非营利性社会体育指导活动中从事指导工作的公益社会体育指导员和在营利性体育场所的劳动岗位从事指导工作的职业社会体育指导员，都是我国社会体育指导员队伍不可缺少的重要组成部分，两种类型的社会体育指导员将并存发展，相互促进，并按照各自的工作方式共同为全民健身事业作出贡献。”因此，我国的社会体育指导员分为两种类型，公益社会指导员和职业社会体育指导员。

《办法》所指的社会体育指导员主要是不以收取报酬为目的，向公众提供传授健身技能、组织健身活动、宣传科学健身知识等全民健身志愿服务，并获得技术等级称号的人员。可见，《办法》适用的范围是公益性的社会体育指导员，而不是以社会体育指导为职业的人员，提供的并非体育市场中的社会体育指导服务，不是通过提供服务获得报酬的。公益社会体育指导员是我国全民健身事业发展的重要人力资源基础，是为广大人民群众提供基本健身指导的群体，体现的是政府基本公共体育服务供给的一种形式。因此，《办法》所涵盖的社会体育指导员的本质是公益性，其所提供的服务是志愿服务，体现的是我国以人民为中心的体育事业发展思路。《办法》的修订仍然要明确社会体育指导员的公益性质，所修订的内容均应围绕发展公益社会体育指导员队伍，服务于公益社会体育指导员，使其在全民健身中发挥更积极的作用来展开。《办法》本身就是一项体育公共政策，是一个公共产品。

（四）进一步规定中国建立社会体育指导员制度

体育指导员制度是许多国家都有的一项制度，如日本1957年就建立了体育指导员制度[4]，英国、美国、德国等国家也有体育指导员制度[5]。从比较体育法的角度来看，很多国家均在国家体育立法中设立了体育指导员的专门条款，如表1所示。

表1　部分国家体育法中相关体育指导员条款

国家及其法律	条款
波兰《体育法》	第四十一条　1. 波兰体育协会的体育职业包括体育教练员和体育指导员……6. 一个人可以获得体育指导员资格，如果他或她：1）具有获得专业教练知识和技能的高等教育学位；2）至少具有教学教育和完成了专业的体育指导员课程并通过了最后的考试
日本《体育基本法》	第十二条　1. 国家及地方公共团体必须让国民能便捷地参加体育运动，同时，还要为提高竞技水平，采取修建体育运动设施，根据使用者的需要改善体育运动设施的运用，为体育运动设施配备指导员等，以及其他必要措施
韩国《体育振兴法》	第二条　第6款“获得认证的体育领导者”是指为在学校、工作场所、地方社区和其他体育组织从事体育指导而根据本法以获得认证的人，包括：①获得认证的指导者；②获得认证的教练；③获得认证的残疾人体育指导者；④获得认证的青少年体育指导者；⑤获得认证的成年人体育指导者

续表

国家及其法律	条款
越南《体育法》	第二十一条　国家对学校体育教育的责任　①为学校体育教育和体育设施建设制定国家土地政策，确保足够的各层次的教师、体育指导员；②体育委员会主席与教育部长协同，构建培训和再培训的体育课程，引导在学校的课外体育活动；③各部级机关、政府机构负责指导和实施设施建设，安排所辖学校体育教师和指导员；④省份和集中经营的城市（以下简称省级人民委员会）的委员会负责下列内容：为当地公立学校提供土地、建筑设施、多功能儿童之家，保证体育器材设备、教师的工资计划
冰岛《体育法》	第四条　规定建立体育委员会。部长应任命五名成员组成体育委员会。其中部长应任命一名不需提名的主席，一名委员由冰岛奥林匹克和体育协会执行委员会提名、一名委员由冰岛青年协会提名、一名委员由冰岛地方政府联盟理事会提名、一名委员由冰岛教师培训学院体育指导员部提名，并由教育部长任命
印度尼西亚《体育法》	第三部分为“体育工作者”，其中第六十三条规定体育人员包括体育指导员
哈萨克斯坦《体育法》	第一条　将体育指导员界定为“受过专业教育，为体育训练、健身和休闲活动提供指导的个人”
克罗地亚《体育法》	第十条　体育指导员是指向公民讲授特定运动的基本技术或为公民提供体育休闲的人，并已从体育工作人员培训机构获得其资格，前提条件是该人只能根据至少具有一等教练专业资格的人制订的计划才能向公民提供体育休闲
罗马尼亚《体育法》	第九篇　第五十九条规定了体育指导员，要求体育指导员应依法在设有体育课程的学校进行培训。体育指导员也可以通过布加勒斯特市的县青年局和体育局分别组织的课程以及其他相关法律实体依法进行培训

其中，韩国的《体育振兴法》第二章为体育振兴的措施。韩国振兴体育分别从地方体育、工作场所体育、学校体育、休闲体育、教练员和运动员培养、体育场地设施建设、体育经费、运动员保障等层面制定相应的措施。例如，设立“体育日”“体育周”；举行运动赛事；由公司制定相关措施，成立体育俱乐部，推广职工体育活动；国家制定体育指导员政策等。日本在《体育基本法》之前的《体育振兴法》中，第二章是为振兴体育而采取的各项措施，如设立体育日、举办全国体育运动会、促进体育事业的基本计划、鼓励

举办体育赛事，包括体育课和运动会、振兴青年和职工的体育运动、鼓励户外运动、培养体育指导员。波兰《体育法》第八章是对体育领域职业资格的规定，其中对教练员和指导员等级及其各等级的资格要求等进行了详细规定。

由此可见，体育指导员是诸多国家体育发展中的重要力量。1995 年《中华人民共和国体育法》和 2021 年公布的《中华人民共和国体育法（修订草案）》征求意见稿中均有社会体育指导员相关条款。《中华人民共和国体育法（修订草案）》中社会体育指导员制度单独条款的设立意味着进一步对社会体育指导员制度的重视。因此，《办法》的修订应进一步贯彻《中华人民共和国体育法》建立社会体育指导员制度的规定。在总则部分规定好国家对社会体育指导员的制度基础，如注册制度、技术等级制度、培训制度、服务制度、评价制度、奖惩激励制度等，再在后续的各章对各种制度予以详细规定，从而凸显出总则的统领性地位。

（五）健全组织建设，完善社会体育指导员队伍建设机制

据有关统计显示，截至 2020 年底，我国建立了国家、省、市、县（区）四级社会体育指导员协会体系，除四川省、云南省外，全国 29 个省（自治区、直辖市）建立了省级社会体育指导员协会，同时还有 242 个地市级社会体育指导员协会、1026 个县级社会体育指导员协会。可以说，我国社会体育指导员协会的网络结构已经基本成型。进入新时代后，如何进一步完善全国的社会体育指导员组织体系，以社会体育指导员协会为组织基础，完善社会体育指导员的组织建设，是我们面临的重要任务。《办法》的修订应细化对社会体育指导员协会职能、权责的规定，以规范各级社会体育指导员协会的活动和业务工作，加强各级社会体育指导员协会的制度建设，为各级社会体育指导员协会的规范化发展和业务工作的开展提供制度上的保障。且《办法》的修订要为各地方根据其自身情况发展制定特色制度留下一定的空间，为社会体育指导员协会更好地发挥作用奠定组织基础。

（六）优化社会体育指导员的培训体系

当前我国社会体育指导员整体素质和工作能力不高是客观存在的事实，也是新时代发挥好社会体育指导员作用的关键。社会体育指导员的工作能力

直接关系到社会体育指导员在开展全民健身活动中的作用。诸多研究结果显示，当前社会体育指导员在工作实践中知识水平、指导能力、组织活动能力等诸多方面还有待提高[6]。现行《办法》第三章是“培训教育”，虽然对社会体育指导员的培训教育进行了一定的规定，但培训的主体、培训的方式、培训的内容体系、培训的保障等诸多方面规定仍然较为模糊，导致社会体育指导员培训体系没有真正地建立起来，加之现有的培训方式单一，培训所取得的实际效果比较有限，社会体育指导员的综合能力已经难以满足新时代全民健身活动开展的实际要求。因此，《办法》第三章“培训教育”应该保留下来，且应在这一章系统性地就社会体育指导员培训体系，包括培训的主体、培训的体制机制、培训的内容体系、培训的方式、与培训相关的经费与制度保障进行明确的规定，最终形成能够满足新时代社会体育指导员能力提升需求的培训体系。

（七）以信息化平台建设为依托，升级社会体育指导员服务评价体系

《全民健身计划（2021—2025 年）》明确了社会体育指导员的发展目标为 2.16‰，这意味着我国的社会体育指导员队伍将会不断壮大。面对如此庞大的群体，依托现代信息技术，通过打造信息化平台来对社会体育指导员进行管理是必然的选择。社会体育指导员的所有相关信息，包括注册、培训、考核、晋升、服务等部分工作都可以通过线上方式进行。应通过《办法》的修订完善社会体育指导员信息化平台和系统的建立，规定社会体育指导员信息化平台和系统的管理主体，社会体育指导员信息采集、数据处理等方面的内容。其中，通过社会体育指导员信息化平台和系统，升级社会体育指导员服务评价体系是重要的工作。目前，仅有社会体育指导员技术等级标准，还没有建立社会体育指导员的服务评价标准。如果没有对社会体育指导员的服务进行科学的评价，激励、奖励措施就无法落实，社会体育指导员发挥作用的最终效果也难以得到客观呈现。

（八）《办法》应对接《志愿服务条例》，设立“志愿服务”章

《办法》适用的范围是公益性的社会体育指导员，如《办法》第二条所体现的“志愿服务”表述，公益社会指导员具有志愿者的性质，是全民健身

活动指导的志愿者。国家体育总局在2009年与中央文明办、民政部、中华全国总工会、共青团中央、全国妇联联合印发《关于广泛开展全民健身志愿服务活动的通知》，组织举办全国“全民健身志愿服务活动”启动仪式，在与地方体育部门共同组织开展一系列全民健身志愿服务活动的基础上，进一步研究制定了《建立全民健身志愿服务长效化机制工作方案》。同时，国家体育总局做出了“公益社会体育指导员是中国特色的全民健身志愿者，是开展全民健身志愿服务活动的主力军”的明确阐述，形成了与社会体育指导员制度发展的良好呼应。

可见，社会体育指导员作为志愿者提供健身志愿指导，具有志愿者的本质。由于我国社会体育指导员制度的正式建立是在1993年，国家体委颁布了《社会体育指导员技术等级制度》。而之后很长一段时间里，我国志愿者相关的法律法规都没有制定，使公益社会体育指导员的志愿服务活动没有纳入法治框架。2017年，国务院颁布《志愿服务条例》，进一步推动了志愿服务制度化、常态化发展，提升了志愿服务整体效能。因此，《办法》的修订应该与《志愿服务条例》进一步协调，将公益社会指导员纳入我国志愿者制度的法治框架中。比如，如何在《志愿服务条例》框架下进一步保障公益社会体育指导员和志愿服务对象的权益，如何进一步完善公益社会体育指导员志愿活动的政策措施、激励举措，公益社会体育指导员提供志愿服务的义务有哪些等，这些问题都应该有明确的规定和衔接。总之，就是将公益社会体育指导员工作纳入志愿服务体系。现行《办法》第七章为“服务规范”，可以考虑将该章修改为“志愿服务”章，对社会体育指导员应承担的志愿服务的原则、范畴、规范等进行系统性的规定。

（九）《办法》应对“工作保障”章进行全面升级

社会体育指导员作用要得到充分的发挥，健全社会体育指导员工作的保障制度是至关重要的环节。当前我国社会体育指导员数量欠缺，社会体育指导员在全民健身中指导率不高，社会体育指导员使用率低是较为普遍的问题。其中，社会体育指导员开展工作的保障问题是核心的制约因素。一方面，应该进一步加大对社会体育指导员工作的经费投入；另一方面，应该完善社会体育指导员工作的组织保障。组织保障的核心就是要建立社会体育指导员志愿服务平台。《办法》应进一步明确健身指导站的建设，建立指导站点服务和管理的评估及激励制度，通过站点体系建设形成全民健身中社会体育指导员的志愿服务网络体系。同时，在社会体育指导员服务项目的设计、作用发挥空间拓展、费用补贴、激励措施等方面应有更为精细的规定。此外，对社会体育指导员在服务过程中的法律责任应有一定的考虑，如健身指导过程中出现人身伤害事故，对归责、社会体育指导员本身的安全保障等应有原则性的规定。

（十）进一步提高社会体育指导员等级制度的社会化程度

目前，我国的社会体育指导员等级制度的实施主要还是依托行政机关，社会化程度不高，社会化工作机制还不完善，使社会力量应该发挥的作用没有得到充分发挥。值得注意的是，各省对社会体育指导员等级事项在行政权责清单上的处理存在一定的差异。通过对各省体育行政部门权责清单进行分析发现，社会体育指导员技术等级称号的授予属于政府体育部门权责清单中的“行政确认”事项，有个别省份在“行政处罚”中会涉及社会体育指导员。在“行政确认”中纳入了社会体育指导员称号授予的有安徽省、北京市、宁夏回族自治区、湖南省、山东省、云南省、吉林省、山西省、河北省、黑龙江省、辽宁省、福建省、天津市、浙江省、河南省、湖北省、广西壮族自治区、陕西省、甘肃省、海南省、重庆市、江苏省、新疆生产建设兵团、江西省；而上海市、广东省、贵州省、新疆维吾尔自治区、青海省、四川省、西藏自治区、内蒙古自治区则在政府体育部门权责清单中没有出现社会体育指导员等级称号的事项。可见，全国各地的体育部门在社会体育指导员等级称号问题上的处理方式是不同的，大部分地区将其保留在政府权责清单中，而少部分地区则没有将其纳入严格意义上的行政事项，至少在清单中没有出现。

从我国体育事业发展的大方向及社会体育指导员发展的实际需要来看，社会体育指导员等级制度的去行政化改革是必要的，应通过《办法》的修订，进一步提高社会体育指导员制度社会化程度，加强社会体育指导员相关的社会组织建设，充分发挥社会体育指导员相关社会组织的职能，依托社会体育组织的自治作用，在社会体育指导员准入、等级评定等方面进行管理。同时，政府体育行政部门可以进一步加强监管和服务，这是全面深化体育改革和“放管服”的要求。

参考文献：

[1] 林剑. 全民健身　以人民为中心 [N]. 中国体育报，2021-07-01（3）.

[2] 于善旭. 依法治体在新时代全面依法治国统筹推进中的奋进之路 [J]. 天津体育学院，2021，36（6）：627-637.

[3] 赵富学. 中国共产党体育强国建设的百年探索 [J]. 体育科学，2021，41（9）：3-14，23.

[4] 周松青，何颖，胡建忠，等. 中日社会体育指导员现状的比较及对策 [J]. 首都体育学院学报，2013，25（4）：309-313.

[5] 戴俭慧. 英、美、德三国体育指导员制度及启示 [J]. 上海体育学院学报，2003，27（4）：26-31.

[6] 张伟. 社会体育服务组织公共治理能力评价与提升研究 [D]. 上海：上海体育学院，2019.

社会体育指导员志愿服务项目的开发及组织实施研究

卢志成*

本文通过文献资料法、比较法等研究方法，阐述了社会体育指导员从“队伍”向规范化的专业的全民健身志愿服务组织发展的过程，认为社会体育指导员组织的志愿服务基本特征为服务重心在社区、服务内容多样性与多层次性、服务对象多元化。在此基础上，提出社会体育指导员组织志愿服务项目开发与实施建议，包括全民健身志愿服务项目选择、全民健身志愿服务项目设计及实施、全民健身志愿服务项目评估及创建服务品牌。

一、社会体育指导员发展及其志愿服务

自 1993 年国家体委推行《社会体育指导员技术等级制度》以来，经过 20 多年的发展，我国逐步建立了一支由体育教师、公务员、私营企业主、都市白领、退休人员、退役及在役运动员、教练员等社会各阶层、各职业人员组成，服务于全民健身事业的社会体育指导员队伍。截至 2020 年底，全国社会体育指导员累计人数约为 260 万。社会体育指导员最初以“队伍”的形式存在，并非真正意义上的社会组织。直到 2003 年，上海市率先成立了第一个真正意义上的社会体育指导员组织——上海市社会体育指导员协会，社会体育指导员开始由“队伍”向“组织”发展。截至 2020 年底，全国建立了国家、省、市、县（区）四级社会体育指导员协会体系，除四川省、云南省外，全国 29 个省（自治区、直辖市）建立了省级社会体育指导员协会，同时还有 242 个地市级社会体育指导员协会、1026 个县级社会体育指导员协会。

* 卢志成，博士，嘉应学院教授、硕士研究生导师、体育学院副院长，研究方向为全民健身志愿服务。

目前，我国存在两类社会体育指导员：公益社会体育指导员与职业社会体育指导员。两者的工作内容在一定程度上有相似之处，但身份、工作性质却有本质区别。从本质上讲，职业社会体育指导员是众多职业中的一种，其根据市场规律提供社会所需服务，并获得劳动报酬。而公益社会体育指导员提供的是自愿、利他与无偿的服务，在本质上为志愿者，提供的服务就是全民健身志愿服务。虽然在建立社会体育指导员制度之初，只界定了社会体育指导员的公益性，未明确其志愿者身份，但随着20世纪90年代以来各类志愿服务在我国的广泛开展及学者们对国外大众体育志愿服务理论与实践的介绍，当下社会体育指导员的志愿者身份在我国现行各类法规、文件中已有较明确的界定。例如，《社会体育指导员管理办法》直接对社会体育指导员的服务活动冠以“全民健身志愿服务”的定性；《关于广泛开展全民健身志愿服务活动的通知》明确指出，公益社会体育指导员是中国特色的全民健身志愿者。可见，社会体育指导员与青年志愿者、社区志愿者一样都是志愿者，其提供的服务是专业化的全民健身志愿服务，各级社会体育指导员协会（组织）是专业化的全民健身志愿组织。

根据上海、南京、武汉三个城市的社会体育指导员组织调查结果，社会体育指导员的志愿服务主要有两类：一是群众性日常健身志愿服务，主要包括运动技能与健身技术传授、科学健身知识讲座、健身场地器材维护、健身苑点（晨晚练点）开发与组织管理、健身团队组织与活动开展、体质监测等；二是群众性体育竞赛（活动）志愿服务，主要有节庆（假）日体育活动组织、新兴健身项目技能展示、社区体育竞赛组织、市民运动会组织、单位体育竞赛组织、健身团队展示，如上海市的全民健身日、全民健身周、“社区健身大会”、全民健身节、市民运动会，南京市的全民健身节活动、全民健身日、百万市民健身工程、市区运动会，武汉市的全民健身周、渡江节、全民健身运动会等大型群众性体育（竞赛）活动的顺利开展，其间社会体育指导员提供的志愿服务至关重要。

二、社会体育指导员组织全民健身志愿服务特征

（一）服务重心在社区

从国外志愿组织发展的轨迹来看，多数志愿组织的服务活动在社区层面，

以服务社区为己任。原因在于，与政府服务机构相比，其规模较小，更具灵活性，可因地制宜地开展各类服务活动。

根据 2020 年 4 季度民政统计数据，我国有 11.3 万个城市社区、59.9 万个建制村（农村社区）。作为社会治理的基层单位，社区一头连着千家万户的群众，一头连着党和政府，是党和政府与人民群众沟通的桥梁和纽带。为此，党和国家领导人对于加强社区建设十分重视，党的十九大提出“加强社区治理体系建设，推动社会治理重心向基层下移，发挥社会组织作用，实现政府治理和社会调节、居民自治良性互动”。

社会治理的重心在基层，基础在社区，改善民生的依托在社区，维护稳定的根据在社区。因此，社区服务是社区建设与发展的龙头与永恒主题，与社区居民和社会单位息息相关。那么，何为社区服务？在我国，社区服务包含的内容十分宽泛。陈雅丽认为，社区服务是由政府、社区组织、志愿者等共同参与所提供的社区社会服务以及社区居民之间的互助性服务[1]。即社区服务是一项需要政府、社区组织、志愿者广泛参与的社会活动。

我国的志愿服务发轫于社区服务，并随着社区服务的发展而发展。1988 年，天津市和平区新兴街道朝阳里居委会的 13 位积极分子自发组织，成立志愿者小组，无偿为社区的困难户、病残、孤寡老人提供服务，这是我国最早的社区志愿服务。由此，社区志愿服务在我国悄然兴起。尤其是历经北京 2008 年奥运会和残奥会、四川汶川抗震救灾、2010 年上海世博会及广州亚运会等重大活动与重大事件的洗礼后，我国社区志愿服务活动的规模不断扩大、服务领域不断深化、影响日益扩大。时下，我国社区志愿服务的基本领域主要有：为社区常年需要被照顾的病、残、弱、老及贫困家庭等提供长期的慈善服务；为社区居民提供全民生活服务、医疗保健、法律咨询、办事指南、免费理发、维修电器、缝补衣服等各种公益服务；为维护社区秩序、安全与稳定提供义务巡逻服务；为畅通居民利益表达渠道，化解社区居民群众矛盾，保障弱势群体与外来流动人口的合法利益，发动社区居民群众自我管理、自我教育，参与社区民主议事；对突发的重大社会事件及重大社会活动的宣传、预防、援助服务[2]。

从以上可看出，我国的社区志愿服务内容已从物质帮扶为主向物质与精神帮扶并重转变，服务领域已遍及社会生活的各个方面。而且，随着人们生活水平和服务对象需求层次的提高，社区志愿服务更是从单纯的物质照料走向精神慰藉和情感互动，并开始开展促进、帮助参与社会活动，提高自身价值感和能力的服务，如组织社区居民开展文艺体育活动，帮助残疾人发展兴趣、能力，组建相互交流和服务的网络等。

社会越发展，社区作为人们生产和生活的共同体的作用就越凸显。在国外，社区建设和社区服务主要围绕文化、娱乐和体育活动开展，因此针对文化、娱乐、体育的各项社区志愿服务广泛开展。改革开放后，随着我国“单位制”的逐步解体与社区的兴起，建立在计划经济单位制基础上的运行机制行政化、活动时间非业余化、活动内容竞技化、组织结构条状化的“单位体育”也受到强有力的冲击，正逐渐向“社区体育”发展。当下，社区体育已成为我国社会体育的主流和全民健身的重心。在此背景下，社区全民健身（体育）服务亦呼之欲出，成为社区服务的重要组成部分。作为社区服务重要组成部分的社区全民健身服务同样需要动员志愿者参与。因此，以社区为重心开展全民健身志愿服务既是创新社会治理背景下社区建设的必然要求，也是我国全民健身（社会体育）以社区为重心开展活动的必然趋势。

（二）服务内容多样性与多层次性

1. 服务内容的多样性

从根本上说，社区体育活动大致可分为两类：一是日常健身活动；二是群众性体育竞赛活动。当下，随着社区体育的蓬勃发展，社区体育的内容与形式日趋多样化，社区居民参与健身活动的动机亦是各异，这使社区体育所需要的服务日益多样。志愿组织发展的动力源泉在于满足社会的多元化需求，从而获得自身生存和发展所需要的资源。因此，社会体育指导员组织要面向社区，积极了解社区公众的健身服务需求，通过提供优质的服务满足社区公众的体育健身需求，并以此实现组织宗旨，增强其公信度和影响力，获得社会“合法性”。可见，为社区公众提供恰当的服务内容是社会体育指导员组织开展全民健身志愿服务的一个关键。

日常健身活动的志愿服务内容大致包括：①体育设施服务，主要是为社区的体育设施、体育器材提供日常维护、维修与清洁服务；②健身指导，主要是运动项目技术和技能指导、健身方法传授；③组织服务，主要是指导、协助社区基层体育组织（晨晚练点）的建立、运行及活动开展；④体育科技服务，主要是提供体育科学知识宣传、健身咨询、体质测量、运动处方等服务活动；⑤体育信息服务，主要是提供社区体育政策咨询与反馈，一方面是向社区公众宣传政府的体育政策法规，另一方面是了解政府体育政策落实情况，收集并向政府反馈社区公众的体育诉求、意愿，为政府的体育公共政策制定提供参考；⑥安全服务，为高危体育项目提供救援、安全防护等。

群众性体育竞赛活动的志愿服务内容大致包括：①活动策划，为社区居民、体育组织、企事业单位群众性体育竞赛制定竞赛组织方案、竞赛规程及提供其他技术指导；②裁判工作，为各种竞赛联系、组织裁判员及裁判工作；③体育场地器材设施服务，为竞赛活动联系、提供场地器材设施及相关技术工作。

2. 服务内容的多层次性

创新社会治理的理念是“以人为本，服务为先”。全民健身志愿服务从根本上说是对人的服务，而人的需求在具有多样性的同时具有多层次性。因此，为满足社区公众健身需求的多层次性，社会体育指导员组织应该提供多层次性的服务。基于“以人为本，服务为先”的理念，从社区公众的视角，可从以下两个维度对社区全民健身志愿服务的层次进行划分：一是根据全民健身志愿服务的供给者与志愿服务对象交互的程度与范围，可将其分为“大众型”“个性型”两个层次；二是针对社区全民健身志愿服务对象进行服务定制的专业水平不同，可将其分为“初始型”“专业型”两个层次，它们共同构成了“以人为本，服务为先”的社区全民健身志愿服务层次矩阵，具体关系和内容如图 1 所示。

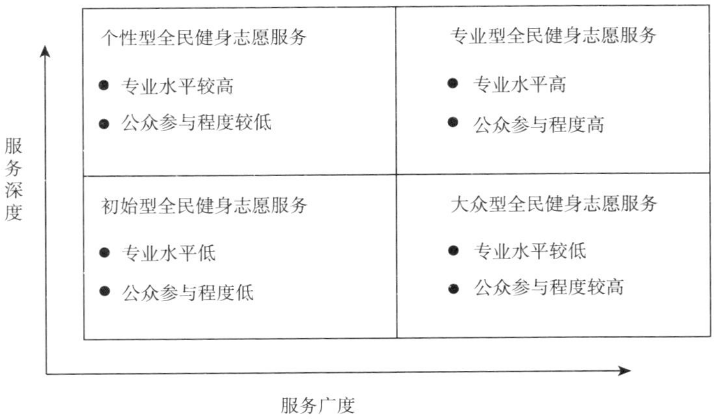

图 1　全民健身志愿服务层次矩阵

初始型全民健身志愿服务：也可称为救济型，指服务范围相对较窄，公众参与程度低和专业层次较低的社区全民健身志愿服务，如为低收入者、老年人、残障人士等弱势群体的日常健身提供志愿服务，这是社区全民健身志愿服务的最初层次，具有福利救助性质，却是全民健身志愿服务的核心内容。

个性型全民健身志愿服务：服务对象的范围仍较窄，公众参与程度低，但服务水平较高，专业性较强，要完成的工作量较大，要适应特定的且可能是一次性（动态）的服务需求。这类全民健身志愿服务的典型特征是满足公众的个性需求，如为社区居民中残障人士的特殊康复保健开运动处方、制订健身计划；为一些特殊人群（肥胖症患者、心理或精神疾病患者、网络沉迷者、吸毒者、“问题儿童”等）制订体育干预计划及实施体育干预措施；为一些企事业单位策划组织较高水平、较大规模的群众性体育竞赛活动等；为基层体育组织的创建、活动开展提供专业性咨询与指导等均属此类服务。

大众型全民健身志愿服务：一视同仁地为社区公众提供经济的、质量一致的服务，且社区公众也积极参与服务，服务过程中志愿服务提供者与服务对象有大量的接触与互动，但是服务的专业水平较低，内容主要为日常的健身、竞赛服务，如体育设施服务、健身指导、小型群众性体育活动（竞赛）组织等。

专业型全民健身志愿服务：该象限涵盖了以上三个象限的所有服务，不仅社区公众参与程度高，而且服务水平高、专业性强，既能够满足社区公众日常健身、竞赛服务的多样化需求，也能够满足公众健身服务的个性化需求，是社区全民健身志愿服务发展的最高层次。

（三）服务对象多元化

社区全民健身志愿服务的对象是社区公众，包括个体和团体（组织），如社区居民、企事业单位、社区体育组织和政府等，他们既是社区全民健身志愿服务组织与服务的外部支持系统，也是服务对象。

1. 社区居民

在社区全民健身志愿服务对象中，社区居民一般指居住在街道行政区域内的人员，包括社区内的常住居民和在社区工作、生活、学习的其他（外地或海外）人员，甚至包括监狱内的犯人。社区全民健身志愿服务以全体社区居民为对象，但应有重点地为儿童、老人、弱势群体提供专门的服务。在社区全民健身志愿服务过程中，应强化志愿服务与社区居民的互动关系，鼓励社区居民以志愿者身份为社区服务，使社区居民既作为社区全民健身志愿服务的行为主体之一提供志愿服务，也作为社区全民健身志愿服务的对象之一享受志愿服务。

2. 企事业单位

在社区全民健身志愿服务发展中，企事业单位是全民健身志愿服务的支持系统之一，也是社区全民健身志愿服务的主要服务对象之一。在计划经济体制下，为推动单位体育的开展，众多企事业单位设置了专职或兼职的体育机构及配备了人数不等的专职或兼职体育干部，为职工体育的开展提供服务。时下，随着单位体育走向社区，诸多企事业单位正以社区为依托组织本单位职工开展健身、竞赛活动。由于企事业单位中已基本无专职体育机构及体育干部提供服务，这使得他们的全民健身志愿服务需求日益增多。

3. 社区体育组织

社区体育组织由于组成原因及功能各不相同，其享有的体育服务资源亦千差万别。他们既是社区健身服务的供给者，也是社区全民健身服务的需求者，希望得到社区的体育健身服务。各类社区体育组织都代表着社区生活中的一个特定体育群体，所以重视对社区体育组织工作的服务，为其提供高质量、急需的健身志愿服务，归根结底也是满足社区公众的健身服务需求。

4. 政府

政府是全民健身公共服务的供给者。充分了解民众的公共体育需求，是政府制定公共体育政策、公平配置公共体育产品与服务的前提。政府了解民意的渠道主要有两种：一是自上而下，即政府公共体育政策制定者开展的调研，主动倾听民意，但受各种条件的制约，当下政府难以以此种方式全面、准确地了解到民众的体育需求；二是自下而上，即让民众充分表意，向政府表达体育诉求，但现实中其同样受到各种条件的制约，民众极少主动或鲜有机会（渠道）表达自己的体育主张。最终，致使政府制定的体育公共政策及供给的体育公共服务难以满足民众的现实体育需求。而不靠权力和利益驱动的、代表社会力量的全民健身志愿服务组织由于其民间性、灵活性、专业性等特性，在此方面有着天然优势。一方面，全民健身志愿服务组织通过提供志愿服务而贴近民众，更了解与熟悉体育政策对所涉及人群的影响，进而能够较全面、准确地向政府表达民众的全民健身诉求；另一方面，社会体育指导员组织具有信息汇集与传播、社会资源与力量聚合的作用，使其既成为政府与公民之间良好的沟通桥梁，又是政府体育决策的外部约束力，能够对体育决策提供实效性强的咨询和参谋。可见，政府亦需要社会体育指导员组织为其做出公共体育决策提供服务。

三、社会体育指导员组织全民健身志愿服务项目化运作

（一）项目化运作是全民健身志愿服务的基本趋势

项目是指在特定目标下的一组任务或活动，具有临时性、服务（产品）或结果的独特性、目标的确定性等特点。项目化运作是在资源约束的条件下，管理者运用系统理论与方法，对项目涉及的全部工作进行科学有效的管理，其核心是以“项目”作为独立的组织单元，通过项目的形式来保证组织的灵活性和分散管理责任，以目标为导向解决问题。通过项目化运作最终达到的目的（结果）既可能是一种所希望的服务，也可能是一种所希望的产品。

项目化运作（项目化管理）古已有之，如古代的埃及金字塔、中国长城等即为典范，但是具有现代意义的项目化管理则始于“二战”期间美国原子弹的研制。20 世纪 80 年代后期，其迅速扩展到经济社会各个领域，不仅在政府组织、市场组织中被广泛运用，在志愿组织中也发挥了极大的作用。在对社会服务广泛开展项目化管理和运作的背景下，一些志愿组织也采取项目化运作开展志愿服务，如联合国志愿人员组织等机构招募、派遣志愿者来中国开展扶贫支教等领域的项目；中国青年志愿者扶贫接力计划。可以说，当下志愿服务项目化运作以其时限性特征保证项目的更新，从而使更多的志愿者参与志愿服务，满足大多数人的志愿服务需要。志愿服务的项目化运作有效满足了较大规模地开展志愿服务活动的社会需求，成为现代志愿服务开展的基本趋势之一[3]。

全民健身志愿服务项目化运作是指将全民健身志愿服务视为项目并进行项目设计，通过建立项目的谋划、实施、考核、评估制度体系，使全民健身

志愿服务组织内外的人力、财力、物力、信息等多方面资源实现最大最优化配置，立足既定条件按时按质完成既定的服务任务。全民健身志愿服务既有日常的健身服务，也有大型的群众性竞赛、展示、表演等志愿服务。从上海、南京、武汉三个城市的调研情况看，一般各城市每年均会在节庆日或固定时日开展各种各样的大型全民健身活动。对于这类大型的群众性竞赛、展示、表演等，全民健身活动的志愿服务往往需要较多的人力、物力、财力。基于社会体育指导员组织普遍存在资源不足的现实，实行项目化运作不失为创新之举。全民健身志愿服务的项目化运作一方面能使社会体育指导员组织更为有效地吸纳与整合各种资源；另一方面也有利于社会体育指导员组织不断提高志愿服务能力，提升服务内涵。

（二）社会体育指导员志愿服务项目开发与实施

1. 全民健身志愿服务项目选择

鉴于当前我国全民健身志愿服务尚处于发展的初级阶段，社会体育指导员组织发展也正处于发育之中，社会体育指导员组织的全民健身志愿服务项目化运作首先要选择好项目。对于何为好项目，不同区域、不同层面的社会体育指导员组织和服务对象应有自己的判定标准，但不能脱离必要性、可行性与创新性的基本原则。一是必须符合社区居民、社区体育组织、企事业单位、政府等服务对象的要求。志愿服务发展的历程表明，志愿服务的需求具有导向性。因此，全民健身志愿服务项目必须满足服务对象的要求，否则他们会“用脚投票”，选择别的志愿服务组织。二是符合社会体育指导员组织的使命与宗旨。社会体育指导员组织开展的志愿服务项目只有符合其组织使命与宗旨才能生存，不能开辟与组织使命和宗旨背道而驰的项目，如开展以营利为目的的服务项目。三是切合组织的服务能力。与政府、企业组织相比，社会体育指导员组织在资源获取方面存在明显的弱势与不足，这在客观上决定了其服务能力与水平。因此，社会体育指导员组织的志愿服务项目一定不能超过组织的能力范围。四是服务项目创新。只有不断创新服务项目才能在同类组织竞争中获胜，并提高服务质量。

2. 全民健身志愿服务项目设计及实施

在选择好服务项目之后，便是志愿服务项目设计。好的全民健身志愿服务项目是社会体育指导员组织能力、志愿者（社会体育指导员）期待及志愿服务对象需求的完美契合。因此，在进行全民健身志愿服务项目设计时，必须充分考虑社会体育指导员组织、志愿者及志愿服务对象三方面因素。要运用技术手段对全民健身志愿服务领域进行总体把握，充分考量组织所拥有的志愿服务力量与资源，在深入了解志愿者的期待与志愿服务对象需求的基础上，确定服务所要达到的目标，并做好活动安排，调配资源，实施项目。

3. 全民健身志愿服务项目评估

全民健身志愿服务项目化运作，既可能取得期待的效果，也可能与意想的目标差距甚远，或可能存在诸多问题，如效率低下、招募不到志愿者，或费力不讨好，得不到服务对象或项目资助方的认可等。因此，有必要对全民健身志愿服务项目进行评估，这是检验其成败的试金石。而且，从社会体育指导员组织自身的发展来看，这也是极为必要的。全民健身是一个新的志愿服务领域，大型全民健身志愿服务方面的项目如何开展，尚无成熟的经验可供借鉴。全民健身志愿服务项目化运作必然包含众多创新因素，具有试验性质，对其进行评估可总结成功经验并发现问题，以供借鉴和参考。同时，评估也有助于在国内形成关于全民健身志愿服务项目化运作的理论，指导全民健身志愿服务项目化运作的实践。

4. 创建服务品牌，扩大影响

当下，随着全球化、信息化的发展，“品牌”已成为营利与非营利组织共同追求的目标。正如“现代营销学之父”菲利普·科特勒所言：“没有哪个组织能够逃避市场营销，非营利组织也是如此。”正是基于此趋势，我国的一些社区志愿服务组织正积极致力于提高志愿服务质量，打造独具特色的志愿服务品牌。近年来，已涌现“电子保姆 1411”“小手拉大手，星火志愿服务”“社区服务百事通”“赵广军志愿服务队”等一批具有全国影响力的社区志愿服务品牌，有力地提升了社区志愿服务的形象，促进了社区志愿服务的发展。在全民健身志愿服务领域，上海市木兰拳协会、武汉青山钢城志愿者水上救援服务队也正逐渐成为上海市、武汉市志愿服务的品牌，受到社会各界的赞誉。可见，创建志愿服务品牌、走特色发展道路已成为提升志愿服务质量、促进自身发展的必然选择。

全民健身志愿服务品牌是“品牌”的一种具体表现形式，是全民健身志愿服务组织区别于其他志愿服务组织（竞争者）的服务标识，代表志愿服务组织独特的形象、知名度及美誉度，并充分展示其开展的全民志愿服务的内涵、质量和价值作用。它是全民健身志愿服务组织充分协调内外环境要素，与社会各方力量，如政府、企业及社区居民（服务对象）等进行信息互动的结果。需要指出的是，虽然现在“品牌”已是营利与非营利组织共同追求的目标，但全民健身志愿服务品牌与商业品牌在行为主体、价值取向、表现形式、存在形式、传播方式、行为后果等方面有较大区别（表1）。

表1　全民健身志愿服务品牌与商业品牌的区别[4]

项目	全民健身志愿服务品牌	商业品牌
行为主体	全民健身志愿服务组织、志愿者	企业
价值取向	社会效益最大化	经济效益最大化
表现形式	无形服务	有形产品
存在形式	共存	垄断
传播方式	社区宣传、口碑	有偿广告、商业赞助
行为后果	传播志愿文化、提高志愿服务参与度、提升志愿服务质量、促进志愿服务组织发展等	提高企业及产品知名度、获得经济效益、提高市场竞争能力等

注：本表已根据本文内容做适当修改。

那么，如何构建全民健身志愿服务品牌？这需要从志愿服务对象、志愿者、志愿服务组织与志愿服务对象的互动等多方面着手。

一是以志愿服务对象为导向构建服务品牌。全民健身志愿服务品牌是基于服务对象的一种感知，因此，全民健身志愿服务组织必须以社区居民，即志愿服务对象为导向，了解其对全民健身志愿服务品牌的感知度。一方面是准确定位服务品牌。品牌定位是指建立一个与满足目标市场需要有关的独特品牌形象的过程[5]。基于每个全民健身志愿服务组织的资源均是受约束的，它不可能无限满足服务对象的需求，因此，全民健身志愿服务组织应扬长避短，综合权衡服务对象的多元化需求后，根据自己的优势准确定位。另一方面是合理设计组织的形象识别系统，将全民健身志愿服务组织的志愿服务理念与志愿精神，通过一定的行为及视觉识别方式传达给全民健身志愿服务组织内、外的相关受众，从而使受众对组织产生一致的认同与价值观。关于这一点，目前上海市社会体育指导员协会做得比较好。

二是从志愿者的视角出发构建服务品牌。众所周知，只有满意的员工，才会有满意的顾客。志愿者是开展全民健身志愿服务的依靠力量，志愿者的素质及服务意愿（动机）直接影响全民健身志愿服务的质量，进而影响服务品牌的建设。因此，全民健身志愿服务品牌的建设要与志愿者的激励及培训管理有机结合。

三是在社会体育指导员组织与志愿服务对象的互动中构建服务品牌。全民健身志愿服务项目化运作的好或坏最终要由志愿服务对象来评判。因此，全民健身志愿服务组织要建立与服务对象的互动、沟通机制，一方面是准确了解服务对象的多样化、个性化需要，另一方面是倾听服务对象对社会体育指导员组织及服务内容的看法及建议，其终极目标在于向服务对象提供其所需要的服务。

参考文献：

［1］陈雅丽．国外社区服务相关研究综述［J］．云南行政学院学报，2007（4）：173-176.

［2］袁媛，谭建光．中国志愿服务：从社区到社会［M］．北京：人民出版社，2011.

［3］北京志愿者协会．志愿组织建设与管理［M］．北京：中国国际广播出版社，2006.

［4］王春兰，袁明符．我国社区志愿服务的品牌化发展探讨［J］．重庆工商大学学报（社会科学版），2011（8）：69.

［5］余明阳，杨芳平．品牌定位［M］．湖北：武汉大学出版社，2008：30-34.

基层社会体育指导员科学健身指导站点的建设与发展研究

祝　良　马泳淇*

2022年3月，中共中央办公厅、国务院办公厅印发了《关于构建更高水平的全民健身公共服务体系的意见》，其中明确指出“提高全民健身标准化科学化水平”。设立基层社会体育指导员科学健身指导站点（以下简称“科学健身指导站点”），是为了汇聚公益社会体育指导员的力量，发挥他们的专业指导作用，在基层营造科学健身的氛围。科学健身指导站点的建设，既契合人们日益增长的高品质体育需求，也符合当前我国全民健身高质量发展的战略目标。

一、基层社会体育指导员科学健身指导站点的建设

健康已经成为人民群众的迫切需要，是美好生活的基本条件，人民健康是全面建设社会主义现代化强国的重要指标。科学健身指导服务是推动全民健身事业发展、促进人民身体健康的重要一环，是民生工程、民心工程。因此，推进科学健身指导站点建设的意义重大。

（一）建设背景

1. 健康中国战略的实施

健康中国建设起始于2008年卫生部启动的“健康中国”战略研究，组织相关专家历经3年多，于2012年研制出《“健康中国2020”战略研究报告》。

* 祝良，博士，浙江师范大学讲师、硕士研究生导师，研究方向为社区体育治理和全民健身发展。马泳淇，浙江师范大学在读硕士研究生。

报告中与全民健身最为接近的内容，即针对健康危险因素的全民健康生活方式行动计划。2015 年 3 月 5 日，李克强总理在党的第十二届全国人民代表大会第三次会议做的政府工作报告中提出“打造健康中国”，“健康中国”被首次写进政府工作报告。同年 10 月，中国共产党第十八届中央委员会第五次全体会议通过的会议公报，提出“推进健康中国建设”的任务，自此我国开始全面推进健康中国建设。“没有全民健康，就没有全面小康”，健康中国建设就是让人人健康。健康中国建设是一项系统工程，全民健身是这一系统中的重要部分，体医融合是健康中国建设的一剂良方。然而，目前全民科学健身存在着“大健康观”下顶层设计的缺失，体医融合力度不够，运动康复专业人才匮乏，主动健康养生意识不强等问题[1]。因此，加强健康中国建设下全民健身科学指导服务的落实，显得较为迫切，这也是实现“两个百年”目标的关键环节。

2. 群众运动风险的增加

其一，随着社会经济繁荣发展，居民生活质量不断提高，人们对健康的观念逐渐转变，即对于通过适当的体育锻炼不仅能增强体质、提高对疾病的抵抗能力，还能丰富自身业余文化生活、消除来自四面八方的压力、提高工作效率、拓展人脉关系等作用，达成了更多的共识，并积极参与体育运动。其二，新冠肺炎疫情的暴发，影响了人们对于体育运动的认识，激发了人们参与体育的热情。到了后疫情时代，社区体育的价值和作用进一步凸显，社区体育成为人们参与体育活动的主要形式之一。其三，老年群体的基数越来越庞大，且人均寿命逐渐延长，休闲之余，他们更多地选择参与体育活动。此外，慢性病患者人群，也热衷于参与体育运动，以改善身体健康状况等。然而，与此同时，出现了很多健康风险事件，如运动型疾病、损伤甚至出现生命危险，导致人们的健康受到威胁，甚至危害生命安全[2]。这是由于人们参与体育运动时，既缺乏专业的指导，也缺乏相应的安全知识，在风险发生后没有应对风险的经验，即全民健身活动的参与往往表现出业余性。

3. 社会体育指导员群体的不足

经过 20 多年的发展，我国逐步建立了一支由体育教师、医师、私营企业主、都市白领、退休人员、退役及在役运动员、教练员等社会各阶层、各职业人员组成，服务于全民健身事业的社会体育指导员队伍，即社会化的全民健身组织网络基本形成，全民健身指导和志愿服务队伍不断壮大。尽管如此，社会体育指导员的规模对于相对数量庞大的健身人群，仍然显得匮乏。据《“十四五”体育发展规划》中对于“十三五”时期群众体育发展取得成就的回顾可知，截至2020年底，我国每千人拥有社会体育指导员数超过1.86名，但是这一数字远低于《“健康中国2030”规划纲要》中“到2030年，实现每千人拥有社会体育指导员2.3名”的目标，即340万左右的总需求。此外，社会体育指导员的专业水平和综合素养，也难以满足人们日益增长的体育需求。现有社会体育指导员队伍中，本科学历以上且接受过体育专业培训的为少数，大部分社会体育指导员的体育专业理论知识贫乏或一知半解。加之数字时代的到来，对社会体育指导员的指导水平提出了更高要求，在信息化浪潮下若不及时进行自身综合素养的提升必将被社会淘汰。

（二）建设意义

1. 提供科学健身指导，促进群众体育活动有序开展

随着“全民健身”观念的深入，群众健康意识的提升，越来越多“零运动基础”的老百姓积极投身到体育锻炼活动中。然而，自发性的体育锻炼活动行为由于缺乏专业人士的指导，往往具有较大的盲目性、随机性、风险性。科学健身指导站点的设立能为健身群体提供科学的健身指导，降低运动对身体带来的损伤，预防运动风险的发生，并能促使群众深入了解健身锻炼原理，树立科学锻炼意识。当前，我国正处于老龄化并向深度老龄化社会迈进的阶段，中老年人的体育健身指导服务更应值得关注和重视。针对这一“特殊人群”，科学健身指导站点的设立能为其建立电子健康档案，提供一套低风险、高质量的“个性化运动处方”，促使群众体育锻炼更为科学化、规范化、安全化。同时，科学健身指导站点的设立还能促进群众体育锻炼活动有序开展，改善以往群众体育锻炼“杂乱无章”“碎片化”、随处可见的乱象，规范群众体育锻炼行为，为群众体育锻炼活动提供一个舒适、整洁、安全的健身环境。

2. 整合社区体育资源，提升社会体育指导员专业性

社会体育指导员服务的对象具有广泛性和层次性，此前，其指导服务较为零散和无序，上岗率无法保障，而科学健身指导站点不仅是我国全民健身

计划开展的基层组织保障，也是促进全民健身运动全民化及和谐发展的空间场域。故在基层设置科学健身指导站点，不仅能把零散分布的社会体育指导员集中起来，还能吸纳社会上具有体育特长、热爱体育的人与医生等群体的加入，优化社会体育指导员的队伍结构，提高社区现有体育资源的使用效率和利用程度，从而克服社区体育资源有限性与社区居民体育需求多样性之间的矛盾。在这一过程中，以往不同项目社会体育指导员群体之间零沟通、零互动的局面将被打破，社区体育资源的整合，不仅使他们有了更多的交流、沟通和学习机会，而且要求他们必须承担健身指导服务以外的事务，如协调体育场地、组织体育活动和赛事参与者等，无形之中使其专业能力得以提升。

3. 弘扬志愿服务精神，践行社会主义核心价值观

志愿服务是现代社会文明进步的重要标志，是加强精神文明建设、践行和培育社会主义核心价值观的重要内容。全民健身志愿服务有效地缓解了新时代背景下，全民健身基层所需“人才”短缺问题，成为推进全民健身活动快速发展的有力举措，在一定程度上弥补了全民健身基层服务水平不均衡的现状[3]。科学健身指导站点的设立，可吸纳有志于服务基层全民健身事业的人群，即体育志愿者，其对人群没有特别要求，只要愿意免费、无偿贡献自己的力量即可，这是一支巨大的具有潜力的人才队伍，能够有效充实社会体育指导员队伍。同时，科学健身指导站点所提供的指导服务具有公益性，它扎根于社区，不仅诠释了无私奉献、不求回报的志愿者精神，而且履行了敬业、友善的社会主义核心价值观。因此，科学健身指导站点成为人们参与体育志愿服务的重要基层载体之一，故其对于培育志愿服务精神、践行社会主义核心价值观具有一定的现实意义。

（三）建设路径

1. 政府部门引导，建立相关政策法规

政府的支持是科学健身指导站点建设的坚强后盾，而国家的政策和法律无疑对科学健身指导站点建设起到至关重要的作用，健全的法规、政策和成熟的制度是科学健身指导站点在社区扎稳根基的一项保障。首先，通过建立相关政策法规，做到有法可依，这能够在科学健身指导站点的初期建设中为

其提供更有针对性的引导和规范，并且通过制定有针对性的相关法律法规，为科学健身指导站点的未来发展保驾护航。其次，相关政策法规的建立和完善，能够规范和保障科学健身指导站点建设过程中的软硬件设施投入，规范指导人员的行为并提高管理和服务效率，保障管理指导人员的基本权益等。最后，相关政策法规、规章制度的建立和完善，能够有效解决科学健身指导站点在保障机制和管理机制中资金的有效监管和使用问题及群众健身安全责任问题，并为科学健身指导站点的建设提供动力支持。

2. 社会力量参与，形成多元扶持主体

科学健身指导站点的初期建设需要大量的资金，而政府作为管理主体，需要为科学健身指导站点的建设提供资金支持。但是仅仅依靠政府的力量是不够的，应该鼓励更多的社会力量参与其中，发挥它们的优势，为科学健身指导站点的建设提供相应的资源支持。此外，还可以通过政府牵头，引入一些知名企业对科学健身指导站点进行公益赞助。企业的赞助不是传统意义上的纯资金赞助，而是广义的赞助，包括人力、物力、财力等各种资源的支持，同时企业还可为科学健身指导站点提供一些技术支持。企业对科学健身指导站点的赞助是一种有效的激励机制，一方面能够使科学健身指导站点不完全依赖政府资源，缓解政府长期沉重的公共经费支出压力；另一方面有利于科学健身指导站点自我造血功能的增强，实现资金来源途径多样化，保障其健康可持续地运行。

3. 协同机制构建，健全资源保障体系

科学健身指导站点不同于以往的社会体育指导员站点，不管是组织结构，还是组织功能及服务内容的覆盖面，前者都更为广泛和综合。正如其名，其核心是进行科学健身指导，那么它必然会涉及体育与医学的融合，而这种融合是一项复杂的系统工程，需要多主体（政府、市场与社会等）、多领域（体育、卫生与医疗等）、多层级（国家到省市再到基层社区）、多要素（技术、资源与话语权等）携手并进。因此，协同机制的构建显得尤为必要，以保障体育领域与医疗领域的技术、资源和话语权的融合[4]。可设立全国性的科学健身指导站点建设工作领导小组，主要承担科学健身指导站点的宏观顶层设计、总体战略布局和系统方案制订，以及纵向、横向跨部门协调的具体措施研制，不同部门之间合作的指导督查等工作。在此基础上，形成全民健身大数据的共建共享共治机制，需要建立一个专门的信息平台，并完善相应的信息搜集、利用、公开和安全保障等制度。

二、基层社会体育指导员科学健身指导站点的发展

推进健康中国战略的终极目标是使我国不同年龄层次的公民拥有健康的身心状态，增进群众的幸福感、安全感与获得感，这一点与全民健身国家战略的出发点与落脚点是相契合的。科学健身指导站点的建设是落实全民健身国家战略的基石，也是第一步，面临固有的问题和当下的机遇，其如何发展也值得深思。

（一）发展要求

1. 坚持党建引领

2015 年，中共中央办公厅印发《关于加强社会组织党的建设工作的意见（试行）》并发出通知，指出“建立健全社会组织党建工作机构，理顺管理体系，完善工作机制，落实党建责任，形成党委统一领导、组织部门牵头抓总、社会组织党建工作机构具体指导、有关部门齐抓共管的工作格局”。科学健身指导站点作为推动基层全民健身事业的重要载体，其党建工作的开展直接影响着政府基层体育治理效能与居民健身指导服务满意度。故科学健身指导站点的发展，应把党建工作视作生命力工程，注重发挥党建引领作用，即立足政治引领，增强站点党组织影响力，加强站点党建工作，发挥站点在基层指导队伍中的枢纽桥梁作用；坚持方向引领，奏响科学健身指导创新主旋律，及时传达和贯彻上级党组织有关会议精神，通过组织培训、工作会议和活动等途径，加强引导工作；注重文化引领，打造站点软实力，在党建工作中大力倡导在站点开展体育文化建设，形成利益共生、事业共融、成就共享的体育家园文化；突出情感引领，凝聚站点成员的人心，立足社区基础，围绕科学健身指导，努力做好服务工作。

2. 以人民为中心

习近平总书记在第 13 届全运会即将开幕之际会见全国群众体育先进单位、先进个人代表和全国体育系统先进集体、先进工作者代表，以及在本届

全运会群众比赛项目中获奖的运动员代表时指出："加快建设体育强国，就要坚持以人民为中心的思想，把人民作为发展体育事业的主体，把满足人民健身需求、促进人的全面发展作为体育工作的出发点和落脚点，落实全民健身国家战略，不断提高人民健康水平。"它体现了以人民为中心的体育价值观始终贯穿于中国共产党的领导中。一切为了人民的价值立场，是人民群众体质健康水平不断提高和生活质量持续提升的基本经验[5]，是中国共产党体育价值观的价值基础，也是中国共产党体育思想的价值灵魂[6]。基于这一价值立场，科学健身指导站点的发展，需要紧紧依靠人民，不断造福人民，牢牢根植人民，即引导广大人民群众一起推动和实践，相应的成果也要与广大人民群众一起享受。将以人民为中心作为科学健身指导站点发展的根本价值旨归，切实关注人民群众最为迫切的健身需求，提供高质量的健身指导服务，让科学的健身理念和健身方法惠及每个人。

3. 倡导大健康观

《"健康中国2030"规划纲要》强调全民健身是建构"健康中国"、促进全民健康的重要途径和手段，必须完善全民健身公共服务体系，广泛开展全民健身运动，并促进全民健身运动与医疗、卫生、旅游、教育、文化融合发展，为全民健康提供全方位、全周期维护和保障。根据这一要求，科学指导健身站点的发展需要贯彻和落实"以促进健康为中心"的大健康观、大卫生观，并以这一理念统领其相关政策制定实施的全过程，同时融入其指导服务的每一个环节。体育的功能很多，如健身功能、娱乐功能、教育功能、政治功能和经济功能等。在健身方面，人们对于体育的功能似乎总是集中在对身体的关注上，而对心理健康、社会适应等其他方面则关注较少。因而科学健身指导站点的职责，并不仅是提供科学的健身指导服务，而且应从健康促进和疾病防控的角度，继续强化"去医院—开运动处方—治（未）病—获得健康"的思维逻辑链，诱导大众不断强化"健康 = 治病"的观念[7]，从而树立正确的健康理念，养成健康的生活方式。

（二）发展思路

1. 优化指导队伍结构，提高站点专业服务水平

社会体育指导员是科学健身指导站点中的一支主要力量，然而，当前的

社会体育指导员队伍存在人员单一、年龄偏大、文化水平较低、专业技能不足、性别结构不合理等问题，这无疑影响了科学健身指导队伍的人员结构。因此，推进科学健身指导站点队伍向结构多元化、人群年轻化、性别比例合理化转变显得尤为重要，它直接关系到整个站点的指导服务水平。首先，科学健身指导站点需要加强与所在辖区高校的合作，对于拥有运动等级资格证书或者具有高级职称并愿意参与全民健身科学指导队伍的体育教师，直接将其注册成为社会体育指导员；与此同时，还可发展体育专业或者具有体育爱好的大学生成为社会体育指导员，并鼓励其加入全民健身科学指导的队伍。其次，科学健身指导站点需要整合辖区内的中小学校、医院、派出所、城管、企事业单位、商务楼宇及驻区工会等资源，鼓励体育爱好者或者体育达人等人群，参与专业培训和等级考核，将其发展成为社会体育指导员群体。最后，对原有的社会体育指导员开展再培训、再考核，通过学习新理念、新知识、新技能，使其获得更契合社区居民体育需求的健身指导方法，对于考核不通过的社会体育指导员，可降低其社会体育指导员等级或者取消社会体育指导员资格，以提高科学健身指导水平。

2. 创新培养与管理方式，释放站点的生机活力

科学健身指导站点的设立，并不是对原有社会体育指导员服务站的否定和取代，而是要巩固和继承其优势，同时还要规避乃至解决其存在的难题，故科学健身指导站点的发展，要突破现有社会体育指导员的培养与管理瓶颈，寻求一条能够培养出高水平、高素质、高专业度的优秀科学健身指导队伍的路径。目前，我国社会体育指导员的认证模式较为宽松，暂时没有特定类别和特定运动项目的社会体育指导员类型划分。国家采用委托体育学校培训的方式，来培养国家级和一级社会体育指导员，二级和三级社会体育指导员则可以通过自学考试的方式获得认证[8]。因此，国家需要立足社会需求的人才培养方向，以及与科学健身指导服务产业的人才对接，进一步优化社会体育指导员的培训和认证模式，建立严格的资格审查制度，制订周密多样的培训方案。在后期，还需要对社会体育指导员的服务能力进行跟踪调查，针对其职业道德、专业能力等方面存在的问题出台相应的管理措施，如对在科学健身指导过程中缺少专业精神、存在偏差的社会体育指导员进行批评、教育，情节严重时可以取消其资格等。此外，对于科学健身指导站点的长远发展，

还应建立相应的监督机制、投诉机制和回访机制，以推进其整体专业素养和服务能力提升。

3. 紧跟数字时代的步伐，促进站点高质量发展

全球新一代信息产业处于加速变革期，大数据技术和应用处于创新突破期，推动大数据产业发展，对提升政府治理能力、优化民生公共服务、促进经济转型和创新发展有重大意义。科学健身指导站点信息化发展是国家现代化建设的重要体现，既能满足人们对于智能体育的需求，也可带动体育领域实现高质量发展进而实现体育强国的目标。首先，建立互联网思维，树立新时代工匠精神。互联网思维强调专注、极致、口碑、快。科学健身指导站点在其运行过程中，需要打破陈旧落后观念，事事精益求精，全心全意随时随地为群众提供优质的健身指导服务。其次，夯实实操技术，提升信息资源创新能力。借助数字化信息平台，能够广泛精确地收集社区居民、环境资源等各方面的信息，然后进行分析整合，以便于资源的合理分配。通过大数据信息能准确了解到社区居民更需要哪一类型的指导员，更需要哪些健身设备等。最后，建立居民健康数据库，为科学健身指导工作提供支撑。面对庞大的社区居民体质监测数据，过去的纸质存档以及老式简单的电子备案已经无法满足当下信息采集、数据处理的需要，因此政府部门需要牵头建立一个容量大、结构完整、操作简单、安全系数高的居民健康数据库以供科学健身指导站点使用。

（三）发展保障

1. 设置体育社会工作者岗位，完善人才保障

科学健身指导站点建立起来后，还需要持续地运行，那么其人才保障必不可少。科学健身指导站点的负责人可由街道分管体育的领导来兼任，但是日常事务的处理，则需要全职人员来负责。站点建设初期可根据规模，安排1~2人即可，随着站点的发展，如果有条件，可适当增加全职工作人员。由于科学健身指导站点的特殊性，其全职工作人员的安排需要借助政府的力量，较为可行的做法是设置体育社会工作者专职岗位，即体育行政部门与民政部门商讨并共同推进在社区中设置体育社会工作者专职岗位，通过体育社会工

作者的招聘，来解决科学健身指导站点全职工作人员的问题。其一是将科学健身指导站点所需要的全职工作人员纳入街道的社会工作者招聘范围。对于体育社会工作者专职岗位的设置，要考虑体育专业的特殊性，不必非要取得相应的社会工作者职业资格证书，但要求具有体育指导方面的资格证书，如社会体育指导员等级证书等，或者是体育有关的专业出身，如体育管理、社会体育、休闲体育等。其二是将以旧有方式招聘到的社会工作者分配到科学健身指导站点中，负责相应的工作。此举措能够吸纳更多的青年和大学生参与基层全民健身事业，既保障了科学健身指导站点工作人员的相对稳定性，也增添了基层全民健身运动的活力。

2. 成立站点发展专项基金，夯实经费保障

科学健身指导站点的建设与发展，除了基本的经费保障，还应该有可持续发展的经费保障，而设立科学健身指导站点发展专项基金则是路径之一。首先，科学健身指导站点发展专项基金可由以下三个渠道拨付的部分资金组成，一是体育局的体育专项扶持基金，二是体育彩票公益金，三是区级财政配套的体育发展资金。另外，政府也可以通过税收优惠、评优评奖等多种手段鼓励更多的民间资金进入科学健身指导站点发展专项基金，如社区企业、社会个人乃至其他资金充沛的基金会等，共同推进科学健身指导站点的可持续发展。其次，可采取政府奖励性补贴的方式，它不同于购买服务和设立发展专项基金的经费保障方式。每年，政府定期组织通过申报评选的方式，即由每个基层单位自主申报，根据评选结果，对积极推进科学健身指导站点建设及在科学健身指导站点建设中有成效的基层单位进行表彰，并给予相应的奖励资金。最后，对于做得特别好的科学健身指导站点，政府可将其设为试点，使奖励性补贴转变成一种常态补贴，以此树立起科学健身指导站点发展的榜样，发挥其示范作用，带动并引导更多的科学健身指导站点发展。这三种经费保障的措施，没有先后主次之分，只是方式上的不同，既可以多策并举，也可以根据条件分阶段开展。

3. 建立多元化的奖励机制，提供制度保障

灵活且健全的奖励机制，能够调动科学健身指导站点的工作积极性，激发社会体育指导员的参与热情，进而促进其指导服务质量的提升。故建立多

元化的奖励机制，使各类奖励常态化和制度化，有利于科学健身指导站点的健康可持续发展。即通过“以奖促律”“以奖促管”“以奖促育”的方式，不断推动科学健身指导站点朝着社会化、规范化、专业化方向发展，提升科学健身指导站点的指导能力和水平。国家体育总局层面，要先进行顶层设计，制定全国性的《科学健身指导站点资金奖励意见》或者《科学健身指导站点评估资助办法》等激励性的政策文件，然后各地方体育局根据当地现实条件和发展目标，制定与之相适应的科学健身指导站点奖励意见或资助办法，其奖励（资助）的条件和标准不得低于全国层面的要求。除了物质上的奖励外，还可推进荣誉方面的奖励措施，同样先由国家体育总局牵头，制定相关的荣誉奖励意见或办法等，接着由各地方跟进，设立荣誉奖项，如年度优秀科学健身指导站点、年度优秀科学健身指导员、年度科学健身指导站点先进个人等，以及科学健身指导站点创新奖、科学健身指导站点人气奖、科学健身指导站点典范奖励、科学健身指导站点综合贡献奖等。各类奖励务必遵循立足发展、突出重点、公开公正、依法合规、专款专用、加强监管、不重复奖励等原则，可采取自主申报第三方评选的方式开展。

三、结语

科学健身指导站点旨在采取多形式、多渠道、范围广的服务方式深入社区、企事业单位、工厂等场所广泛开展科学健身指导服务，引导体育参与者进行科学化的健身。故其是普及推广大健康理念的有效途径，也是践行体医融合的重要载体，更是连接基层社会体育指导员与广大健身群体的桥梁。完善科学健身指导站点的建设机制和管理制度，并推进其向着智慧化方向发展，既有利于构建我国高质量全民健身公共服务体系，也有利于提升我国人民群众健康水平，从而夯实健康中国建设的基石。

参考文献：

［1］龙佳怀，刘玉．健康中国建设背景下全民科学健身的实然与应然［J］．体育科学，2017，37（6）：91-97.

［2］杨寿强．国民健康运动风险与治理问题研究［J］．广州体育学院学报，2017，37（3）：10-16.

［3］夏树花．全民健身志愿服务主体的反思与重构［C］//第十一届全国体育科学大会论文摘要汇编．北京：中国体育科学学会，2019：6865-6866.

［4］郭建军．体医融合给体育和医疗带来的机遇与展望［J］．慢性病学杂志，2017，18（10）：1071.

［5］陈丛利，陈宁．“人民至上”：中国共产党体育观的价值立场与百年坚守［J］．成都体育学院学报，2021，47（3）：9-15.

［6］刘纯献，刘盼盼．中国共产党以人民为中心的体育价值观研究［J］．体育学刊，2021，28（4）：1-7.

［7］董传升，汪毅，郑松波．体育融入大健康：健康中国治理的“双轨并行”战略模式［J］．北京体育大学学报，2018，41（2）：7-16.

［8］吕化．他山之石：美国社会体育指导员的培养模式的启示与借鉴［J］．南京体育学院学报（社会科学版），2017，37（5）：94-97.

社会体育指导员队伍优化发展的激励机制研究

陈德旭*

在全面小康社会得以建成、中国式现代化[1]持续推进的新发展阶段，民众体育锻炼诉求愈演愈烈，积极响应全民健身国家战略的各项举措广泛实施。社会体育指导员队伍是全民健身事业蓬勃发展进程中不可或缺的人力资源保障，在促进群众体育常态化、生活化和科学化方面发挥着重要作用。国家对社会体育指导员的角色定位和使命担当也有顶层设计，《社会体育指导员管理办法》《社会体育指导员发展规划（2011 年—2015 年）》等文件的出台可谓具体呈现[2]。然而，这些文件出台十年有余，其中较多内容明显滞后，特别是社会体育指导员优化发展的激励机制建设尤为重要，关系到指导者的积极性调动与被指导者的技能习得程度及健身效果，是维持社会体育指导工作良性运行的关键环节。不过，以往的政策文本中对激励环节的设定较为简易，致使社会体育指导员于全民健身开展中的中枢运转功能不足。基于此，本文借助社会运行论及激励理论对社会体育指导员队伍的激励机制展开全方位剖析，从基本状况、现存困境及解决策略等维度挖掘其内在机理，旨为社会体育指导员队伍优化发展提供一些针对性建议，为全民健身公共服务的科学指导体系奠定理论基础。

一、我国社会体育指导员激励机制的运行状况

社会体育指导员作为时代产物，在推动群众体育发展过程中作用显著，是全民健身国家战略全面实施进程中的重要人力资源保障。对社会体育指导员群体进行有效激励是促进其积极性和稳定性的关键举措。我国社会体育指

* 陈德旭，博士，山东大学体育学院助理研究员、硕士研究生导师，研究方向为体育与社会发展。

导员激励机制的运行状况可从政策出台、形式手段及发展成效等方面展开描述。

（一）社会体育指导员激励政策陆续出台

社会体育指导员的产生绝非偶然，是在经历了长时间的探索与经验积累的基础上渐进式完成的，这其中至为重要的准线为相关政策的陆续颁发，同时也会涉及激励机制的内容。通过政策文本整理，获取部分关于社会体育指导员的激励举措汇总如表 1 所示。当然，这是一份未能穷尽的政策梳理，还需持续推进、挖掘、汇编，从政策层面深究社会体育指导员发展的来龙去脉及激励机制的丰富内涵。首先，社会体育指导员的政策备受重视。毫无疑问，无论从出台时间的紧密性还是从发文字号的重要性等都能看出，我国从技术等级、法律保障、加强实施、评选表彰、等级培训及管理办法等具体环节确保社会体育指导员队伍有效运行并进行激励举措的针对性制定。其次，社会体育指导员的政策依据翔实。在借鉴了大量的国外经验并做深入试验之后确定了符合我国国情的政策文本，如考察了日本的《体育振兴法》《社会体育指导员知识、技能审查事业认定规程》等、英国的“大众体育 10 年振兴计划”和“青少年锻炼战略开发计划”及德国的“黄金计划”等，并陆续研制《天津市社会体育辅导员条例》《天津市群众体育辅导员技术等级制度暂行条例（草案）》等[3]，为我国社会体育指导员激励机制的制度建设奠定理论基础。再次，社会体育指导员的政策落实迅速。以《社会体育指导员技术等级制度》为例，在其颁布后，地方政府或体育部门制定了实施的规范性文件，如山西省人民政府办公厅下发了《山西省〈社会体育指导员技术等级制度〉实施细则》、上海体委颁发了《上海市〈社会体育指导员技术等级制度〉实施细则》等（1994 年）、甘肃省人民政府发布了《甘肃省〈社会体育指导员技术等级制度〉实施办法》等（1995 年）、内蒙古自治区人民政府办公厅印发了《内蒙古自治区推行〈社会体育指导员技术等级制度〉实施办法》、宁夏回族自治区体委制定《宁夏回族自治区〈社会体育指导员技术等级制度〉实施办法》（1996 年）、浙江省体委制定《浙江省社会体育指导员管理办法（试行）》（1997 年）、黑龙江省体育局制定发布《黑龙江省社会体育指导员管理办法》等（2000 年），这些政策从不同层面确立激励措施以推动全民健身工作全面开展。

表 1　社会体育指导员相关激励政策梳理

序号	时间/年	政策名称	发文字号
1	1993	《社会体育指导员技术等级制度》	国家体委第 19 号令
2	1995	《中华人民共和国体育法》	中华人民共和国主席令第五十五号
3	1995	《全民健身计划纲要》	国发〔1995〕14 号
4	2005	《关于进一步加强社会体育指导员工作的意见》	体群字〔2005〕94 号
5	2010	《全国优秀社会体育指导员评选表彰办法》	体群字〔2010〕144 号
6	2011	《社会体育指导员技术等级培训大纲（2011 年版）》	体群字〔2011〕162 号
7	2011	《社会体育指导员发展规划（2011 年—2015 年）》	体群字〔2011〕53 号
8	2011	《社会体育指导员管理办法》	中华人民共和国国家体育总局令第 16 号
		……	

（二）社会体育指导员激励形式趋于多样

社会体育指导员无论是作为“经济人”或是“社会人”都应给予一定激励，从而调动其参与健身指导的积极性，不仅将其作为提供服务的主体，还要为其提供激励服务，而社会体育指导员自身存在的差异决定了激励形式的多样化。首先，社会体育指导员以精神激励为主。例如，1993 年出台的《社会体育指导员技术等级制度》规定：“对工作努力、成绩突出的社会体育指导员，体育行政部门应予以表彰、奖励或破格晋级。”又如在 2010 年国家体育总局制定的《全国优秀社会体育指导员评选表彰办法》，以及社会体育指导员协会举办的“全国最喜爱的社会体育指导员评选活动”和“社会体育指导员之星评选活动”的引领下，各级体育部门和协会纷纷建立相应的表彰制度，对评选出的先进典型给予精神和物质奖励。这些政策规范对社会体育指导员激励工作的长效化机制起到了引导作用。2017 年，部分优秀社会体育指导员荣获全国群众体育先进个人称号，随之许多省（自治区、直辖市）也建立了社会体育指导员的荣誉激励机制，通过精神激励提升其荣誉感和获得感。其次，社会体育指导员以物质激励为辅。例如，2005 年颁发的《关于进一步加强社会体育指导员工作的意见》，首次提出要“不断完善激励机制……各级体育行政部门应切实解决社会体育指导员工作中存在的各种现实问题……有条件的地方和单位，对公益社会体育指导员的有关工作可给予适当补贴”。又如《上海市社会体育指导员管理试行办法》第三十四条指出对社会体育指导员的表彰奖励，根据成绩和贡献，可采取以下方式：通报表彰、授予不同级别的优秀社会体育指导员称号、物质奖励、破格晋级、授予荣誉社会体育指导员称号及法律、法规和规章规定的其他表彰和奖励方式，物质激励作为辅助手段亦被提及。最后，社会体育指导员有外部激励保障。例如，在外在宣传方面，各地充分利用传统媒介和新媒体等手段，对社会体育指导员活动和事迹进行宣传和报道，提高了社会体育指导员的使命感，有效提升了全民健身志愿服务工作的效果和影响力。

（三）社会体育指导员总体发展成效显著

社会体育指导员整体发展取得较好的成效，在人员、协会、性质及动机等方面均可作为激励机制参考的依据。首先，人员数量继续增长。“十三五”时期社会体育指导员工作调研报告显示，截至 2020 年底，我国公益性社会体育指导员由 2015 年底的 186 万人增加到 260 万人，增长率高达 39.78%，其比例占全国总人口的 1.86‰，等级晋升成为社会体育指导员激励机制的重要举措，对于优化队伍结构起到关键作用，社会体育指导员正成为全民健身公共服务供给的骨干力量。其次，协会数量不断增加。截至 2020 年底，全国已成立各级社会体育指导员协会 1298 个，其中国家级 1 个、省级 29 个、地市级 242 个、区县级 1026 个，国家、省、市、县（区）四级社会体育指导员协会体系持续完善，组织网络结构继续夯实，社会体育指导员协会作为组织建设的外部激励手段正成长为全民健身公共服务供给的核心主体。再次，工作性质逐渐清晰。调查发现（发放问卷 28924 份，无效问卷 2282 份，有效问卷 26642 份）：社会福利型事业，应免费为民众提供指导服务的占 66.34%；兼有社会福利、公益等性质，可适当收费的占 29.32%；付出劳动，应按价收费的占 3.57%；其他占 0.77%（图 1）。可见，社会体育指导员的工作性质更多趋向福利型，同时多种可能性的存在为其激励机制的制定提供了参考。最后，参与动机存有差异。社会体育指导员参与科学健身指导的动机是激励机制确定的重要依据，通过问卷调查可了解其基本状况。其中，认为强身健体的占 94.32%，兴趣爱好的占 65.18%，预防生病的占 49.96%，无私奉献的占 44.63%，传承技术和文化的占 35.58%，增加社会交往的占 29.32%，消遣娱乐的占 21.71%，获得成就感和他人尊重感的占 19.71%，社会承认的占 13.93%，经济效益的占 4.88%，其他占 1.16%（图 2）。社会体育指导员的动机在一定程度上可看作激励机制的成效和为激励措施设定提供思路。

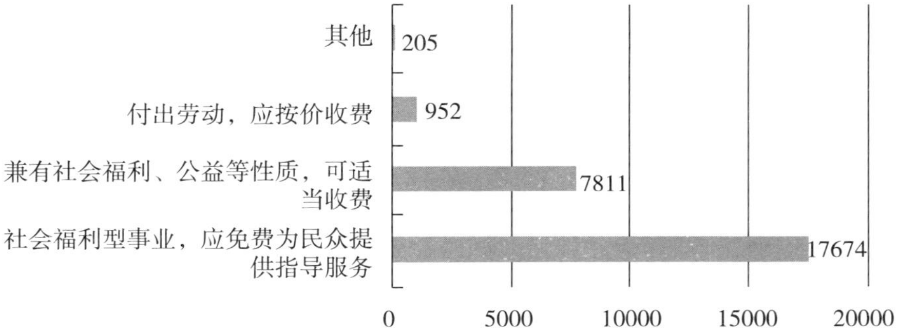

图 1　社会体育指导员的工作性质

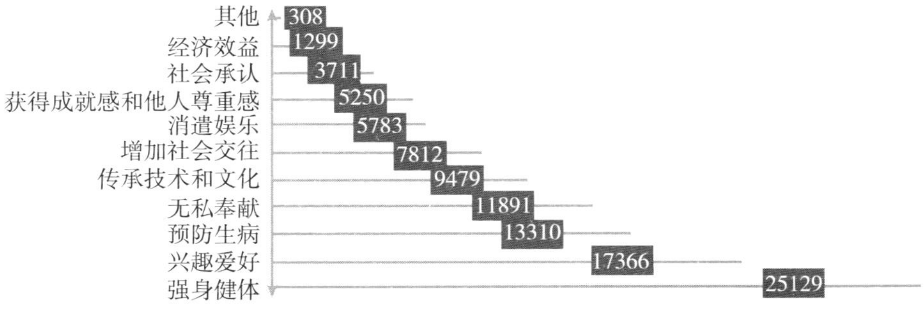

图 2　社会体育指导员参与科学健身指导的主要动机

二、我国社会体育指导员激励机制的建设困境

看到社会体育指导员在激励举措上取得些许成绩的同时，也不可忽视其存在的现实困境，尤为明显的是激励政策的针对性不足、激励方式的体系化

不够及激励氛围的浓郁度欠缺，这在很大程度上影响到社会体育指导员队伍的建设。

（一）专门的社会体育指导员激励政策仍未研制

尽管如上所述，各部门针对社会体育指导员出台了不少政策，但多为综合性文件，其中涉及激励内容的相对偏少。总体而言，我国社会体育指导员队伍激励缺乏健全的政策法规来保障其基本权益，立法缺位严重影响到社会体育指导员群体参与科学指导的积极性，进而导致全民健身国家战略实施缓慢。首先，社会体育指导员政策法规体系待完善。我国虽然颁发了部分关于社会体育指导员的政策，但不够健全且针对性不足，因制度规范的缺陷，社会体育指导员的指导工作多凭借自身偏好来维持，久而久之参与动力消减，甚至出力不讨好而挫伤其热情。目前关乎社会体育指导员激励措施的详细政策仍未强化，多是简单的精神奖励辅以物质奖励，具体的标准设计不太细致，致使社会体育指导员激励落实较为模糊，需要有指向性更加明确的政策文本出台。其次，社会体育指导员配套政策法规待研制。社会体育指导员参与健身指导需有一定的保障、保护政策，即要加强配套性政策的制定，确保其全身心投入，倘若社会体育指导员队伍带着担忧与顾虑参加工作，势必会产生危险后果，而事实上恰恰存在诸多此类状况，如对于社会体育指导员的人身、医疗保险等措施少有政策上的规定，可见社会体育指导员的法律保障及保护举措仍较欠缺。最后，社会体育指导员激励政策法规显薄弱。在已有社会体育指导员政策中，激励举措较少涉及，通过梳理发现主要集中在《社会体育指导员管理办法》第八章“奖励处罚”中的“第三十六条、第三十七条”；《全民健身计划（2016—2020年）》中的“创新全民健身激励机制”；《上海市社会体育指导员管理试行办法》第七章“奖惩措施”中“第三十三条、第三十四条”；《关于进一步加强社会体育指导员工作的意见》中的“（十六）”；《浙江省社会体育指导员管理办法》第六章“奖惩措施”中“第二十八条、第二十九条及第三十条”等。但论述稍显简单，缺乏详尽的关于社会体育指导员的激励机制。

（二）多元的社会体育指导员激励方式尚不成型

社会体育指导员健身指导过程中面临许多困难，其中缺乏激励措施排在第七位（图3），最为明显的是多元的激励方式欠缺。由于社会体育指导员的志愿者性质尚不明确，各地在使用社会体育指导员时无法借鉴国家志愿服务相关福利政策，不能将社会体育指导员的服务时间、服务成效、社会评价等进行记录和评价，并纳入各类评比、奖励活动中。对社会体育指导员的激励，多以自我激励为主而外部激励不足，以精神激励为主而物质激励较少。首先，精神激励单一。我国社会体育指导员精神激励最多的是体育行政部门的表彰，采用的方式有：对工作努力、成绩突出的社会体育指导员予以表彰、奖励或破格晋级；对从事社会体育工作达20年，为社会体育事业做出贡献的，授予荣誉社会体育指导员称号并颁发荣誉奖章等。不过，单一的精神激励已无法满足社会体育指导员多元的现实需求。其次，考核激励不足。由于社会体育指导员组织松散与不规范，绩效考核存在一定难度，对于社会体育指导员而言，于非营利组织中感受不到工作压力，绩效考核的结果起不到实质性作用，其存在的困境最终影响到社会体育指导员组织的积极性和创新能力。最后，约束机制缺乏。社会体育指导过程中的负向激励尤为重要，但实际情况是社会体育指导员的行为约束机制不健全，缺少配套措施及监督机制，过分强调正向激励，而对具体实施工作过程中的偷懒、机会主义等缺乏有力的惩罚措施，需要持续强化。

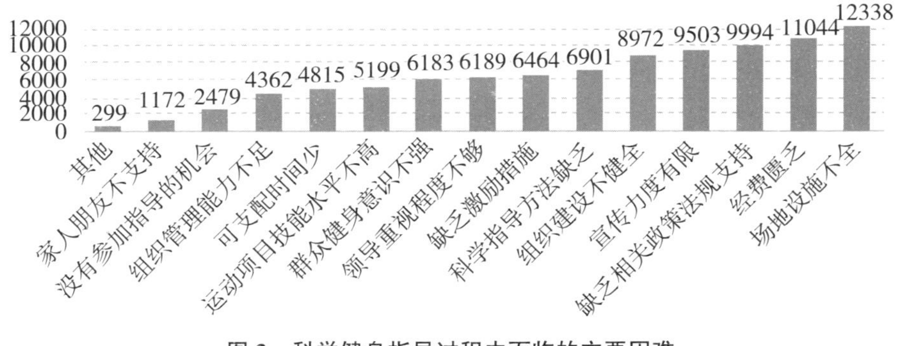

图3　科学健身指导过程中面临的主要困难

（三）浓郁的社会体育指导员激励氛围有待营造

社会体育指导员激励需要形成良好的氛围，让指导者获得应有的尊重，这要经历较长时间的磨合，培养出稳定的激励意识。就目前而言，社会体育指导员激励氛围显然不浓，存在较多问题。首先，社会体育指导的经费支持仍然较少。社会体育指导工作需有一定的经费保障，实际情况是参与科学健身指导的仅13%有经费支持，87%是无经费的（图4），这在很大程度上影响到社会体育指导工作的顺利开展。其次，社会体育指导员满意度仍需提高。调查发现：社会体育指导员激励措施的满意度整体较好，非常满意与满意的占比达到75.84%，在看到满意度总体超过3/4的同时，也要思考仍有将近1/4持一般及不满意态度，甚至非常不满意的还占据一定比例（图5），这势必会阻碍社会体育指导员工作的顺利开展。最后，社会体育指导员激励环境仍待塑造。从外部环境看，由于受传统观念束缚，公众对社会体育指导员的认知度不高，导致参与不足。法律环境及人文环境的缺失、媒体宣传等的缺乏，限制了对社会体育指导员的激励功能，如上海市全民健身志愿服务从宣传力度上看，大多宣扬志愿者的奉献精神，对于如何激励表彰志愿者的内容相对较少，全社会还没有形成正向的志愿服务激励氛围[4]；又如重庆市健身气功社会体育指导员激励机制存在的问题有激励管理机制混乱、结构模糊、覆盖面小、赏罚不明、监管手段落后、信息化使用率低、激励机会少、受众面窄等[5]。

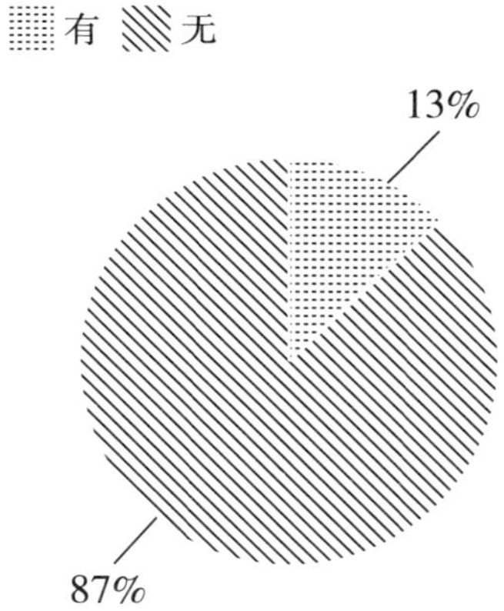

图4　参与科学健身指导的经费支持情况

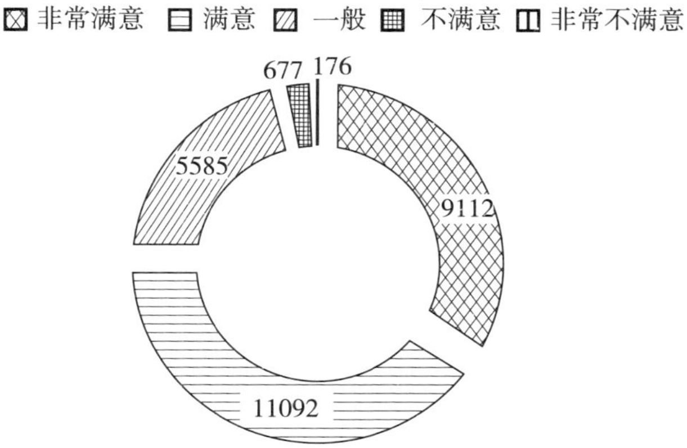

图 5　社会体育指导员激励措施的满意度

三、我国社会体育指导员激励机制的建设策略

社会体育指导员激励良性运行与现实难题并存，需要设计出有效的应对举措，借助社会运行论[6]及马斯洛需求理论等从激励标准、激励手段与激励过程方面分别展开具体详细的策略制定。

（一）明确社会体育指导员激励标准设定

社会体育指导员激励机制的标准是对与其相关的主体进行方向和强度两个方面的规定（图 6）。激励方向是从质的角度出发，即对什么样的社会体育指导行为给予激励，达不到激励的原因是什么，都需一番解释说明。激励强度则是在量上展开，也就是激励多少的确定。首先，注重激励的方向性引领。社会体育指导员要明确定位，对于全民健身、学校体育、竞技体育及体育文化传播起到正向推动的行为方式和价值观念，如组织赛事活动、健身指导、普及宣传等，均可纳入激励范围。其次，细化激励的强度性积累。社会体育指导员给予多少激励，需要量化，这就要做好服务记录，按照次数、时间、规模、专业性等合理设计，让社会体育指导员的付出得到应有激励或必要回报，预防表面化许诺，切实将激励标准对接社会体育指导员的科学指导实践，当前阶段应当着力克服经济、文化、制度和操作等因素的限制影响，辅之以相对应的精神及物质奖励，积极培养其参与意识。通过社会体育指导员的激励标准，对质量好的加以激励，并保持恰当的数量，以免激励过度或不足，最终目的在于促使社会体育指导员队伍质与量协调而又均衡。

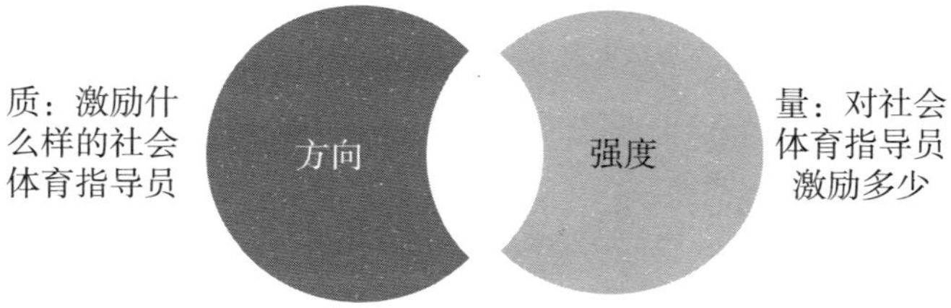

图6　社会体育指导员激励机制标准的二维性

（二）丰富社会体育指导员激励手段运用

1. 外部激励手段

第一，政策支持。研制社会体育指导员激励政策，建立健全相关法规体系，促进制度化建设，依法激励社会体育指导员队伍。一方面要对社会体育指导员综合性政策进行完善，即对奖励和保障部分加以充实、具体化，确定激励方向和激励强度；另一方面要尝试探索、制定社会体育指导员专门性激励政策，在充分调研基础上设计出关于社会体育指导员激励举措的制度。第二，组织建设。主要涉及社会体育指导员协会成立，尤其应注重地方性推动，如注册登记、学习培训、管理监督等，让社会体育指导员有归属感，在组织保障前提下更好地参与健身指导活动，同时设立咨询、培训及管理委员会，辅助社会体育指导员组织实体化推进，负责其考试考核、资格审核、继续教育及项目推广等[7]。第三，宣传力度。扩大媒体对社会体育指导员工作的报道，积极宣扬其奉献服务精神，形成有利于社会体育指导员队伍发展和发挥作用的舆论导向，并通过报纸、杂志、电视、互联网等传统或新型传媒渠道，对社会体育指导员先进事迹进行宣传，讲好中国社会体育指导员故事，如在报纸杂志中开辟专栏、在电台电视台播出专题节目及开展讲座、论坛等活动，或是出版社会体育指导员专刊杂志，建立一个有利于政策解读、横向交流、普及提高、传授经验、表彰先进的平台。第四，经费投入。体育行政部门需在体育事业经费环节设立社会体育指导员保障资金，按照

《体育彩票公益金管理暂行办法》规定，在本级体育彩票公益金中安排一定比例的资金配额，用于培训和管理工作，且要保证专款专用；积极配合有关组织，积极为社会体育指导员工作多渠道筹措资金，鼓励社会资助和捐赠[8]。政府要加大对社会体育指导事业的投资力度，制定各种方针、政策，确保其良性运转，有条件的地方可以考虑由社区居民承担部分公益型社会体育指导员的经济补贴。

2. 内部激励手段

第一，增加薪酬。从人的生理需求的角度出发：给予一定物质奖励，即发放合理的劳务酬金，进行直接的物质激励；对于长期参与社会体育指导工作者，在公务员考录、事业单位招聘等方面纳入考察内容，实行优先选择；自然人、法人和其他组织捐赠财产用于社会体育指导志愿服务的，依法享受税收优惠等[9]。第二，技能培训。从人的安全需求的角度出发：可为其提供培训机会，授予不同级别的优秀社会体育指导员称号，促进指导业务能力提升；资助公益社会体育指导员参加培训考核等。第三，等级晋升。从人的社会需求的角度出发：对接等级晋升、破格晋升；对获得省级以上表彰的社会体育指导员，在晋升技术等级时优先考虑；善于交际者，可增派任务，促进人际交往等。第四，荣誉认定。从人的尊重需求的角度出发：授予荣誉社会体育指导员称号；建立社会体育指导员荣誉奖章制度；对连续开展志愿服务20年、15年和10年，为全民健身事业做出突出贡献的社会体育指导员，分别授予社会体育指导员金质奖章、银质奖章和铜质奖章等[10]。第五，公益服务。从人的自我价值实现角度出发：通报表彰以实现精神激励；有条件的地方和单位，对公益社会体育指导员的有关工作可给予适当补贴等。第六，约束规制。根据斯金纳强化理论加以惩罚、处分、撤销称号或追究刑事责任等。调查发现社会体育指导员期望的激励措施依次为培训机会、物质奖励、荣誉证书、晋升条件、优先就业资格及通报表扬等（图7），应关注社会体育指导员的切实需求，设计出有针对性的策略，以充分调动其参与科学健身指导的积极性和培养创新能力。

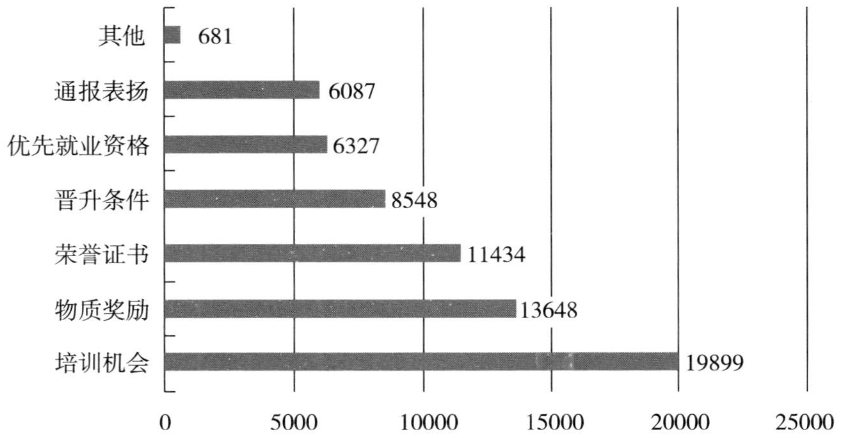

图 7　社会体育指导员期望的激励措施

（三）完善社会体育指导员激励过程管理

社会体育指导员激励过程是指激励机制发挥功能的动态运作程序，它主要由四个环节组成，即“导向—检测—分配—反馈”一体化的全过程管理模式。

1. 社会体育指导员激励过程的导向环节

激励标准明确了社会体育指导员队伍的目标方向及强度，不过略显抽象，而导向环节就是依据社会体育指导员激励标准，制定出一系列的政策法规、条例准则等，并采取适宜的工具方法，向民众进行纵横双向传扬的过程，纵向是不同等级社会体育指导员的“传帮带”，横向则是区域上的借鉴。简言之，社会体育指导员激励过程的导向环节是其激励标准具象化、操作化的过程。虽然激励标准是社会体育指导员队伍优化最重要的杠杆，但导向环节却起到引领作用，没有它，社会体育指导员的体系或人才库建设将处于缓慢状态，许多典型的指导事件仍未被发掘，这是需要有确切的导向才可持续推进的。

2. 社会体育指导员激励过程的检测环节

导向环节类似于社会体育指导员运行过程中的决策，待其确立后，还需进行评判和检测的实施保障工作，即检测环节。社会体育指导员激励过程的检测是对其主体价值观念和行为方式的评判与检定，可分为制度检测和舆论检测。制度检测主要依据社会体育指导员相关的政策法规、规章办法等，来检验参与者是否符合激励标准，它是具有明确依循的，属于硬检测方式；舆论检测通过对社会体育指导员认可、鼓励、赞赏等正向强化或排斥、贬损、批评、鄙视等负向强化加以测定，可看作一种软检测模式。社会体育指导员在实际工作中应确保制度检验的公平与规范，同时处理好舆论的使用，确保软、硬检测结合，促使社会体育指导员激励过程流畅。

3. 社会体育指导员激励过程的分配环节

社会体育指导员根据检测环节的结果可进行资源或利益分配，哪些可以获得更多的激励需要严格确定。通过分配环节能够促使社会体育指导员的差异显现，即得到激励的队伍优势是什么，有怎样的经验；而未获激励的队伍又是什么原因，不足在哪里。这样就形成了竞争、借鉴机制，对社会体育指导员本身所蕴含的要素进行充分挖掘，呈现完整的人力资源特色。分配环节最为关键的是公平，这既关系到一个好的健身指导团队是否被发觉，更是调动相关人员积极性的有效措施，同时它又是一个容易产生矛盾和冲突的过程，因此对于分配的依据要制订好，确保分配工作顺利进行。社会体育指导员激励过程除按优分配外，还要适当考虑对队伍的潜质加以激励。另外，更要注重分配与检测结果一致，对于激励偏少的则给予正确引导，通过改进或提升队伍的文化内涵、故事性等增加其获益机会。

4. 社会体育指导员激励过程的反馈环节

社会体育指导员的激励标准效果如何，需要有具体的反馈环节，指社会体育指导员激励机制的输出结果对整个激励机制所产生的影响，有正反馈与负反馈之分。正反馈是指在获取激励后能够继续推进社会体育指导员发展，使其内涵丰富、更具吸附功能，为民众带来健康体魄与精神财富。负反馈则是没有获得或仅有较少的资源而产生影响的过程，如因分配不公而彻底放弃对社会体育指导员的打造，使优秀队伍被埋没。因此，在社会体育指导员激励过程中要倡导正反馈的使用，精密实施负反馈，防止打击全民健身参与的热情。

参考文献：

［1］李培林．中国式现代化和新发展社会学［J］．中国社会科学，2021（12）：4-21.

［2］蒋著．北京市国家级社会体育指导员培训与考核新机制的研究［D］．北京：北京体育大学，2018.

［3］于善旭．我国社会体育指导员制度建立20年发展述略［J］．天津体育学院学报，2013，28（5）：369-375.

［4］武振海．上海市全民健身志愿服务激励机制研究［D］．上海：上海体育学院，2021.

［5］李华斌，龚惠萍，胡福金．重庆市健身气功社会体育指导员激励管理机制的研究［J］．四川体育科学，2017，36（5）：90-94.

［6］郑杭生，李强．社会运行导论——有中国特色的社会学基本理论的一种探索［M］．北京：中国人民大学出版社，1993.

［7］仝云．社会体育指导员激励机制研究［D］．苏州：苏州大学，2009.

［8］于善旭，王旭光，李荣日，等．完善我国社会体育指导员制度有关重点问题探讨［J］．天津体育学院学报，2007（5）：374-377.

［9］陈近．新宁波帮商人捐资助学的动因及特色分析［J］．浙江外国语学院学报，2014（1）：98-101.

［10］金黄斌，杨春立．论我国社会体育指导员激励机制［J］．体育科学研究，2015，19（2）：25-28.

案例篇

北京：综合施策，推动社会体育指导员工作新发展

——北京市社会体育指导员工作经验总结

为贯彻落实全民健身国家战略，推动体育强国与健康中国建设，为北京2022年冬奥会和冬残奥会助力，北京市扎实开展社会体育指导员工作，进一步完善组织机构建设，强化队伍建设和人才培养，积极组织社会体育指导员相关活动，促进了全市社会体育指导员事业健康、快速、可持续发展，在广泛开展全民健身活动、推进健康中国建设工作中发挥了重要作用。现将亮点和经验总结如下：

一、创新培训模式，提升社会体育指导员服务能力

（一）创新岗位再培训组织模式，把培训送到社会体育指导员“家门口”

自2018年起，将社会体育指导员岗位再培训改为以“上门服务”为主、集中培训为辅的组织模式。先由各区和有关单位“点菜单”，提出培训需求，再协商确定具体的培训时间、地点和内容，将学员“长途跋涉”到培训地点集中“求学”调整为授课老师深入基层为学员“送学”，避免了学员通勤的辛苦，进一步提高了授课效果，节省了培训经费。

（二）加强冰雪运动社会体育指导员培养，为冬奥会和冰雪产业发展储备人才

自2016年起，持续加大冰雪运动社会体育指导员培训力度。在二级以上晋级培训和岗位再培训中增加冰雪知识和实践课程，积极将冰雪运动专业人士和职业类、高水平滑冰滑雪爱好者发展为公益类社会体育指导员，全部授予冰雪运动社会体育指导员称号，不断壮大冰雪人才队伍。截至2020年底，

全市公益类运动社会体育指导员人数达到 2.4 万名。

（三）注重科学健身，加大体医融合课题研究和成果应用

北京天坛医院合作建立体医融合协同创新实验室，加强体医融合课题研究。邀请北京体育大学、首都体育学院等在京高校，北京天坛医院、阜外医院、安贞医院等三甲医院，以及中国中医科学院等单位相关领域专家为社会体育指导员授课，提升他们的科学素养和专业水平，推动前沿体医融合研究成果在全民健身工作中转化应用。与北京电视台联合制作《养生堂》体医融合节目 3 期，与北京体育广播合作在《1025 动生活》《界内界外》电台栏目增加体医融合专题，广泛邀请社会体育指导员积极参与。

二、丰富活动形式，激发社会体育指导员参与积极性

（一）以交流促提高，连续举办社会体育指导员交流展示系列比赛

自 2016 年起，每年举办社会体育指导员交流展示大赛，五年来累计参赛人数达 11840 人次。自 2018 年起，增加技能教学环节，增设分站赛并上升为京津冀比赛，同时邀请国家机关事务管理局、新华社、航天二院、火箭军部队、陆航学院等中央单位和驻京部队参赛，规模进一步扩大，内容不断丰富，维度逐渐增加，赛制规则更加规范，促进社会体育指导员技能与教学水平的提高，助推京津冀全民健身协同发展。2020 年，努力克服新冠肺炎疫情带来的不利影响，在继续办好大赛的同时，发挥相关协会的力量组织分站赛，冰雪运动、民族传统体育、老年人体育、居家健身等项目比赛成为特色和亮点。此外，多次组织小型多样的社会体育指导员交流展示活动，如连续三年举办《北京市全民健身条例》颁布实施纪念活动，多次在国家级培训班中组织技能交流展示等。依托比赛平台，通过制作冰雪展板、发放冰雪知识科普宣传折页等方式，加强了冬奥会和冰雪运动知识宣传。

（二）组织社会体育指导员积极参与居家健身系列活动，助力疫情防控工作

2020 年新冠肺炎疫情暴发后，通过组织社会体育指导员积极参与疫情防

控志愿服务和居家科学健身推广等工作，在提高市民体质、弘扬社会正能量、守护人民安全、增强战“疫”信心等方面发挥了重要作用。其间，累计征集发布居家科学健身短视频、图文750余期，向市民推广了简便易行、科学有效、适于居家练习的健身方法，为不同项目、不同年龄段、不同水平的市民提供了触手可及的居家科学健身指导。举办了《北京市全民健身条例》颁布实施三周年 北京市社会体育指导员居家健身云展示活动、我的战“疫”日记征集等活动。联合北京体育总会秘书处、北京体育广播、北京市徒步运动协会等单位，共同推出“客厅挑战赛”“体育的力量”等活动。丰富多彩的线上线下活动，进一步满足了市民的居家健身需求，加大了科学健身指导力度，受到了市民群众和有关单位的欢迎和好评。

（三）开展健身技能进基层等活动，满足民众多元化体育需求

每年制订全市社会体育指导员工作计划，指导各级体育部门和有关单位加强社会体育指导员的管理和使用，推动他们扎根基层，更好地带领市民科学健身。2018年，在日常工作的基础上，开始举办北京市社会体育指导员健身技能进基层培训活动，根据群众需求，上门传授健身气功、柔力球、广场舞、太极拳系列、健身秧歌、腰鼓、空竹、花棍等群众欢迎、受众广泛、科学有效的健身技能。2020年，进一步创新活动形式，线上直播和线下培训同步开展。3年来，组织线下活动400余场，近30000人受益；组织线上直播活动35场，累计700余万人次在线观看。

三、完善服务保障，充分发挥社会体育指导员作用

（一）明确管理职能，促进社会体育指导员队伍规范化建设

北京市体育局群众体育处为本市社会体育指导员工作管理机构，负责宏观管理和社会体育指导员服务管理工作；负责国家级社会体育指导员工作整体规划、经费申报和总结；审批一级社会体育指导员，督促、指导和检查二、三级社会体育指导员工作。北京市社会体育管理中心负责制订本市社会体育指导员工作发展规划，具体实施全市社会体育指导员工作计划；组织实施国家级社会体育指导员资格审定、人员推荐及培训；组织实施一级社会体育指

导员申报材料收集整理、培训、考核、注册、发证；组织实施岗位再培训；负责社会体育指导员网络管理及服务；组织举办京津冀社会体育指导员交流展示大赛及分站赛等。各区体育行政部门负责本辖区内社会体育指导员的发展规划、日常管理及二级和三级社会体育指导员培训、考核、注册、审批；选拔推荐本辖区内社会体育符合条件的二级、一级社会体育指导员参加晋级培训；广泛开展本辖区内指导员交流展示大赛等活动。北京市社会体育指导员协会定位为市体育局群众体育处和社会体育管理中心的重要抓手，充分发挥社会团体作用，积极承接全民健身活动。北京市 16 个区、燕山体育中心、北京经济技术开发区共有 9 个社会体育指导员协会，有的为独立法人运营，有的暂为挂靠，均在全民健身中发挥着重要作用。

（二）加大宣传力度，提高社会体育指导员使命感和荣誉感

加大对社会体育指导员的事迹、社会体育指导员培训和活动的宣传力度，增加社会体育指导员的使命感和荣誉感。自 2018 年起，每年征集 100 多名优秀社会体育指导员，全年持续在北京市体育局网站、“北京健身汇”微信公众号、北京体育广播、社会体育指导员杂志等平台刊登。部分活动和培训邀请北京电视台、《中国体育报》《北京日报》、新华社、今日头条等各类媒体进行广泛宣传，并通过“北京健身汇”“北京市社会体育指导员协会”进行网络直播，进一步强化宣传效果。

（三）整合各方优势资源，形成全民健身工作合力

整合北京体育大学、首都体育学院、北京天坛医院、阜外医院、安贞医院、中国中医科学院及有关体育协会等师资力量，不断完善全民健身专家师资库，为全市社会体育指导员培训和科学健身指导提供师资支持。整合《中国体育报》《北京日报》，北京广播电视台，国家体育总局、北京市体育局网站，“北京健身汇”和“北京市社会体育指导员”公众号、小程序及各类新媒体平台，不断提升社会体育指导员和全民健身工作宣传效能。整合有关培训基地、体育场馆、体育专业社团、体育相关企业和组织等社会力量，共同提升公共体育服务有效供给质量。

吉林：多点发力，建立社会体育指导员长效化工作机制

——吉林省社会体育指导员工作经验总结

为了满足百姓对社会体育的多样化需求，吉林省体育局、省社会体育管理中心紧紧抓住社会体育发展的历史契机，加大力度，强化措施，多点发力，加强社会体育指导员队伍建设，为百姓提供各种公共服务，取得了较好的成效。现将亮点和经验总结如下：

一、组织管理体系确立

（一）积极推进全省各级社会体育指导员协会组织建设

吉林省社会体育指导员协会于2011年11月成立，是全国31个省（自治区、直辖市）、新疆生产建设兵团中第17家成立的，于2012年6月在吉林体育学院召开成立大会。协会的成立不仅解决了社会体育指导员“家”的问题，也解决了群众体育社会组织相对薄弱的问题，更为探索政府主导、协会运作、社会参与的新路子创造了有利条件。省社会体育指导员协会成立后，一直将各级社会体育指导员协会组织建设作为协会重要工作之一，通过转发国家和省与社会体育指导员相关的法规、规章、文件，让各级社会体育指导员与体育工作者熟知社会体育指导员工作和组织建设的重要性，并通过召开全省体育工作会议，以年终总结的形式持续督促加强各级社会体育指导员协会组织建设。截至2021年底，吉林省所属11个地区均已成立社会体育指导员协会，其中一级法人协会6个，包括长春市、吉林市、延边朝鲜族自治州、松原市、梅河口市、长白山管委会；二级非法人协会5个，包括白山市、白城市、辽源市、四平市、通化市。吉林省所属的71个县区中有56个已成立社会体育

指导员协会，占县区总数的79%。吉林省社会体育指导员协会成立后，不断加强组织建设，认真研究国家社会体育指导员工作各项方针政策，严格按照《社会体育指导员管理办法》要求开展各项工作，督促省内各市（州）及县（市）区成立本级社会体育指导员协会。

（二）提升社会体育指导员协会的管理和服务能力

提升社会体育指导员协会的自治能力。推进社会体育指导员协会完成脱钩换届，提升协会的自治能力。2020年12月，社会体育指导员协会在省级体育类协会中率先完成了脱钩换届工作，脱钩后协会严格按照章程开展工作，开设独立的银行账号、微信宣传平台，以及规范印章、财务管理制度，依法纳税。第二届领导机构成功换届，代表着协会发展开启了全新征程，在省体育局、省社会体育管理中心正确领导和支持下，广结社会资源，努力探索，建立推动省社会体育指导员发展的新体制和新机制，按照有所为、有所不为的思路，抓住关键，突破重点，循序渐进，有序发展。

提升承接管理职能的能力。省社会体育指导员协会换届后，坚持发挥体育行政部门助手作用，加强政策理论研究，为社会体育事业发展出谋划策，在政府主导、部门协同、群众参与的全民健身活动中发挥积极作用。例如，承接了省体育局社会体育指导员相关政策法规编制、提供数据支持工作；承接了省体育局体育人才服务、政务信息资源共享、民生全要素保障标准化均等化、基本公共服务均等化统计监测指标体系的数据统计工作；承接了吉林省推进实施健康中国行动2020年工作计划、吉林省体育事业“十三五”“十四五”、吉林省全民健身计划“十三五”“十四五”、体育强省实施意见、全民健身与全民健康深度融合等政策的数据编写工作。

提升为基层社会体育指导员服务的能力。省社会体育指导员协会成立后，努力将其建设成为“社会体育指导员之家”，并充分发挥协会的凝聚和向心作用，创新和大胆探索新的管理方式、工作方式和服务方式，不断提高工作和服务水平。日常工作中，加大对市（州）、县（市）区的指导服务力度，切实增强为各级社会体育指导员服务的能力，解决社会体育指导员提出的各种困惑和疑问，不断提高社会体育指导员的公信力。通过多年的不懈努力，目前，社会体育指导员称号已深入人心，大众健身爱好者均以获得社会体育指导员称号为荣。

（三）搭建社会体育指导员工作的信息服务和管理平台

针对各级社会体育指导员变动频繁、交接不力问题时常出现，为便于开展工作，吉林省社会体育指导员协会建立了全省社会体育指导员工作 QQ 群、微信群，开通了协会微信公众号，点对点进行帮扶指导，同时将省内社会体育指导员工作动态及好的经验做法及时向社会公布。协会先后在吉林省全民健身网、吉林省社会体育指导员微信平台设立社会体育指导员专栏，先后宣传优秀社会体育指导员先进事迹近百人。抗击新冠肺炎疫情义不容辞，想方设法克服困难，组织优秀社会体育指导员录制居家健身视频 30 个，引导百姓居家科学健身，受到社会各界广泛好评。

二、培训体系确立

（一）建立社会体育指导员培训智库体系

在社会体育指导员培训体系中，智库体系建设尤为重要，决定着社会体育指导员理论和技能指导水平的高低。协会自开展培训以来，不断充实完善培训智库体系建设，广泛聘请吉林大学、东北师范大学、吉林体育学院、长春师范学院等省内知名高校中相关专业的教授、副教授为智库成员，同时从各单项体育协会、俱乐部中聘请国际级、国家级、省一级教练员、裁判员，以及门派传人、世界冠军、全国冠军等为技能授课教师，按国家教学大纲进行理论和技能培训。目前，省一级和国家级理论培训教师职称均为副高级以上，已经形成老、中、青年龄结构科学合理的授课教师队伍。同时，注重在高水平社会体育指导员队伍中发现和培养一部分人作为授课教师，这些教师由于长期在基层从事健身指导工作，在实践经验和针对性方面有自己相对的优势，在一定程度上可以增强社会体育指导员培训的亲和力和教学效果。优质的培训智库体系、师资资源和授课经验，保证了社会体育指导员课程内容的生动性和丰富性。

（二）增加社会体育指导员培训内容

在对各级社会体育指导员进行培训时，严格按照国家体育总局修订的

《社会体育指导员技术等级培训大纲（2011 年版）》制订培训方案和培训计划，结合各地实际情况安排培训内容。针对健身项目，在省一级社会体育指导员培训中邀请名师创编了多套广场舞进行技能教学，广受学员欢迎，还进行了被誉为最佳运动项目的“越野行走手杖操”的推广教学，参加完培训的学员很多在本站点都进行了推广指导，达到了非常理想的效果。吉林省国家级社会体育指导员培训基地更是在自设内容安排上突出了培训基地的特色，多年来根据学员需求设置了银龄美健脑操、广场舞、传统养生与健康实践课、瑜伽实践课、柔力球、有氧舞蹈、太极等多个方向课，并采用理论与实践相结合的授课方式，注重培训的针对性和实效性，使广大培训学员受益匪浅。市（州）、县（市）区也积极拓展教育培训方式，广泛开展本级社会体育指导员培训、专项技能继续教育培训、全民健身志愿服务培训，开阔社会体育指导员视野，提高其指导技术水平。

（三）扩大社会体育指导员队伍培训的人群

社会体育指导员队伍建设初期，以管理型人员为主，以期实现社会体育指导员工作管理和服务的规范化目标。“十三五”以来，省社会体育指导员协会优化培训指标，扩大参与培训的社会人群，培训人群已经从管理型人员为主向技能型人员为主的方向转变，从传统的单一技能型向复合技能型转变，培训对象主要为面向基层、能够服务于基层健身站点的社会体育指导员。从培训效果看，已基本满足人民群众不断增长的不同健身需求。截至 2021 年末，吉林省各级社会体育指导员总数 65429 人，其中国家级 1656 人、一级 5232 人、二级 31713 人、三级 26828 人。

为加大社会体育指导员人才储备，自 2018 年开始，协会与吉林体育学院国家级社会体育指导员培训基地合作，在培训国家级社会体育指导员的同时，将社会体育指导员培训与专业人才培养相结合，使社会体育指导员培训走进大学课堂，开启了合作助力社会体育指导员人才储备的新模式。在课程设置上，经双方共同探讨，决定在遵循一级社会体育指导员培训教学大纲和培训教材的基础上，对课程模块进行全面优化，一方面防止培训课程与学生学业课程在内容上重复；另一方面增加了社会实践教学内容，由基地带领学生进社区、下基层，开展多种形式的教学实践活动，提高大学生指导全民健身实践的专业素养。考核上采用相对性评价考核方式，精心设计考核内容与题目，通过实践考核与闭卷考试的方式，进行综合量化。结合社会体育指导员应具备的人文素质与志愿服务精神，对课堂中、实践中、志愿服务中的表现进行过程性评定，最终排名前列的学生方可破格获得省一级社会体育指导员资格证书，同时将社会体育指导员协会作为学生实习基地，选择应届优秀毕业生到协会实习，确保优质人才加入社会体育指导员队伍。

全民健身惠及各阶层、各类人群，残疾人同样需要健身，同样渴求有人进行健身指导服务。协会在认识到这点后，为满足不同人群健身需求，扩大全民健身影响力，提高全民族全社会各阶层群众的身体素质，根据残疾人体育健身指导特点和需求，将残疾人体育健身指导员培训工作纳入省社会体育指导员管理计划当中，连续10年与省残联合作举办残疾人健身指导员培训，共培训指导员800余名，成立站点近200个，极大地解决了我省残疾人对健身的迫切需求。

（四）加强社会体育指导员继续培训

在全民健身与全民健康深度融合中，须探索社会体育指导员作为全民健身的排头兵，如何真正发挥指导作用，如何解决“上岗率”的问题，从而高质量地开展全民健身志愿服务。针对健身群众的不同健身需求，协会明确工作要点，完善年度工作计划，除每年完成550名符合晋级条件的一级社会体育指导员技术等级这个“量”的基础培训外，为进一步解决社会体育指导员专项技能水平这一“质”的问题，组织开展了技能提高继续教育培训，分别开展过龙舟、跆拳道、定向运动、广场舞、健身秧歌、广播体操、太极拳、太极剑、跳绳、柔力球等项目的专项技能提高培训班。参训学员不仅能学到最新的竞赛规则及裁判法，而且能和老师学到更高水平的专项技术，更快地提升自己的技能指导能力。自开展继续教育培训以来，已累计培训近4000人次。通过高质量的继续教育培训，有效提高了一线社会体育指导员的技能水平，增强了社会体育指导员参与全民健身志愿服务的信心和决心，吸引带动了更多群众加入健身队伍，提升了各级社会体育指导员的工作责任心和使命感、荣誉感，已逐渐成为政府实施公共体育服务的“助手”和“手臂”。

三、赛事体系确立

吉林省已建立由社会体育指导员为主体、群众广泛参与的赛事活动体系，社会体育指导员技能交流展示大会成为涵盖多项目、多人群的大交流展示平台。

（一）赛事活动

除新冠肺炎疫情期间外，协会每年组织开展的吉林省社会体育指导员技能交流展示大会已成为吉林省全民健身品牌活动。同时组织开展的“发展体育运动，增强人民体质”纪念毛主席题词活动、吉林省全民健身操舞大赛，均深受广大社会体育指导员的欢迎和好评，进一步提升了社会体育指导员整体工作水平。为不断提高社会体育指导员的素质和能力，提供平台、打造品牌，除利用政府资金外，还广泛引进社会资源，分别开展广场舞大赛、秧歌大赛，尤其是2013年6月9日，协会组织由社会体育指导员参与的18支队伍在同一时间、同一地点，用同一动作、同一音乐共同表演秧歌舞，首创东北大秧歌挑战吉尼斯世界纪录并一举挑战成功。通过活动带动，增强了社会体育指导员示范作用和社会影响，吸引了更多健身群众加入社会体育指导员队伍，开展全民健身志愿服务。

（二）冰雪运动推广普及

2021年，为贯彻落实《关于以2022年北京冬奥会为契机大力发展冰雪运动的意见》和《“带动三亿人参与冰雪运动”实施纲要（2018—2022年）》文件精神，按照国家体育总局社会体育指导中心、社会体育指导员协会关于举办2021年全国社会体育指导员志愿服务“冰雪运动进校园”活动的要求，吉林省社会体育指导员协会积极以行动贯彻落实，承办了吉林省“冰雪运动（冰蹴球）进校园”推广活动，并分别选择了吉林省第二实验学校（小学）、长春外国语学校（中学）、吉林体育学院（大学）进行推广普及，活动得到了三所学校的积极响应，取得了圆满成功。

（三）积极“走出去”

在经费短缺的情况下，协会积极调动各地区社会体育指导员及社会力量，参与社会体育指导员协会举办的各类培训、展示大会。通过“走出去”，不仅充分展现出省社会体育指导员良好的精神风貌，而且开阔了视野，提高了技能，锻炼了队伍，增强了社会体育指导员进行全民健身志愿服务的信心。

四、全民健身志愿服务机制确立

（一）成为志愿服务组织

为贯彻落实《全民健身条例》《志愿服务条例》，省社会体育指导员协会于2018年3月在省精神文明办“志愿吉林”中注册成为吉林省志愿服务组织；2021年9月加入省志愿服务联合会，并在“吉事办”志愿服务专区中完成注册。据统计，经常活跃在全民健身站点进行全民健身志愿服务的共有18036人，累计开展志愿服务2705400小时，人均开展志愿服务150小时，这些社会体育指导员长年坚持不懈、不分节假日，活跃在基层社区和村镇第一线，各级各类健身站点、公园、广场、社区处处都有社会体育指导员志愿服务的身影，经常性地开展全民健身志愿服务，为贯彻落实“六个身边”工程发挥了重要作用，已成为群众健身的领头雁和健康生活的引领者，成为促进体育事业发展和社会建设的一支重要力量。

（二）开展志愿服务培训

协会加入志愿服务组织后，更加注重社会体育指导员培训，每年组织进行各级社会体育指导员等级培训及技能培训上百场，培训课程中更多的是引导各级社会体育指导员如何开展全民健身志愿服务，增强服务意识，使社会体育指导员协会的“奉献、服务、健康、快乐”宗旨和“奉献、友爱、互助、进步”的志愿服务精神深入人心。2021年9月组织全省100名全民健身志愿者集中培训，培训班邀请4位教学经验丰富的授课教师分别从如何做好一名全民健身志愿者、全民健身志愿者的基本素质与行为规范、科学指导全民健身的理念与方法、全民健身指导的基本方法等方面进行授课，对参训学员进行志愿服务起到了很强的规范性和指导性作用。

（三）开展志愿服务示范活动

协会成为志愿服务组织后，首先动员长春市社会体育指导员进行志愿者试验性注册，并组织注册的志愿者进行各种全民健身赛事、活动、培训的志愿服务。通过各种途径的宣传引导、广泛发动，使各级、各项目社会体育指导员积极投入全民健身志愿服务，如省健身操舞比赛、纪念毛主席题词活动、社会体育指导员健身技能交流展示中的赛会服务、科学健身指导、运动处方开具讲解等；选派跳绳、秧歌指导老师参加社会体育指导员协会组织的走进西部优秀社会体育指导员全民健身志愿服务品牌活动等。

同时指导市（州）、县（市）区广泛开展全民健身志愿服务活动，比较典型的是长春市组织社会体育指导员开展的全民健身志愿服务“五进”（进广场、进社区、进校园、进乡村、进部队）活动，四平市组织的“全民健身展示乡村行”活动，通过全民健身志愿服务品牌活动，使科学健身知识大讲堂和各运动项目健身指导充分结合，全民健身更加深入民心。

2021 年 11—12 月，历时一个多月，进行了五站各具特色的全民健身志愿服务示范活动。省社会体育指导员协会以“科学健身走基层”为主题，带着专家和优秀社会体育指导员先后来到长春市、松原市、延边朝鲜族自治州，深入体育赛事、全民健身站点、大学校园、乡村、滑雪场，为不同年龄、不同层次、不同项目的健身爱好者带来针对性的科学健身知识讲座和健身技能培训。通过这一系列活动的举办，帮助群众树立健康理念，养成健康习惯，打造健康体魄，引导更多的群众参与全民健身运动。通过开展全民健身志愿服务进赛事、进学校、进社区、进乡村、进企业，不断增强新时代全民健身的影响力、吸引力，进一步弘扬了“奉献、友爱、互助、进步”的志愿精神。五站“科学健身走基层”系列活动，每到一处都会受到群众的热烈欢迎和积极响应，切实满足了广大群众日益增长的体育健身需求，营造了良好的社会舆论氛围，提高了社会体育指导员的社会认知度，扩大了全民健身志愿服务的影响力。

五、宣传体系确立

（一）宣传典型，加强示范引领

省社会体育指导员协会成立大会同时进行了吉林省社会体育指导员技能交流展示活动，并且首次通过地区推荐，评选表彰了吉林省 20 名优秀社会体育指导员并颁发奖金，此种以奖代补的做法得到时任社会体育指导员协会副会长栾开封的高度赞扬，称此举开创了东北三省的先河。每年不定期向社会体育指导员协会和社会体育指导员相关杂志发送稿件，及时将我省社会体育指导员工作取得的成绩和动态与其他省份分享。2013 年，按社会体育指导员协会工作部署，推荐了一名社会体育指导员参加社会体育指导员协会与 CCTV-5 录制的《指导员的健康梦》专题节目。2014 年，又推荐了一名社会体育指导员参加《中国体育报》“最美社会体育指导员”专栏采访工作。从 2013 年开始，每年派出跳绳、秧歌指导教师参加社会体育指导员协会组织的走进西部优秀社会指导员全民健身志愿服务品牌活动，指导教师精湛的技艺、务实的工作态度得到了社会体育指导员协会负责同志和志愿服务地群众的广泛赞誉。同时，更有于大伟等作为社会体育指导员被评为群众体育先进个人在第 13 届全运会被习近平总书记亲切接见，以及马蕊芬获得 2019CCTV 体坛风云人物年度评选年度大众体育精神奖候选人等，社会体育指导员先进代表人物不断涌现。

（二）广开门路，加大宣传力度

长期以来，社会体育指导员的宣传工作是较为薄弱的工作环节之一。协会成立后，高度重视新闻宣传工作，采取多种方式加大宣传力度，包括吸收新闻媒体人员加入宣传队伍；改革和更新宣传方式，充分利用传统媒体、新媒体结合形式，建立并使用协会微信公众号等。2021 年的志愿服务示范活动得到包括《人民日报》、学习强国、《中国体育报》、今日头条、中国吉林网、《吉林日报》、省体育局官网等多家媒体的宣传报道，使社会体育指导员的称号更加受到推崇，全民健身志愿服务更加受到欢迎，“奉献、服务、健康、快乐”的理念更加深入人心。

上海：健全社会体育指导员工作体系，提升科学健身指导服务质量

——上海市社会体育指导员工作经验总结

“十二五”末期，上海市社会体育指导员协会发展面临着组织架构不完善和管理不通畅等问题，服务内容和质量有待进一步提升，且面临着社会化程度不足和现代化治理能力弱等问题与挑战。社会体育指导员队伍主要以管理型、技能型、年龄结构偏大的人员为主，队伍结构不合理，使得指导员队伍可持续发展受限。为了让社会体育指导员真正成为“全民健身宣传者、科学健身指导者、群众体育活动组织者、体育场地设施维护者、健康生活方式引领者”。“十三五”时期，《上海市全民健身实施计划（2016—2020年）》进一步明确推进的重点工作，即以体育生活化、健身科学化、服务便民化为统领，以天天运动、人人健康的“全民健身365”为重点，突破发展瓶颈，创新工作方式。于此背景下，市社会体育指导员协会采取了一系列工作举措，取得了一定的效果。现将工作亮点和经验总结如下。

一、完善组织管理网络与制度建设

（一）巩固完善三级组织管理网络

在政府主导下，上海市社会体育指导员工作以市协会为引领，不断健全和完善上海市社会体育指导员组织管理网络，形成市协会—区协会（或区体育局分管部门）—街道（镇）社会体育指导员社区指导站（或企业、工业区、工会系统指导站）的三级组织管理网络。截至2020年底，全市已有12个区成立了社会体育指导员协会，占全市的75%；社区指导站222个，实现全市全覆盖；企业、工业区、工会系统的指导站达10余个，社区指导站延伸

的社会体育指导员小组（分站）不断增加。

（二）加强管理制度建设

为进一步规范组织管理机构工作和指导服务行为，不断健全和完善协会的各项管理制度，2016年市体育局主持召开座谈会，修订实施《上海市社会体育指导员管理办法》，加强对从事全民健身志愿服务的社会体育指导员的管理。2017年修订完善《2017年度社会体育指导员社区指导站考核评估条例》，并对《上海市社会体育指导员管理试行办法》提出修改方案，进一步对社会体育指导员管理的各主要环节进行全面规范，完善社会体育指导员管理制度。

同时，各区不断探索，落实社区指导站的工作职责。各区根据本地区实际情况，落实年度工作经费，制订年度工作计划，指派专人负责此项工作，通过加强管理、合理指导，逐步建立村委会、居委会对等配送网络，营造了崇尚运动、全民健身的良好氛围。社会体育指导员推动体育融入生活，使人人都享有体育健身服务，进一步增强了人民群众的获得感和幸福感。

（三）探索社会化发展，创新工作机制

根据《上海市体育类社会团体与行政机关脱钩工作方案》的要求，市协会认真学习、积极贯彻和执行有关“脱钩”的文件精神，于2017年9月完成“脱钩”任务，并按“脱钩”后的方式开展协会的各项工作。协会在完成全年计划内容的基础上，不断加强自我管理，创新工作机制，保证各项工作运行顺利并有成效。结合社会体育指导员日常工作和节假日开展活动，制定和下发相关的规定、办法、意见和通知，以促进社会体育指导员工作和活动的规范、有序开展。2019年，根据上海市体育发展情况与体育局领导指示，将上海市社会体育指导员协会与上海市社区体育协会合并，依托上海市社区体育协会成立指导员部，再次整合社会体育组织资源，不断完善社会体育指导员工作机制。

二、完善培新考试体系，做好培训教育工作

协会在增加社会体育指导员数量的同时，特别注重社会体育指导员质量的提高，为提高社会体育指导员的技能水平与服务素质、完善培训工作，协

会做了如下措施。

（一）编写培训教材，构建培训体系

2016年开始，社会体育指导员技术等级培训工作转到协会，由市协会负责一级社会体育指导员培训与发证，因而协会直接承担了技术等级培训的命题、考试、发证工作。首先，在协会主要负责人的直接领导负责下，召开原社会体育指导员培训“讲师团”专家会议，研讨进一步加强培训工作的意见，经讨论并编写适应上海特点的教材，根据教材内容制定教学大纲，同时吸收学校优质教师，扩大培训师资队伍。其次，与社会组织合作，完善培训机制。协会与各体育专项单位积极对接，合作开展体育运动指导队伍的培养，以及项目的普及推广工作，不断吸纳专业健身指导员、职业教练、运动员加入社会体育指导员队伍，建立起多领域专业化的团队，完善了社会体育指导员培训体系，交替开展二级、三级社会体育指导员培训工作，紧密对接社会需求，引领群众参与全民健身活动，构建新时代社会体育指导员培训教育的新格局。

（二）落实培训工作机制，做好等级培训工作

在市体育局的指导下，按计划做好培训组织工作。由市里协助做好国家级社会体育指导员培训，组织一级社会体育指导员培训；区里组织二级、三级社会体育指导员培训。同时，改革社会体育指导员培训机制，加大社会体育指导员的推荐、培训力度，由各区选派一级、二级社会体育指导员骨干参加市级组织的一级、国家级社会体育指导员培训班，形成等级晋升工作机制。

助力乡村振兴，加强农村社会体育指导员队伍建设。为加快推进实施“乡村振兴”战略，提升农村地区公共体育服务供给质量，促进本市体育公共服务均等化，缓解公共体育资源区域间、城乡间分布不均的矛盾，向市民传播体育健身知识，加大对全市8个乡村振兴区社会体育指导员的培训力度，如浦东新区每年完成农村社会体育指导员培训1200人次。

发展壮大全区社会体育指导员队伍，加强指导、服务，使社会体育指导员的数量逐年递增，逐步分布合理、指导有方。2016年共举办65期（批）社会体育指导员技术等级培训班，培训3870人次，2019年共举办95期社会体育指导员技术等级培训班，总培训5265人次，培训人数不断增加。2020年

受新冠肺炎疫情的影响，社会体育指导员等级培训采取线上与线下相结合的形式，培训工作有所创新。截至 2020 年底，全市共有社会体育指导员 62086 名，其中包括国家级社会体育指导员 469 名，一级社会体育指导员 1903 名，二级社会体育指导员 10727 名，三级社会体育指导员 48987 名，占常住人口比例的 2.5‰。

（三）加强再培训，提高指导服务水平

以各项技能培训为抓手，对已取得资质的社会体育指导员开展再培训工作，增强其服务意识，提高其技能水平与指导服务能力，建设高素质社会体育指导员人才队伍。2017 年再培训达 4600 余次（期），参加再培训的社会体育指导员达 82060 人次。2018 年以第三网络层面（社区指导站）为单位组织的再培训 4294 次（期），参加培训的指导员达 95100 余人次。通过再培训，社会体育指导员的整体素质不断提高，指导服务能力不断增强。

三、开展健身指导服务，满足多元化需求

在加强社会体育指导员队伍建设的基础上，协会通过各区、各社区指导站组织、激活社会体育指导员队伍，突出健身技能指导服务，参与管理和其他志愿服务，发挥社会体育指导员在全民健身活动中指导健身技能和宣传科学健身知识的作用，并通过不断扩大社会体育指导员志愿服务面，提高上岗指导服务率，增强市民参加健身锻炼的意识和效果，推进群众体育向科学化、生活化、社会化、多元化的方向发展。截至 2020 年底，全市已形成 3 万多支体育健身团队，有 37000 余名社会体育指导员活跃在健身团队和公共体育服务岗位上。据统计，60 多万名市民参加健身团队的健身活动，锻炼率不断提高，健康指数稳步上升。

（一）建立市区两级配送机制，满足各类健身指导需求

开展大众喜闻乐见的体育健身项目配送，形成以广场舞、健身气功、太极拳为特色的大众健身活动，开展健身课堂、村居课堂和科学健身大讲堂，以满足当下各类人群的健身需求。

1. 健身课堂

为弘扬和传承中华民族传统文化，深入培育践行社会主义核心价值观，满足机关干部职工日益增长的精神文化需求，缓解工作和生活压力，促进干部职工身心健康，广泛开展健康课堂。2020 年上海市首次开展“中华传统健身项目（八段锦）进机关活动”，选派 10 名优秀健身气功指导员，配送“八段锦”功法培训指导至 21 家机关、事业单位，累计授课 1100 多课时，受益干部职工达 200 余人。

2. 村居课堂

为扎实推进全民健身项目“村居课堂”全覆盖进程，促进多方位、全周期保障群众健康，建立配送网络，扩大配送覆盖面，2019 年开始利用“一镇二品”特色全民健身项目群众基础，招募优秀的社会体育指导员作为村居课堂教师，向村委会和居委会配送广场舞、排舞、太极拳等 18 个项目。村居课堂开展三年以来，累计授课 3000 课时，受益群众近 30000 人次，整体出勤率达 95%以上，基本完成地区村居“全覆盖”。同时，健全工作制度，完善反馈机制。将 80 名课堂教师纳入教师资源库，制定各部门及任教教师责任书，完善工作反馈机制，定期对“村居课堂”开展情况和各级履职情况进行反馈，协调解决“村居课堂”开展的重点难点问题，把推进工作落到实处。此外，强化考核监督，建立长效机制。建立健全“村居课堂”项目考核评价体系及考核奖励制度，重点保障区级、街镇级两级授课教师课时费，并对跨区域教学的教师提供相应路程补贴。

3. 科学健身大讲堂

“益动奉贤”奉贤区全民健身科学指导大讲堂作为服务群众的品牌亮点活动，始创于 2016 年，期间不断推出更多关于健康与健身的新知识、新内容，通过配送方式进企业、进学校、进村居，通过讲座形式普及科学健身知识，传播科学健身理念。至今已举办近 80 场次，线下参与人数近万人，线上点击量超 500 万次，切实打造了体医融合服务体系，大力推进了全民健身与全民健康的深度融合，更好地为奉贤区市民的科学健身和健康生活保驾护航。

（二）深入社区服务，提高服务质量

各区结合实际情况，落实本区配送服务工作。静安区结合体育配送，拓展服务层级，通过与社会体育组织合作，制作并发放了《静安社会体育指导员服务手册》，为家庭、社区、楼宇配送科学健身讲座与体育健身项目培训；杨浦区根据老城区发展环境，以提高市民体质、构建和谐社区为目标，以社会体育指导员为依靠，自2013年起，在四平路街道开始探索新的社会体育指导员工作模式，即推进社会体育指导员进家庭，与此同时，街道坚持深入落实全民健身国家战略和健康中国战略，不断优化辖区内社会体育指导员队伍，将推进社会体育指导员年轻化的工作作为重中之重。

此外，家庭健身指导员服务社区家庭，上门为离职和退休的人群无偿提供健身指导服务。通过长期坚持，他们的身体健康状况得以改善，生活质量得以提高，同时“运动是良医”“科学健身”等理念也得以传播。原本蜗居在家的一群人，逐渐走出家庭，参与社区的各项活动，建立了新的社交圈。其中一部分人，通过街道培训和自学，成为一名具有资质的社会体育指导员，进而加入服务社区的队伍。

（三）整合社会资源，完善指导服务体系

奉贤区创新举办“悦动贤城”全民健身运动荟，支持社会体育组织在基层更多更好地组织、开展跑步、骑行、游泳、广场操舞等群众参与度高的全民健身活动；强化赛事导向，充分利用新媒体平台大力宣传，营造人人关心、参与、支持运动荟的氛围，扩大赛事知名度和参与率；聘请专业评审团队为区全民健身运动荟进行评估评审，经市评估公司审核最终确定入围的项目，后期补贴审核两年的活动成果材料。运动荟通过有限的财政投入，有效激增了社会组织、赛事公司的办赛活力，整合了区内外优质资源，带动了更大规模的社会资金投入全民健身事业，为广大市民提供了多渠道、宽领域的展示、竞技、交流的平台。进一步激发了体育社会组织的活力，有利于逐步增加面向大众的专业化服务数量，提高面向大众的专业化服务水平，解决群众健身的“末端堵塞”，打通联系健身群众、服务健身群众的“最后一公里”。

为提升广大群众科学健身普及化水平，青浦区依托健康促进服务中心

（2022 年改名），探索“体医结合”道路，日常开放中每年服务 1 万余人次，举办科学健身讲座 10 余次、沙龙 100 余次、体质监测 200 余次，服务超 3000 人次。同时，开展健身指导、名医义诊及健康咨询等 200 余项次指导服务，全年惠及群众约 1 万人次，在普及全民健康生活方式、科学健康检测评估，以及推动运动处方和健康方案的制订等方面都做了积极的探索。各部门和社会组织积极协作，优化资源配置和服务供给，使青浦区体医融合发展向前迈了一步。

（四）营造全民健身氛围，开展多元健身活动

在新冠肺炎疫情防控期间，为营造全民健身氛围，开展多元健身活动，浦东新区利用东岸滨江特色文化、旅游景点，融入多样运动元素，借助互联网技术与新媒体传播，邀请了 16 名世界冠军、国家级运动健将、优秀社会体育指导员、健身“达人”，在东岸滨江望江驿“会客厅”，通过爱奇艺、百度、优酷等 6 个新媒体平台，进行了 11 期“望江驿 · 遇见”网络直播，推广普及太极拳、健美操、花样跳绳等体育运动项目，并在东方财经 · 浦东频道播出，积极倡导主动健身、科学健身的健康生活方式，为后疫情时代的全民健身热潮鼓劲造势。

四、加强社会体育指导员队伍管理，提高上岗服务率

（一）加强社会体育指导员队伍建设，培养骨干力量

一方面，加强社会体育指导员队伍建设。不断壮大社会体育指导员队伍，优化队伍结构，积极吸收社区和社会上热爱体育、热心体育健身活动的积极分子，吸引更多专业人士加入社会体育指导员队伍。例如，通过与上海体育学院联合开展培训，积极吸纳体育专业学生成为社会体育指导员，促进社会体育指导员队伍朝年轻化、多方位、技能型方向发展。为了完善社会体育指导员队伍专业化建设，青浦区社会体育指导员协会在社会体育指导员培训工作中开展体医融合特色培训项目，向其提供健康生活、科学运动以及康复治疗等指导服务，将体育与医学充分融合，让健康贯穿运动始终。

另一方面，大力发展培养一批区体育健身骨干队伍。以组织参加各级各

类全民健身活动为契机，各区在选派政治上过硬、组织能力强、有服务意识的社会体育指导员骨干到市里学习包括木兰拳、广播体操、健身气功和彩球操培训等新健身项目的同时，积极在本区内举办各类健身项目推广培训班，邀请市里专业老师授课。

（二）创设更多服务岗位，有效提升社会体育指导员上岗率

各区纷纷采取措施，促进社会体育指导员开展社会体育指导活动。例如，为破解社会体育指导员“活跃度低、上岗率低”的问题，在区体育局扶持下，黄浦区社会体育指导员协会通过创新上岗模式、加设科学指导站点、参与街道楼宇体育活动等措施，让社会体育指导员更多地参与科学指导、赛事活动、体育培训、体质检测、共享空间日常管理等工作，有效提升了社会体育指导员的上岗率。此外，社会体育指导员上岗实行责任制，来自黄浦区 10 个街道的社会体育指导员每周轮流上岗，负责全区 485 个社区体育健身苑点的日常签到和报修，有利于促进市民的日常健身和发挥社会体育指导员的作用，进而真正达到推动体能锻炼的目的，为群众健身提供保障。

目前，上海市社会体育指导员已初步形成设施管理维护、健身技能指导、赛事活动服务与运动健康指导四个服务方向，既有明确的服务分类，又全面参与了全民健身活动，为接下来探索社会体育指导员改革工作专项化探索打下了基础。

（三）搭建信息管理平台，实施信息化管理

探索建立社会体育指导员网络信息管理系统，加强社会体育指导员小程序开发应用，实现社会体育指导员网上管理、注册、培训报名、培训签到打卡、交流学习活动、上岗服务项目的线上申请，实现网络全覆盖的协会工作服务模式，完善志愿服务考核、评价表彰奖励规范实施，逐步实现社会体育指导员管理工作走向规范化、便捷化、制度化、科学化。

五、健全支持保障体系

为肯定社会体育指导员在开展全民健身指导服务中的贡献和作用，实施表彰奖励制度，搭建社会体育指导员交流展示平台，组织参加全市和全国社

会体育指导员技能交流展示活动，不断提高社会体育指导员队伍素质与技能水平。

（一）维护社会体育指导员权益，健全服务保障体系

为维护社会体育指导员权益，消除其在岗指导服务期间的安全隐患顾虑，市协会依托信息化服务，健全服务保障体系，为在一线上岗注册的社会体育指导员购买人身意外保险，并加强每位社会体育指导员的危险预防和安全教育，不断加大其工作保障措施力度和范围。为一线在岗的社会体育指导员配置统一标志服，不断改善其工作条件，2017 年春节前统计并给注册的 1400 多名一级社会体育指导员配发标志服，2019 年在各区发放二级、三级社会体育指导员标志服的基础上，对前两年审批并在岗指导的一级社会体育指导员配发标志服。

（二）组织参加社会体育指导员技能交流展示活动，提高其服务水平

组织开展上海市社会体育指导员技能交流与展示活动，以赛促评，通过比赛规范健身动作，激发其自我提高与学习的动力，提高社会体育指导员队伍素质与技能水平。除自身和市组织的“城市业余联赛”“全民健身日”和节假日健身展示交流活动，2016 年在华东师范大学体育馆举行上海市社会体育指导员健身技能展示交流大会，2019 年举办上海市社会体育指导员技能展示大赛，全市各区社会体育指导员直接参加和带领健身团队参加比赛，赢得社会上的广泛赞许。

同时，组织本市社会体育指导员参加全国社会体育指导员技能交流与展示活动，加强与各地社会体育指导员的交流，学习外省市经验，提高本市社会体育指导员服务水平与指导能力。2016 年，组织上海队到重庆参加全国社会体育指导员健身技能培训展示交流大会；委托闵行区组队到安徽省池州市参加由国家体育总局社会体育指导中心举办的全国社会体育指导员交流展示大赛。2018 年，派出金山、嘉定、静安等区的指导员团队参加在珠海市、重庆市等地举办的全国社会体育指导员的交流比赛活动并获得优异成绩，扩大了上海社会体育指导员在全国的影响。

（三）实施表彰奖励制度，提高社会体育指导员服务积极性

为肯定社会体育指导员在开展全民健身指导服务中的贡献和作用，根据

市协会制定的表彰奖励制度规定，对作出成绩的一线社会体育指导员和社区指导站给予一定的表彰和奖励，除坚持两年一次市协会开展评选“十佳”和“百名”优秀社会体育指导员工作，区和社区指导站每年开展一次表彰外，还结合技能展示与比赛活动，对优秀社会体育指导员进行表彰。例如，2016 年结合市民运动会，评选出 60 名市级优秀社会体育指导员；2020 年在全市社会体育指导员技能展示大赛中，评选出 60 名优秀社会体育指导员并给予表彰。

六、做好宣传激励与保障工作，营造良好氛围

弘扬优秀体育文化是体育发展的重要途径，在普及全民健身工作中充分发挥社会体育指导员的引领作用，利用平面媒体、新媒体等宣传平台，加大社会体育指导员宣传力度，报道优秀社会体育指导员的先进事迹，及时发布社会体育指导员工作和活动信息，宣传、树立社会体育指导员良好公众形象，提高社会认知度，增加社会体育指导员对自身身份的归属感与自豪感。例如，黄浦区社会体育指导员协会充分利用区域内社会体育指导员的资源，开展系列体育科普讲座，并连续四年打造“TALK 体育人”文化品牌，挖掘更多体育人的故事。

七、工作效果

（一）社会体育指导员队伍不断壮大，结构持续优化

截至 2020 年底，我市经过正式培训的公益性社会体育指导员已达 62086 人，约占常住人口的 2.5‰。通过几年的摸索和努力，我市逐步改善了以往社会体育指导员老年化的局面，当前社会体育指导员队伍年轻化、专业化，高学历指导员比重不断提高，并且男性的比例也有所增加。培养了一批年轻的社会体育指导员，包括辖区内各大学、中小学校、医院、派出所、城管、企事业单位、商务楼宇及工会中的中青年文体负责人，不仅提升了社会体育指导员队伍的整体文化素养，而且使社会体育指导员队伍人员结构多元化。他们分布于全市各区各个单位、体育协会和健身团队中，凭着对全民健身活动的极大热忱，积极宣传健身知识，热情辅导健身技艺，在社区各类体育活动的组织中发挥了积极作用，促进了体育运动在社区的深入开展，传播了科学

的健身理念，成为上海市全民健身活动的生力军。

（二）社会体育指导员工作全面落实，形成多种特色的工作模式

发挥社区指导站作用，为区域内社会体育指导员开展、组织健身技能培训和服务提供平台，社会体育指导员可定期指导群众科学健身，组织群众体育活动，强化居民主动健身意识，提升身心健康水平，丰富精神文化生活。

杨浦区街道强化党建引领，推进社区体育枢纽式管理，建立了党支部，并积极发挥其作用，构建了三级工作网络机制。一是由街道分管领导任组长的工作领导小组，加强领导与协调、主导创建工作；二是由社区指导站具体实施创建工作，制定社区指导站的组织架构、管理制度、服务公约、工作台账等；三是组建由社会体育指导员骨干组成的社区指导站管理工作组，具体承担各类体育健身组织、宣传、培训、指导等工作。

奉贤区首创健身设施“我建设，你管理”的“点长制”管理模式，从社会体育指导员名单中确认 493 名健身苑点“点长”，并落实点长责任制，对全区所有体育设施点位点长“定人、定岗、定责”，着力探索体育设施的“动态化管理”；制定《奉贤区社区公共体育设施点长工作制度》《奉贤区社区公共健身点点长岗位职责》等制度，规范点长制工作流程，明确点长岗位职责，不断完善点长考核机制；组织各街镇成立“1+1+N”专业管理团队，即一名体育干部、一名专业维护人员、N 名健身点点长，建立健全巡查日志，定期对辖区内健身点位进行全覆盖巡查维修，有效排除设施安全隐患，为社区公共体育设施提供有力的组织保障。

黄浦区在一大批骨干的带动下，全区全民健身的气氛愈加热烈，为广泛开展各类全民健身活动打下了良好的基础。在社会体育指导员培训中开展种类丰富、形式多样的主题活动，根据不同时间节点开展相应的活动，如党建观影等，丰富了社会体育指导员学习培训生活，增强了其对协会的认同感与归属感，切实提高了黄浦区社会体育指导员协会的凝聚力。

（三）健身指导服务全市覆盖，服务内容多元化

社会体育指导员是公益性社会事业，需要在政府的管控下制定目标，做好计划，有序实施推进。截至 2020 年底，社区设施巡查人员中有 50% 为社会

体育指导员，参与健身指导服务的人数日益增多，社会体育指导员在全民健身公共服务体系中的作用日益明显，在传授健身技能、组织健身活动、宣传科学健身知识，以及提高居民体质和健康水平等方面发挥着重要作用。营造了良好的全民健身环境，参与体育运动的人数不断增加，居民健康素养提高、锻炼意识增强。

杨浦区街道强化党建引领，推进社区体育枢纽式管理，保障工作向各层次推进，形成了“家庭健身指导员”的工作模式。通过近几年社会体育指导员进家庭工作的开展，刷新了人们对社会体育指导员的传统认识。推行降低运动门槛行动，因地制宜地开展体育运动，真正把“体育生活化”渗透到每个家庭，让“体育生活化”在社区形成氛围。当前街道基本建成了一支年轻化的社会体育指导员队伍，其中高学历以及男性的比例均有所增加。

（四）赛事活动辐射扩大，形成品牌效应

上海具备体育赛事市场化发展环境，体育局推进政府、社会、市场“三轮”驱动，改革社会体育组织扶持补贴方式，搭建体育健身赛事活动平台。

各区群众体育重点推动传统体育项目，普及“一镇二品”全民健身特色项目，如奉贤区自2012年在全区范围内开展“一镇二品”全民健身项目创建活动，积极培育普及各街镇社会体育指导员，打造了一批群众参与广泛、组织实施规范、独具地域特色的健身品牌项目，目前已在13个街镇形成排舞、秧歌、打连厢、滚灯、舞龙等“一镇二品”项目25个，全年共开展区级培训9批次、镇级培训15批次，组织参加市级培训4批次，参与人数达2000余人次，在全区形成了丰富多彩、各具特色的社区体育文化，真正做到了广覆盖建设品牌健身活动、宽领域开展全民健身活动、多渠道提供优质健身服务的宗旨，为广大群众提供了一个健康快乐的体育精神展示平台。

江苏：多措并举，提升社会体育指导员培训质量

——江苏省社会体育指导员工作经验总结

“十三五”时期，江苏省体育局积极贯彻落实《全民健身计划》《社会体育指导员管理办法》，推动形成“党委领导、政府主导、部门协同、全社会参与”的大群体格局，积极推进社会体育指导员队伍建设，扎实构建全民健身公共服务体系。社会体育指导员工作紧紧围绕全民健身基本公共服务均等化目标，主动履行政府职能，广泛倡导无私奉献、服务社会的理念，坚持面向基层、面向社区、面向农村的工作方针，解放思想，创新思维，建立了整合院校、协会力量的社会体育指导员培养主体体系，融合了培训与再培训“双轨”运行的培训体系，形成了兼顾运动技术能力与健身健康指导能力的内容体系，探索了线上线下相结合的培训模式，建立了公益服务与奖励激励的认同促进体系，社会体育指导员长效管理机制初现雏形。截至2020年底，江苏省社会体育指导员累计超过30万人。遍布全省、人数众多的社会体育指导员队伍，为开展各类群众体育项目提供了坚实基础，为指导百姓科学健身、丰富群众身边的赛事活动、满足人民群众日益增长的美好健身需求提供了充足的人才保障与智力支持。现将亮点和工作经验总结如下。

一、建立科学规范、分级分类的社会体育指导员培训体系

社会体育指导员是全民健身活动的领头雁，是全民健身志愿服务的主力军。江苏省高度重视社会体育指导员的培训工作，将其纳入全民健身设施计划、体育强省建设、体育事业发展规划等相关重要文件中，按照“面向基层、服务大众、以用为本、创新发展”的原则，建立了面向社会需求、注重事前调查、借助多元力量、常态化开展的社会体育指导员培训体系。

（一）完善制度规定，统筹谋划社会体育指导员培训工作

为落实《社会体育指导员管理办法》，江苏省在2012年结合省情出台了《江苏省社会体育指导员管理办法》，设立了社会体育指导员培训专项资金，并于2019年制定了《江苏省社会体育指导员培训专项资金管理暂行办法》，为社会体育指导员培训工作的开展提供了可靠保障。

（二）强化需求导向，事前开展培训内容调查

江苏省社会体育指导员培训工作以满足群众和基层需要为出发点，每年都征询基层意见和社会需求，在此基础上制订年度培训计划，确定培训内容，同时根据体卫融合等新要求，在原有专项技能内容的基础上新增了健康生活方式、急救知识、健身路径器材使用等一般培训内容，做到了与时俱进。

（三）注重梯队建设，实现省、市、县分级联动

江苏省社会体育指导员培训采用省、市、县三级联动的方式，在积极承接国家级社会体育指导员培训的基础上，落实社会体育指导员分级管理责任，督促指导市、县加强一级以下社会体育指导员的培训晋级工作，扩大队伍人员基数，丰富人才储备，做到好中选优，为其晋升一级和国家级社会体育指导员夯实基础。

（四）坚持分类培训，提高培训实效

匹配基层需求确定培训项目，对于有一定群众基础、待推广项目，以及各地自行创编、健身性较强、参与度较高的项目，进行不限级别混编培训；对于广场舞、健身气功等群众需求大、参与人数多的项目，扩大培训规模，增加培训期次，如广场舞项目的培训层层下沉直到社区，充分满足群众期盼。建立培训班主任负责制，加强过程管理，严格考试考核，听取学员建议，不断提升培训质效。

二、完善以人为本、持续优化的社会体育指导员再培训体系

江苏省社会体育指导员工作不仅重视一次性的培训与等级认定，更注重

根据社会需要和社会体育指导员自身成长与能力提升需求，在全国率先开展再培训工作。“十三五”时期，江苏省本级共投入经费3142万元，对32802名一线社会体育指导员开展了再培训。

（一）适应新需求，启动一线社会体育指导员再培训

随着时代进步与形势发展，为满足群众不断增长的新需求，自2013年起，江苏省在全国较早启动了社会体育指导员轮训工作。在2019年7月，江苏省体育局会同省发展改革委联合制定的《关于进一步促进体育消费的行动计划（2019—2022年）》中明确提出要“加强全民健身志愿者队伍建设”，每年对4000名一线社会体育指导员进行免费健身技能再培训。再培训由此作为常态性任务被纳入省体育局每年工作计划中。

（二）多方借力，提升一线社会体育指导员技能再培训工作水平

积极依托全省乃至全国各体育院校和部分高校的体育教师和专家，深入探索符合江苏省实际的教学方式方法。通过对一线社会体育指导员进行再培训，更新其理论知识，拓展其健身技能，更好地为健身群众提供指导服务。2016年再培训总人数为10061人次，再培训项目31个，再培训期数达112期；2017年再培训总人数为10891人次，再培训总项目37个，再培训期数达126期。2018年起从注重数量向更加注重质量和内涵的方向转变，对项目数、人数和期数进行适当缩减，同时新增电子竞技、轮滑、户外运动、健步走等新兴时尚项目的培训，受到广泛欢迎。

三、探索展示交流、评选奖励的社会体育指导员激励体系

江苏省高度重视社会体育指导员管理和服务工作，“十三五”时期，通过加强考核、举办活动、增加交流、注重宣传、搭建平台等多元化的方式方法，激发社会体育指导员活力。

（一）加强考核激励

2016—2020年，持续将社会体育指导员工作纳入每年县级体育重点工作督查指标，强化全省各地社会体育指导员工作的考核评估，进一步强化对社

会体育指导员工作的管理与指导。与江苏省全民健身运动会相结合，探索建立全省社会体育指导员工作表彰制度，定期评选100名忠于职守、甘于奉献，自觉参加学习和培训，积极从事社会体育活动，在健身群众中有一定影响力的最美社会体育指导员，以评促建，充分调动社会体育指导员工作的积极性。

（二）开展交流活动

在不断完善全省社会体育指导员培训工作的基础上，通过举办各类形式多样的技能交流和风采展示活动，激发社会体育指导员投身全民健身志愿服务的责任感、使命感和荣誉感。2016—2020年，每年举办江苏省一级社会体育指导员技能交流活动，鼓励社会体育指导员参加交流比赛、项目展示和视频演讲，聘请专家现场点评，为社会体育指导员搭建展示交流、切磋技艺、增进友谊的平台。组织全省优秀社会体育指导员赴北京学习交流，鼓励各地举办各具特色的社会体育指导员技能展示和参观交流活动，引导优秀社会体育指导员积极参与志愿服务。同时，抓好社会体育指导员宣传工作，树立社会体育指导员良好的公众形象，提高社会认知度，扩大社会影响。

（三）吸纳专技人才

江苏省体育局2016年印发了《关于开展专项技能人才申报公益社会体育指导员称号工作的通知》，规定由国家体育总局认定、江苏省具备开展条件并具有一定群众基础的运动项目的等级教练员、等级裁判员和职业社会体育指导员可以申请公益社会体育指导员称号，以更好满足不同层次、不同人群多元化的健身服务需求，推动探索群众体育与竞技体育、公益服务与职业人才融合发展。

（四）建立智慧平台

随着科技互联网的飞速发展和新冠肺炎疫情常态化形势对全民健身工作的影响，江苏省社会体育指导员工作主动识变、应变、求变，探索建立互联互通、共建共享的社会体育指导员智慧管理体系，不断提升全民健身公共服务智慧化水平。目前已初步建成省社会体育指导员平台，分为管理平台和用户小程序，管理平台已经录入全省30多万名社会体育指导员数据，小程序端已经向社会体育指导员开放全民健身志愿服务打卡功能，有效提高了科学健身的指导服务能力、频次和效果，激发了社会体育指导员活力。

社会体育指导员工作是构建更高水平全民健身公共服务体系不可或缺的重要部分，下一阶段，江苏省将继续坚持以人民为中心，进一步发挥社会体育指导员在提高人民身体素质和生活品质中的积极作用，完善覆盖全省、三级联动的培训体系，注重社会体育指导员培训的提质增效；聚焦互联互通、共建共享的智慧管理平台建设，实现注册、培训、打卡、晋升于一体的数字管理系统，进一步规范社会体育指导员发展；探索形式多样的激励机制，加强社会体育指导员宣传报道，不断提升社会体育指导员的认可度、价值感和获得感，吸纳更多群众加入社会体育指导员队伍，让更多的百姓参与健身、享受健身、快乐健身。

安徽：构建“以人民为中心”的社会体育指导员志愿服务体系

——安徽省社会体育指导员工作经验总结

在国家体育总局、安徽省政府及省体育局领导的高度重视和大力支持下，安徽省社会体育指导中心积极开展工作，搭建服务平台，健全培训机制，拓展培训途径，创新培训方式，使社会体育指导员规模进一步扩大，服务质量不断提高，服务范围不断扩大，服务对象不断延伸，努力构建安徽省社会体育指导员志愿服务常态化发展机制，大幅提升社会体育指导员服务全民健身的能力，充分发挥具有良好素养的社会体育指导员技能型人才作用，提高安徽省社会体育指导员认真履行高效服务的社会要求，推动安徽省群众体育事业的高质量发展。现将亮点和工作经验总结如下。

一、创新培训模式，推动社会体育指导员工作新进步

以满足人民群众不断增长的体育需求为主旨，以适应新常态、打造新体育、开创新局面为主题，以“调转促”为主抓手，不断强化“奉献他人，收获快乐”的志愿服务理念，继续弘扬“奉献、友爱、互助、进步”的志愿服务精神，在社会体育指导员工作的内涵上做文章，在外延上下功夫，努力开创社会体育指导员工作新局面。

（一）开展“巡回教学，送教上门”推动社会体育指导员培训向一线深入开展

“巡回教学，送教上门”，一级社会体育指导员培训活动采取“点菜单”的形式，由各市体育行政部门按照基层群众的喜好上报健身技能培训需求，省社会体育指导中心选派优秀社会体育指导员“上门服务”。打破以往的限额

分配、包干制度，以需求为导向，当地的基层社会体育指导员只要符合条件都可以参加培训，每一站采取“敞开式”教学，除了培训学员外，当地的健身爱好者也可以到现场聆听参与学习。“送教上门”的培训形式因地制宜，面向基层，群众受益，注重实效，加强了社会体育指导员队伍建设的同时，提高了基层队伍的健身技能水平，引领了更多群众加入健身队伍，真正发挥了社会体育指导员“五者”的作用。2016—2020 年，共举办了 30 多次“送教上门”活动，共计培养来自基层的一级社会体育指导员近 4000 人。

（二）分级、分类、分项集中培训，注重社会体育指导员均衡协调发展

1. 采取分项目培训，满足大众健身多元化需求

将一级社会体育指导员培训和群众喜爱的健身项目有机结合，开设健身操舞、秧歌腰鼓、轮滑、跳绳、柔力球、气排球、瑜伽等适合不同年龄、不同人群健身需求的社会体育指导员专项培训班。充分发挥单项协会作用，带动各类健身项目在全省的发展。

2. 采取分类培训，加强与社会公共部门融合，拓宽社会体育指导员人群范围

加大与社会公共服务部门的联合，支持鼓励在大、中、小学的体育教师、社区文体工作者、卫生医疗部门、特种行业中培养发展社会体育指导员，主要目的在于实现体育与教育、卫生、文化的跨界整合、融合发展，进一步发挥各类社会体育指导员在社区管理、健康促进、养老服务、文化服务、科普教育等工作中的作用。近年来，举办了戒毒所戒毒干警、乡镇文化站站长等一级社会体育指导员培训班、国民体质测试一级社会体育指导员培训班、体医融合和体教融合社会体育指导员培训班，同时将现有的医疗战线专家、专业体育教师等不同行业人群，“变成”社会体育指导员志愿服务队伍中的成员，强化社会体育指导员队伍的专业素质和水平。

3. 注重薄弱地区，不断强化基层社会体育指导员队伍建设

以问题为导向，注重向乡镇、行政村等薄弱地区倾斜，着力解决目前社会体育指导员发展中存在的不平衡、不充分的问题。社会体育指导员在城市

的发展已经比较充足，但是在农村乡镇还比较缺乏、薄弱。为此，一是和省委组织部合作，联合举办了五届大学生村官一级社会体育指导员培训班，共计培训500余人。大学生村官通过组织开展群众性体育活动、筹建健身站点和协会、维护健身场地和器材、宣传科学健身知识，以其自身实际行动影响和带动当地的农民群众投身体育活动，丰富了基层群众体育文化生活，有力推动了农村体育发展。此外，举办了多期乡镇综合文化站站长社会体育指导员培训班，着力发挥基层单位的公共文化服务功能，在农村培养社会体育指导员，积极为“乡村振兴”作贡献。

二、创新工作方式，拓展社会体育指导员志愿服务形式和内容

切实发挥社会体育指导员科学健身指导的积极作用，提高一线社会体育指导员的上岗率，不断推动全民健身志愿服务活动广泛深入开展。

（一）成立安徽省全民健身志愿服务总队，拓展志愿服务形式和内容

2017年成立了安徽省全民健身志愿服务总队，并要求各市、县成立分队，分别深入社区、企业、学校、机关、乡镇开展志愿服务活动。2018年省体育局下发文件，在各市的考核工作中，要求各市依托社会体育指导员协会或“服务队”开展全民健身志愿服务活动，省级不少于8次，市级不少于5次，县级不少于3次，进一步推动全民健身长效化机制的形成。

例如，阜阳市依托阜阳市社会体育指导员协会成立了“志愿服务分队”。2017年以来，组建了5支志愿服务小队，成立了4个社会体育指导员志愿服务基地。颍州区程集镇大申庄、颍泉区新建社区、颍州区龙潭社区、颍泉区飞龙驾校志愿服务基地，为社区晨晚练点所需健身项目提供技术培训和科学健身讲座。2016—2020年，开展送体育下基层，进乡镇、校园、企业、社区、各晨晚练点、单位进行广场舞培训、科学健身指导、健康讲座，自费到敬老院、农村慰问军烈属，每年志愿服务活动不少于20场。新冠肺炎疫情期间，社会体育指导员志愿服务队还参与了社区值班、捐赠物资等活动。

（二）推动“三位一体”的志愿服务活动模式

一级社会体育指导员培训课程分为理论课、实践课、培训学员进基层进

行志愿服务三个部分。三位一体的培训模式，让社会体育指导员直接参与志愿服务中。2018—2020 年各类志愿服务进基层活动达 24 次，走进 16 个社区、11 个乡镇，5000 人直接参与其中，赠送服装 500 多套、器材 700 件，参与媒体 90 家、发稿 350 余篇。

（三）提升社会体育指导员志愿服务效果，着力培养“三能”社会体育指导员

社会体育指导员其中一项重要作用就是科学健身指导，培养一批能看懂体质测试报告、能了解运动处方、能指导科学健身的“三能”社会体育指导员，是今后社会体育指导员发展方向之一。将社会体育指导员的志愿服务融入“体医融合”，真正发挥其在全民健身公共服务体系中的重要作用。

为贯彻落实《全民健身条例》《“健康中国 2030”规划纲要》《安徽省全民健身实施计划（2016—2020 年）》《“健康安徽 2030”规划纲要》，在全国率先打造体医融合和慢病健康干预的示范点。2017 年安徽省体育局决定在合肥市庐阳区启动体医融合试点，试点工作包括 106 名糖尿病、高血压、高血脂等慢性病的患者，这些患者通过专业的医学体检和健康体适能测评后，由医疗、运动专家开具相应的运动处方，再让社会体育指导员承担具体的健康干预工作。近 5 个月的健康干预实践中，社会体育指导员选择健身操、健身气功八段锦、广场舞 3 个项目作为干预方案，坚持每周两天为受试者传授健身方法和技能，同时给予线上线下的专业健身指导。在社会体育指导员的精准指导下，许多慢性病患者掌握了适合自己的健身方法，养成了经常健身的良好习惯，逐步走上了健康之路。

随着对体医融合工作的积极探索，2020 年经省体育局研究，选择在合肥市肥西县、阜阳市界首市、芜湖市弋江区开展体医融合深化试点工作（表 1）。其中，芜湖市弋江区干预成效显著，经过 5 个多月的体医融合试点工作，芜湖市培育了基层健康人才队伍，60 名社区医生与 95 名社会体育指导员接受了初级运动处方师培训。在初级培训的基础上，对考核成绩优异的前 100 名社区医务人员和社会体育指导员骨干进行了中级运动处方师培训，社会体育指导员对慢病患者进行的志愿服务工作取得了较好的成绩，得到大众一致好评。

表 1　体医融合慢病干预试点情况

序号	地点	启动时间	完成情况
1	合肥市庐阳区	2017 年 8 月	优秀
2	芜湖市弋江区	2020 年 8 月 29 日	优秀
3	阜阳市界首市	2020 年 7 月 31 日	完成
4	合肥市肥西县	2020 年 9 月 8 日	完成

界首市在原国民体质监测站的基础上建立科学健身指导中心，已完成以“科学健身指导中心—社会体育指导员—晨晚练点”为主线的科学健身网络建设，市区范围内晨晚练点全覆盖。社区居民通过科学健身指导中心体质测定与科学健身指导服务后，可由科学健身指导中心工作人员推荐至相关健身晨晚练点或自身居住地就近选择健身晨晚练点，从而让社区居民通过科学健身指导中心和晨晚练点有机结合，真正实现让科学健身指导服务深入广大社区，走进社区群众的日常健身场景中，进一步提升了界首市全民健身活动开展的深度与广度。

三、创新激励机制，助力社会体育指导员志愿服务常态化发展

2016 年与媒体合作，开展了 20 名“全省最佳社会体育指导员”评选工作。先由市民主推荐 40 名优秀社会体育指导员候选人，在报纸上刊登候选人志愿服务先进事迹，开设微信投票渠道，其间共有 590 多万人参与了投票活动。

2017—2019 年，安徽省加大表彰力度，开展了“百名优秀社会体育指导员”评选活动，并且要求各市所辖县、乡镇、行政村社会体育指导员名额比例不得低于 30%。省体育局授予“全省优秀社会体育指导员”称号，颁发荣誉证书，发放服装，参加全省群众体育工作会，给予全省通报表彰。其中，登报表彰“十六佳社会体育指导员”先进事迹，将“给待遇、给荣誉、给地位”三给政策落到实处。

四、构建社会体育指导员志愿服务长效机制的未来方向

（一）信息化管理是构建志愿服务长效机制的重要抓手

部分社会体育指导员想进行志愿服务，却得不到足够的志愿服务机会；而想被指导的健身人群，又不知该去何处寻求社会体育指导员的帮助，志愿服务的信息获取渠道相对闭塞。进行网络化管理，将有利于社会体育指导员资源的整合和管理，有利于对志愿服务的过程进行实时把控，目前全国社会体育指导员管理平台已完成开发，正在试运行阶段，安徽省的“智慧体育”平台已在创建，将解决“去哪健身”“找谁健身”“为谁服务”的问题，全省社会体育指导员实现信息化、网络化管理指日可待。

（二）营造良好环境是构建志愿服务长效机制的着力点

社会体育指导员志愿服务要想有长足的发展，必须在社会体育指导员本身和营造良好社会环境上下功夫，将志愿服务理念扎根在每一个社会体育指导员心中。志愿精神是我们中华民族的传统美德，也是被时代赋予的一种精神力量，通过传统与现代媒体相结合的方式，打造“社会体育指导员明星”效应，对志愿服务进行宣传，让广大群众和社会体育指导员深刻理解志愿服务实质，促进志愿服务活动的开展。

（三）注重社会体育指导员的综合能力和素质的培养

社会体育指导员来自不同年龄段、不同行业。将线上与线下的培训相结合，充分利用信息化手段，发挥在线理论与实践资源优势，在一定程度上解决了线下培训中出现的不足和问题。除了教师一对多的培训模式，还可以邀请优秀社会体育指导员为新学员培训“现身说法”，将具体的志愿服务案例和心得体会与大家分享，带领新学员实地参观志愿服务场地等。

充分发挥各级社会体育指导员培训基地的作用，加强“培训基地”的师资力量建设，使培训工作向科学化、规范化方向稳步发展，培养更多的有专业理论、专业实践的高水平的社会体育指导人才。社会体育指导员志愿服务过程中，在颁发证书之前，会对其进行一次系统的专业培训，让学员对社会

体育指导员志愿服务工作的各个环节进行充分的了解；志愿服务正式开展前，还要对其专业技能进行继续培训和教育，实时模拟志愿服务环境，设置志愿服务过程中可能会遇到的问题，为正式服务打下基础；在实施志愿服务实践后，再根据工作中遇到的问题开展定期培训，根据全民健身过程中的新政策、新任务、新要求，及时更新培训的内容。

（四）优化激励机制，激发社会体育指导员志愿服务热情

社会体育指导员要将自己所掌握的健身方法和健康运动理念等，通过志愿服务传授给更多人，将理论知识付诸实践行动当中，这是一种动能的转化过程。在社会体育指导员志愿服务过程中，有效的激励能促使社会体育指导员激情焕发，让他们进行志愿服务的动力更加充足。要想全力挖掘社会体育指导员志愿服务的热情，必须要优化激励机制，对社会体育指导员的激励措施包括以下三个方面。一是精神激励。社会体育指导员在志愿服务过程中，得到群众和管理机构的认可，给予他们参与工作决策和发表意见、建议的机会。二是物质激励。虽然社会体育指导员开展志愿服务并非为了获得金钱报酬、荣誉嘉奖等，但是对其在志愿服务中产生的交通、食宿给予一定的补贴是有必要的，对社会体育指导员的岗位补贴可采取政府补贴的形式，根据社会体育指导员志愿服务的时长划分补贴标准，按月或按季度进行补贴。三是健全保障机制。社会体育指导员在培训过程中接受安全培训是十分必要的，他们应具备基本的安全知识、急救知识和处理突发事件的能力。在开展志愿服务之前，相关管理部门应该积极与保险公司合作，为社会体育指导员购买人身保险、意外保险等商业保险。同时，建立起志愿服务安全保护网，确保社会体育指导员的生命财产安全，有效消除其后顾之忧，保证志愿服务活动的长效机制落到实处。

五、结语

随着社会的快速发展和政府职能的不断转换，社会体育指导员发展已不能满足新时代群众的健身需求，不足以包含新形势下对社会体育指导员的职责要求。就目前现状来看，队伍的建设、管理至关重要。当然，社会体育指导员志愿服务常态化与长效机制的构建不是简单的项目，需要政府、社会、

个人等多方支持，共同作用。任何一个制度、理论、思想随着时代的发展都需要不断完善，社会体育指导员志愿服务工作也是如此，希望通过不断探索，寻找新的运行模式，突破瓶颈，做好站点建设，做实基层服务，在政府主导下，充分发挥社会体育指导员服务大众、服务社会的作用，推进社会体育指导员工作升级发展。

广东：打造基层服务站点，夯实社会体育指导员工作根基

——广东省社会体育指导员工作经验总结

2011年10月9日，国家体育总局公布了《社会体育指导员管理办法》，并指出该文件于2011年11月9日起施行。自此，在国家体育总局和各级体育部门的高度重视和共同努力下，广东社会体育指导员工作实现了大发展，全省社会体育指导员人数由“十一五”时期的7.6万人增加到34万人。社会体育指导员在开展健身指导、健身宣传活动方面取得了十分可喜的成绩。与此同时，如何进一步加强对社会体育指导员的管理，创新社会体育指导员队伍的建设和发展思路，大力引导社会体育指导员开展全民健身志愿服务，是发展初期乃至今后仍需深入研究的课题。2012年，广东省体育局创新举措，在全省乡镇（街道）开展社会体育指导员服务站建设工作，为社会体育指导员工作的转型发展，不断构建更为完善的全民健身公共服务体系打下了坚实的基础。

一、社会体育指导员服务站点的建立现状

（一）社会体育指导员服务站点的定义

社会体育指导员服务站是建立在乡镇（街道）、全民健身组织层面的社会体育指导员服务平台。乡镇（街道）社会体育指导员服务站是指由乡镇（街道）政府体育主管部门指导成立并经县（市、区）体育主管部门批准的社会体育指导员服务站。社会体育指导员服务点是建立在公园、广场、体育中心、场馆、社区中的社会体育指导员服务平台。

（二）社会体育指导员服务站点的特点和作用

从社会体育指导员队伍构成，以及人力资源管理的角度来讲，各地社会

体育指导员分布较为分散，不易集中组织，大多呈松散管理模式。除了体育部门按照《社会体育指导员管理办法》对社会体育指导员注册、培训、活动等环节进行管理外，还依托乡镇（街道）政府承担社会体育指导员在属地（居住地）的一部分管理工作，并成立专门的组织开展工作，让其成为“社会体育指导员之家”，对社会体育指导员作用的发挥起到了良好的促进作用。因此，乡镇（街道）服务站从构思到建立和发展，其主要功能定位都是管理好乡镇（街道）辖区的社会体育指导员，引导社会体育指导员面向群众，以固定时间、固定项目、固定人员、固定地点的方式，为群众提供免费体育健身服务。此外，还包括配合体育部门和乡镇（街道）政府组织群众参与全民健身活动；在辖区公园、广场、社区等地开设配套服务点；组织辖区社会体育指导员开展培训、交流展示等活动。

乡镇（街道）服务站是构建省、市、县、镇级社会体育指导员服务网络体系中的基层单位，是广东省社会体育指导员工作体系的重要组成部分，丰富和完善了广东省全民健身公共服务体系。乡镇（街道）服务站指派社会体育指导员在各个服务点开展丰富多彩、形式多样的群众性体育活动，为群众提供优质的健身指导服务，让越来越多的群众能够便利健身、科学健身、文明健身，满足了群众对身边体育服务的需求，维护了群众体育健身权益，在推动全民健身事业发展中起到了重要作用。

（三）社会体育指导员服务站点建立情况

根据《广东省全民健身实施计划（2011—2015 年）》提出的“乡镇（街道）建有社会体育指导员指导站”的要求，为更好管理分布在各县（区）的社会体育指导员，引导他们就近便利开展公益服务，扩大健身指导覆盖面，切实发挥社会体育指导员作用，广东省体育局于 2012 年印发《关于开展社会体育指导员服务站建设工作的通知》，决定在全省乡镇（街道）开展社会体育指导员服务站创建工作，将乡镇（街道）服务站作为发动社会体育指导员广泛开展体育健身志愿指导服务的管理平台。自此，全省乡镇（街道）服务站点建设工作蓬勃开展。截至 2021 年，全省建有乡镇（街道）服务站 1317 个，占全省 1586 个镇街总数的 83%。其中，珠江三角洲 598 个、粤东 265 个、粤西 253 个、粤北 201 个。乡镇（街道）服务站下设 3 个以上健身指导服务点，每个点设有 3 支以上健身队伍，共建立健身指导服务点 10072 个。服务点与省、市、县、乡镇（街道）等组织，构成了五级社会体育指导员服务网络架构。

（四）社会体育指导员服务站点建设要求

乡镇（街道）服务站建站条件包括必须有固定的办公场所（可依托文化站合署办公），有开展工作所需的办公设备，有 3 名以上兼职的社会体育指导员开展指导工作，站长须由当地镇（街）负责体育工作的领导兼任，常务副站长由具有一定组织、管理、协调能力，热心为群众服务的社会体育指导员担任。服务站建设和工作经费以本级财政投入为主，体育彩票公益金补充为辅，也可以通过承接政府购买服务，或者发动社会企业介入社会体育公益事业，以承办、合办、协办、赞助等多渠道多形式筹集服务站经费。建站形式可依托综合文化站或体育组织建站，也可独立建站。

每个乡镇（街道）服务点有 1 名负责人，每支健身队伍至少有 1 名社会体育指导员骨干。每个健身指导服务点均设立服务牌匾，标明服务点名称、负责人、健身团队项目负责人、联系电话、项目活动时间等信息。

健身指导服务点选点优先考虑当地知名度较高的文体广场、公园社区和社会体育组织的群众性健身活动聚集点。建点后自行登记或上传至广东省全民健身信息系统办理服务点在册登记。

二、社会体育指导员服务站点工作举措

（一）纳入政策法规

省级体育行政部门为实现服务站跨越式发展，推动服务站建设纳入政策法规，为服务站工作开展提供有力法治保障，构建了系统化制度措施体系，强化了政策的引领作用，规范和促进了乡镇（街道）服务站组织、管理、培训、服务、保障、活动、指导等建设。2019 年 7 月实施的《广东省全民健身条例》规定县级以上人民政府体育主管部门应当对社会体育指导员工作提供支持和保障，加强社会体育指导员服务站、服务点建设和管理，设立公益性岗位，发挥社会体育指导员的健身指导作用。广东省政府印发的《广东省全

民健身实施计划（2016—2020 年）》提出，加强乡镇（街道）社会体育指导员服务站及村（社区）社会体育指导员服务点建设，引导社会体育指导员开展健身指导、健身宣传活动。

各地市、区（县）体育部门、乡镇（街道）人民政府结合本地区实际情况，制定促进乡镇（街道）服务站发挥作用的政策和措施，合理安排服务站所需经费，支持乡镇（街道）服务站开展辖区全民健身工作。

（二）多元化用人和管理模式

各地乡镇（街道）人民政府注意整合社会体育力量，吸纳社会体育组织人员、健身指导服务点负责人、社会体育指导员骨干、传统体育教练员、学校体育教师、有影响力的社会体育俱乐部及文体协管员等掌握体育锻炼、体育比赛、社会体育组织管理理论与方法的人员进入乡镇（街道）服务站，负责培训、活动开展等工作，做到优势互补、形成合力。深圳市、东莞市等志愿服务组织发展较为成熟的地市，尝试在乡镇（街道）服务站点中导入志愿服务人员开展体育义工服务。

乡镇（街道）服务站创建至今，经过不断实践逐步形成三种管理模式：一是由乡镇（街道）领导兼任服务站站长，文化站人员兼任工作人员，形成政府指导下的管理模式；二是由服务站招募社会体育指导员等专业人员担任站长、工作人员，形成自我管理的模式；三是以政府购买服务、划拨专项经费等方式，委托社会体育指导员组织对乡镇（街道）服务站实行统管的委托管理模式。

（三）开展服务点建设

为加强乡镇（街道）服务站建设，规范社会体育指导员管理，鼓励更多社会体育指导员从事健身指导工作，提高社会体育指导员服务指导率，2017 年，广东省体育局印发《关于开展社会体育指导员服务站建设工作的通知》，明确规定建立在公园、广场、体育中心、场馆、社区（村）、企事业单位、学校场地设立五级健身指导服务点的各项指标要求，由服务站引导社会体育指导员到服务点开展服务指导，服务点建设成为社会体育指导员服务站的重要基础工作。

一级服务点：占地面积达 5 万平方米以上的单个公园、广场、体育中心，建有 15 支以上的健身队伍，日活动人数达到 2000 人以上；

二级服务点：占地面积达 2 万平方米以上的单个公园、广场、体育中心及社区（村）、企事业单位、学校的活动场所，建有 10 支以上的健身队伍，日活动人数达到 1500 人以上；

三级服务点：占地面积达 1 万平方米以上的单个公园、广场、体育中心、场馆及社区（村）、企事业单位、学校的活动场所，建有 8 支以上的健身队伍，日活动人数达到 1000 人以上；

四级服务点：占地面积达 5000 平方米以上的单个公园、广场、体育中心、场馆及社区（村）、企事业单位、学校的活动场所，建有 5 支以上的健身队伍，日活动人数达到 500 人以上；

五级服务点：占地面积 5000 平方米以下的单个公园、广场、体育中心、场馆及社区（村）、企事业单位、学校的活动场所，建有 2 支以上的健身队伍，日活动人数达到 100 人以上。

（四）开展综合评估

为推动各地重视乡镇（街道）服务站建设，在经费、人员上给予支持，促进乡镇（街道）服务站发挥职能作用。2014 年，广东省体育局制定并印发《广东省社会体育指导员服务站评估资助试行办法》，每年在全省开展乡镇（街道）服务站等级评估工作。对评估达标的 A、B、C、D 四级乡镇（街道）服务站，省、市分别给予资助经费扶持和授予等级牌匾。2015—2020 年，省级社会体育指导员组织受广东省体育局委托对全省 21 个地市将近 1500 个乡镇（街道）服务站进行等级申报材料审核和实地考察，从组织管理、办公设备、志愿服务、活动开展、经费保障等方面进行综合评估。评估专家组进行实地考察期间，组织乡镇（街道）服务站负责人召开评估会，进行面对面交流，提供指导意见，协助服务站在硬件设施、技术能力、服务指导、经费保障等方面进一步完善。特别是在经费方面，严格核查拨款标准及下拨情况，促成乡镇（街道）政府为服务站工作开展提供更多的支持。

近年来，评估工作重点从初期注重站点硬件设施建设，转到大力引导社会体育指导员在广场、公园、社区开展服务指导上，促使更多的服务站点开展常态化健身指导工作，为群众提供更为普遍经常、更为科学优质、更为周到便捷的体育健身服务，进一步提高了社会体育指导员服务指导率，提升了服务站工作水平和工作能力，推动乡镇（街道）服务站工作不断向前发展。

三、社会体育指导员服务站点工作成效

乡镇（街道）服务站紧密团结辖区社会体育指导员，坚持面向基层、面向群众的服务方向，积极开展培训、健身指导、宣传等工作，取得了明显的工作成效，在推动广东省全民健身事业发展，提高广大城乡居民健康素质，促进社会主义精神文明建设中做出了积极的贡献，成为群众身边具有幸福感、获得感的基层体育组织。

（一）组织社会体育指导员活动

各地乡镇（街道）服务站结合辖区地理特点、人文条件和社会体育指导员状况，以有利于本地体育特色健身项目持续发展为目标，系统梳理活动范围、方式、特点等，编制规范、全面的服务手册、服务清单、服务指南等，采取各种引导举措，加大保障力度，策划开展社会体育指导员各类交流、展示、志愿服务活动，提升社会体育指导员服务效率与水平及影响力，使辖区全民健身服务更便捷、高效、精准。2012—2017 年全省乡镇（街道）服务站组织开展健身交流及志愿活动达 1.5 万次以上，参加群众达 1250 万人次以上，开展了广场舞、健身操、太极拳、健身气功等深受群众喜爱的健身项目。

（二）提供常态化健身指导服务

各地乡镇（街道）服务站依托五级服务点，组织社会体育指导员通过技能教授等方式，推广健身项目及科学健身方法，普及健身知识，为群众提供一站式、综合性学习平台；利用健身讲座形式，针对健身爱好者感兴趣的健身课进行专题辅导，分享健身知识与经验，带动更多健身爱好者参与健身，提高身体素质；定期组织召开社会体育指导员和健身爱好者交流会，及时解疑释惑，服务群众。健身点活动丰富了群众文化体育生活，以点成面形成群众身边集健身和指导服务于一体的社会体育指导员服务区域，受到广大人民群众的好评。

（三）开展服务指导培训

各级体育部门连同乡镇（街道）服务站着力鼓励和引导社会体育指导员在公园、广场、社区，利用自身专业的知识和技能，传播科学的健身知识和方法，指导科学健身。通过开展培训，培养实用型社会体育指导员，提高社会体育指导员队伍质量和为群众健身服务的能力。在培训对象上，重点组织经常在健身广场、健身苑（点）、体育场馆从事健身指导的一线人员和乡镇（街道）文化站骨干、农村文体协管员、各类社会体育组织骨干人员及退休体育教师、教练员参加。针对不同的体育锻炼者制订不同的健身方案，因材施教，确保从事社会体育指导服务的社会体育指导员的素质和水平都达到要求。在培训内容上，以技能培训为主，把辖区群众喜爱的健身项目引入培训内容，如广场舞、健身操、秧歌舞、交谊舞、健身气功、太极拳（扇）、柔力球、气排球、毽球等。

四、社会体育指导员服务站点工作经验

（一）各级领导重视是做好乡镇（街道）服务站工作的保证

广东省体育局一直以来都重视乡镇（街道）服务站的发展，从顶层设计上规划站点人员配置及配套政策措施，扶持、促进乡镇（街道）服务站工作发展。实践证明，各级领导重视是做好乡镇（街道）服务站工作的前提条件。基层领导的重视，如乡镇（街道）领导兼任服务站站长，定期召开会议研究站点工作等，使推动工作落实更加有了基础和保障条件。

（二）充分发挥乡镇（街道）服务站的管理职能

要充分认识乡镇（街道）服务站作为开展全民健身工作抓手的重要性，不断创新工作思路，推出新措施，着力解决制约乡镇（街道）服务站工作的难点。在坚持体育行政部门主导的前提下，充分发挥乡镇（街道）服务站的管理职能，提升对辖区社会体育指导员的管理水平，确保乡镇（街道）服务站工作持续健康发展。

（三）坚持实施评估制度规范乡镇（街道）服务站管理

设置更加科学和合理的指标，加大对乡镇（街道）服务站的评估力度，严格按照评估标准对乡镇（街道）服务站进行评估，促进管理。重点加强乡镇（街道）服务站组织机构和运行机制的建设，强化科学管理、规划发展等方面的建设和发展。积极引导乡镇（街道）服务站创新开展社会体育指导员活动的机制和管理、服务模式，进而提高其开展社会体育指导员管理和服务等事务性工作的能力，形成充分发挥辖区社会体育指导员作用的可持续发展的管理模式，丰富社会体育指导员活动的管理和创新。

（四）逐步完善各级服务点建设

要继续推进服务点建设，逐步推广普及服务点面向服务对象的“四个有”（有“社会体育指导员服务点”牌子，标明社会体育指导员的姓名、联系电话、等级、指导项目和服务指导时间；有活动制度；有音响设备；有工作服装），为服务群众搭建平台、创造条件、提供保障，提高群众的满意度，提升公益服务效果。

温州："硬功夫"与"软实力"碰撞，实现全民健身数字化转型

——温州市社会体育指导员工作经验总结

温州市作为社会力量办体育改革唯一试点城市，在落实全民健身国家战略和《体育强国建设纲要》的同时，积极推进和完善全民健身公共服务体系向数字化延伸，利用数字化手段将百姓健身房运营和社会体育指导员上岗履职融合起来，不断满足人民群众对体育健身的新需求，走出了一条全国范围内可推广、可复制的温州全民健身公共服务新路子。

一、百姓健身房工作（硬功夫）

百姓健身房建设是温州市体育局2017年开始落实的一项民生实事工程，"公益、便民、齐全"是百姓健身房建设的三大关键词。百姓健身房的建设，旨在鼓励市民积极健身、科学健身，传达"体育让生活更美好"的理念。从前期调研、初步成型、逐步完善到全面推广，历时4年。如今，温州百姓健身房将作为"温州样本"走向全国。

（一）前期调研

2017年3月，温州市社会体育指导中心组织人员走访了全国全民健身房建设先进城市——上海市，同时对温州市中心区各体育部门上报的拟建百姓健身房选址进行了摸底踩点，并收集了群众对于百姓健身房的意见建议，形成了总结报告。

1. 上海市全民健身房工作经验

（1）投入和选址方面

①上海全民健身房每家健身设备约 80 万元，由上海市体育局一次性投入，设备使用周期为 5 年；每年每家全民健身房还有 20 万~30 万元不等的补助经费，全民健身房每周必须公益开放 56 个小时，其余时间根据自身情况进行自主运营。②上海全民健身房较多的是和社区活动中心相结合，面积为 300~500 平方米，配置一个力量训练区、一个有氧训练区和一个操房（100 平方米左右）。③除了常规场地外，个别全民百姓健身房还利用地下停车场或小区楼顶等非常规地形进行有效建设。例如，普陀区的曹杨社区健身房通过改造原为停助动车和自行车的地下室，装上新风系统，确保通风和含氧量；杨浦社区建设在 11 楼的办公楼里，在给办公室的 2000 多名工作人员提供健身的同时还允许周边的市民来健身。此类改造有效解决了场地紧缺的问题。

（2）管理方面

上海全民健身房目前合作模式有三种：①社区或社区体育俱乐部自主管理；②社区或社区体育俱乐部和第三方运营公司合作经营；③委托第三方运营公司或个人经营。三种模式各有利弊，如社区或体育俱乐部自主经营会出现教练员短缺的问题。

2. 已建成社区健身房总体情况及群众意见建议

（1）瓯海东瓯社区百姓健身房有关情况

①总体情况。瓯海区首家社区健身房在东瓯社区成功落地，该健身房选址为小区一楼架空层，面积约 150 平方米，健身器材 10 余件，投入资金约 11 万元（标示、宣传 1 万元，装修 5 万元，健身器材 5 万元）。②存在的问题。一是因为器材经费投入有限，部分器材非商用型，经过频繁使用将带来损坏率高、居民健身体验差的问题；二是采购的力量训练器材未设保护装置，存在安全隐患；三是场地未配备门禁系统和专业的社会体育指导员，管理还不完善。

（2）群众意见建议

①总体表示欢迎。瓯海东瓯社区健身房投入使用当天对小区居民进行了

随访，大多数小区居民对百姓健身房开张表示欢迎和认可，在家附近就可以方便地锻炼，有效解决了健身场地和器材不足的问题。②相关意见建议。一是社区健身房的理念是向所有的市民开放，但该社区健身房建设在小区内就只能针对小区居民进行开放，如若完全对外开放，势必将影响小区管理，成为小区安全隐患；二是社区健身房场地所有权为全体业主，应免费向小区居民开放。若因配备社会体育指导员等原因需要向居民收费，需进一步考虑是否存在不合理、收费标准如何确定等问题。

3. 百姓健身房布点建议

温州市社会体育指导中心组织人员对鹿城区、瓯海区、龙湾区、经开区、洞头区体育部门上报的50家百姓健身房拟建设地点进行了细致摸查，针对不同的面积、健身人群流量、示范社会效益及投入的专项经费等方面进行了综合评估后提出以下建议。

（1）百姓健身房选址必须科学化

首要原则是覆盖更多的人群，尽量建设在小区以外的公共场所，辐射各个居民区；其次场地布局要合理，场地面积不能过小，原则上应在150平方米以上（至少不能低于100平方米），场地需分有氧训练区、力量训练区及操房。

（2）百姓健身房建设必须规范合理

①统一标牌标志，百姓健身房须设计统一的Logo、牌匾、指示牌等，以便一目了然、整齐规范。②器材配置要合理，根据场地特点及大小，以及受益人群的特点来选择健身器材；固定投入经费应分装修、器材及配套电器等几项。③为确保产品质量和售后维护，健身器械品牌需统一，并且要提供高效的售后服务体系。有氧类器械如跑步机、椭圆机及动感单车等器械必须采购商用型器械（因最受百姓喜欢、使用频率高、耗损大）；器材必须带有安全保护功能，防止市民锻炼时发生意外事故；所有健身设备必须有报废周期，建议5年为一个周期。

4. 经费投入建议

根据市局布置出特色、制作出精品，同时提出覆盖市区各个区域的建议：

将百姓健身房进行分类建设，分别予以不等的经费投入。经费投入分为市、区两级，各投入一定的建设经费予以充分保障。

一类百姓健身房：该类百姓健身房作为本次布局的最高标准，建议将其打造为百姓健身房示范点。场地面积必须在200平方米以上并根据功能需求建设有氧健身器材区、力量建设器材区及舞蹈房。预计投入每家30万元左右（健身器械约20件，其中市级投入15万~20万元）。

二类百姓健身房：该类百姓健身房作为本次布局的中等标准，场地面积在150平方米左右，预计投入每家15万元左右（健身设备约10件，其中市级投入8万~10万元）。

三类百姓健身房：主要分布在市区各大文化礼堂内，预计投入每家5万元（健身设备4~5件，其中市级投入2万~3万元）。

5. 运营管理建议

（1）总体原则

为明确管理责任，便于百姓健身房管理运营和维护，更好地为周边居民提供优质的锻炼场所，建议百姓健身房采用市级指导、属地管理的方式。市体育局负责宏观指导，各区体育局负责具体管理和维护，在缺乏社会体育指导员的情况下由市社会体育指导员协会帮助推荐和培训社会体育指导员，服务百姓健身房科学健身指导工作。

（2）管理系统建设

百姓健身房不仅要建设好，更要管理和维护好。因此，建立统一的门禁系统和社会体育指导员上岗服务管理系统是非常有必要的。

①设置统一的门禁系统，让市民采用微信扫码方式进场锻炼。一方面可通过无卡化电子门禁系统实现便民服务；另一方面可通过门禁系统了解开放时长、采集锻炼人群大数据，记录锻炼人数和锻炼习惯等，同时通过门禁系统统一反馈，为下一步工作提供更精准的指导和方向。

②建立社会体育指导员上岗服务管理系统。首先，社会体育指导员在百姓健身房提供服务时通过手机定位打卡上岗，记录服务次数与服务时长，解决了长期以来社会体育指导员有培训、少管理的问题，有效提升了社会体育指导员上岗服务率。其次，为年终评选百佳社会体育指导员、建立社会体育

指导员激励机制提供数据支持。再次，市民可在系统上对社会体育指导员的服务进行评价，便于改进服务，提升群众满意度。从次，为保证安全，一类、二类百姓健身房必须在有社会体育指导员或管理人员在场的情况下才可以开放（三类百姓健身房器材较为简单安全，在无管理人员的情况下也可以开放），此类社会体育指导员必须加强急救知识的培训，以及健身器材维护等方面知识的培训；每个百姓健身房必须安装监控系统、配置急救箱。最后，社会体育指导员协会定时定期针对百姓建身房的社会体育指导员开展培训、考核等工作，提高社会体育指导员的科学健身指导能力。

（3）多元化经营

①建设特色百姓健身房。充分调动各体育协会主动性，由各协会投资开发具有该协会运动特色的百姓健身房（如健身健美协会百姓健身房、自行车协会百姓健身房、羽毛球协会百姓健身房等）。在其对市民开放的同时，增强单项运动项目在我市的影响力。

②鼓励社会力量建设和运营百姓健身房。由企事业单位、公司和个人来投资合办百姓健身房（在设备及装修上将会有更大更专业的投入，后期专业教练的薪酬和服务质量也会更好）。在满足每周公益开放 56 小时的基础上自主经营，同时由各区体育局和社会体育指导员协会进行指导和监督。

（4）百姓健身房维护成本

以一类、二类百姓健身房的日常运营管理为例，维护成本核算如下：健身房配置 2 名以上社会体育指导员轮流管理。建议公益开放时间为上午 8：00—12：00 和下午 14：00—18：00 两个时间段，有条件的晚上可继续开放。每个时间段以支付社会体育指导员 50 元的公益性报酬计算，加上日常支出，全年开放所需的专项经费约为 8.05 万元（包括水电费约 2.4 万元、劳务费 3.65 万元、经营场所意外险和社区活动意外险约 2 万元）。以 2017 年建设一类、二类百姓健身房 15 个测算，需要投入经费 120 万元左右，建议该笔维护经费通过以下 2 个渠道予以解决：①由体彩公益金予以保障；②允许百姓健身房进行一定的低收费（如每次锻炼收取 3~5 元等），收费全额用于百姓健身房的运营和维护支出，不允许产生盈利。

（二）初步成型

经过前期调研考察、吸取优秀经验、形成可行性报告等过程，温州市社会体育指导中心作为主要负责单位开始着手百姓健身房的建设工作。2017 年 8 月，中心对本市五个区（鹿城区、瓯海区、龙湾区、经开区、洞头区）上报的 150 余家健身房拟建点位进行实地勘察，针对不同的面积、健身人群流量、示范社会效益等综合评估，最终确定首批建设 50 家百姓健身房，并将建设方案、分类及点位上报温州市体育局。随后，市体育局发文明确市区百姓健身房建设指标分配相关事项。9 月，温州市社会体育指导中心开始督促健身房场地装修改造工作，推进百姓健身房器材招标及整体形象设计工作。12 月中旬，温州市首批百姓健身房全部建设完成，投入试开放。

（三）逐步完善

2018 年，为了解百姓健身房的使用效果和市民体验，温州市社会体育指导中心组织人员多次开展实地走访，发现实际使用过程中存在诸多问题，如环境差、器材丢失或缺失、场地私有化、无人管理等。针对摸排出的问题，中心提出了相应的解决方案并一一落实到位，为百姓健身房的逐步完善提供了助力。

1. 政策提升

首先，政府按照相关法律法规，将百姓健身房纳入公共体育服务体系，并进行建设规划。其次，出台装修费用奖补政策。目前，百姓健身房由社会力量无偿提供场地，场地使用时间要求至少为 5 年。同时，百姓健身房装修费用由各健身房自行负责，要求结合健身房所在社区的人文精神与生活风格，体现体育健身氛围特点，营造家居式健身环境。考虑到百姓健身房的公益属性，建议加大财政支持力度，在健身房装修验收合格后，给予一次性 10 万元奖补。

2. 硬件提升

（1）门禁管理系统

百姓健身房统一应用门禁管理系统，市民通过微信扫码进出，以便通过后台数据了解各百姓健身房收费标准、健身人数、个体健身频次、健身时长等多项数据，为百姓健身房绩效考核和温州全民健身大数据提供数据支持。

（2）社会体育指导员服务预约系统

随着百姓健身房的发展，群众对社会体育指导员的需求也在日益增长。目前，由于缺乏平台，社会体育指导员难以实现和群众的有效对接，有指导需求的群众难以获得合适的指导，而社会体育指导员上岗履责率偏低。因此，建议开发社会体育指导员服务预约系统，搭建社会体育指导员上岗服务平台，使群众可以通过手机应用预约社会体育指导员服务。

3. 软件提升

（1）加强社会体育指导员队伍专业技能水平

现有的百姓健身房社会体育指导员从数量和质量上难以满足百姓健身房发展需要和市民健身需求。部分社会体育指导员健身指导服务综合能力不足，影响了百姓健身房的服务质量提升。建议由温州市体育局统一组织百姓健身房社会体育指导员进行专项培训，提升其在百姓健身房的指导、服务能力。培训对象涵盖社区体育俱乐部或社会体育指导员小组等相关人员，以加强社会体育指导员队伍的专业化建设，为群众健身提供有力保障。

（2）公共体育配送进健身房

由温州市体育局、温州市体育总会设立公共体育配送专项经费，充分利用各类体育社团的资源，实现资源共享。由各百姓健身房管理团队的组长提出申报，温州市社会体育指导员协会对有需求的百姓健身房进行各种类型的健身讲座、技能教学、国民体质检测等公共体育配送，满足群众科学健身指导服务需求。

（3）健身视频教学

区别于商业健身房，百姓健身房的服务群体更加广泛，其中绝大部分没有健身基础。在百姓健身房试开放过程中，出现了部分市民不会使用、错误使用健身器材的情况。出于保障市民健身安全和维护设备的考虑，建议拍摄器材科学使用和科学健身指导视频，并在每台健身器材上设置视频二维码，使有需求的群众扫描二维码即可观看视频。

(四) 全面推广

经历了一系列的调整和提升，温州市百姓健身房逐渐成为温州全民健身金名片。2020年，温州百姓健身房先后出台全国首创的《百姓健身房管理办法》《百姓健身房星级评定办法》《百姓健身房建设与服务规范》，有了自己的一套建设、管理、运营体系。借着全国社会力量办体育改革试点现场推进会在温州召开的契机，温州百姓健身房已作为温州样本向全国推广。

接下来，市体育局将进一步优化提升百姓健身房品牌，从硬件和软件两方面入手，在硬件方面不断提升百姓健身房的智能化水平，使健身更具科学性、指导性、娱乐性；在软件方面提升宣传服务水平，使百姓健身房成为方便群众健身的好去处、促进邻里交流的好平台、宣传体育文化的好阵地、践行执政为民的好载体。

二、体育指导员管理平台（软实力）

为了解决目前社会体育指导员队伍上岗履职率低、影响力小、社会认可度不高的问题，温州市体育局于2018年开始授权温州市社会体育指导中心与瓯海区体育事业发展中心探索开发"体育指导员"APP，旨在通过信息化手段激活全市社会体育指导员上岗履职服务，解决我市近3万名社会体育指导员"去哪指导？为谁指导？如何指导？"的困惑，为社会体育指导员与健身爱好者搭建了"云桥梁"。

(一) 根据用户需求，搭建社会体育指导员自己的公益平台

1. 社会体育指导员端

社会体育指导员是服务全民健身，指导群众科学锻炼的公益群体。首先，平台根据社会体育指导员的需求，推出了志愿服务、在线复训、签到打卡、电子证书、星级评定和电子商城等模块。平台功能的多样化，使线上服务更加便捷，用户体验更加丰富。2020年全新升级的2.0版本中添加了社会体育指导员星级评定功能，制定了全新的星级评定管理办法，按照星级办法，不同的星级对应不同的报酬标准。这一全新的尝试，告别了传统"唯证书论"

的评价标准，让社会体育指导员公益服务报酬脱离证书等级约束，形成以群众评价为主的评价新标准，真正实现了社会体育指导员多劳即多得的新时代体育服务理念。其次，整合激励资源，突出公益形象，大幅提升履职率。平台激励资源分为物质激励和精神激励，从来源上分为政府资源和市场资源。平台可以实现激励资源的有效整合，礼品可按市、区进行分配，真正突出社会体育指导员服务于社区的工作特性。通过整合全民健身场所、活动公告和健身群众，社会体育指导员可大幅节省寻找指导场所和有健身需求群众的时间成本和经济成本，上岗服务前的一切步骤都可以在手机客户端完成，履职效率大幅提升。

2. 健身群众端

优化平台使用途径，降低市民服务成本，提高使用便捷性。市民通过手机即可搜索到离自己最近的健身场所，并根据自身经济能力选择不同星级的社会体育指导员，通过这一方式可有效激发市民健身热情，降低其试错成本。平台提供的横向、纵向健身数据对比功能和泛社交功能，也将有效提升健身趣味性，吸引更多市民使用。

（二）提升行政效率，让社会体育指导员技能提升精准化

1. 大幅提升体育部门行政效率

平台上线后，体育部门采取购买服务形式，即可借助管理系统，实现培训、管理、激励、退出等功能的数字化、智能化，工作效率大幅提升，人力、物力、精力投入大量减少。

2. 根据健身需求制订指导计划

接入国民体质监测个人数据查询功能，社会体育指导员可根据平台出具的个人健身方案为群众开展科学健身。通过一定周期的锻炼，群众可再次参加体质监测了解健身成果，社会体育指导员可根据前后数据的变化进一步为群众提供针对性健身指导，同时群众每次的体质监测数据均可直接接入手机端，让锻炼效果具体化。

3. 让公益指导服务数据可视化

平台精准采集社会体育指导员服务相关数据，根据其服务次数和服务质

量（评价反馈），实现以区为单位的公益形象排名，该排名可作为群众选择社会体育指导员的依据。今后还将逐步实现将履职排名纳入市、区年度百名优秀社会体育指导员培训指标体系内。

此外，社会体育指导员平台的使用还将充分运用大数据优势，引入数据大屏的概念，打破各个数据端口的信息壁垒，整合全市各健身苑（点）锻炼人数、社会体育指导员上岗履职率、国民体质达标率等数据，通过采集、融合、分析各个服务终端的数据信息，实现数据可视化，实现社会体育指导员和群众间资源的匹配，也让管理人员在数据大屏中直观感受到各项数据的变化，减少数据统计带来的人力、财力资源浪费，同时为主管部门下一步工作计划的调整提供更精确的数据依据，进一步推动政府部门治理能力现代化建设。

经过 3 年的精心培育和大力推广，截至 2021 年上半年，该服务平台在温州市得到了广泛应用，注册指导员人数达 4000 余人；同年 9 月，浙江省体育局参照该平台模式，在"浙里办"体育公共服务平台建立社会体育指导员履职信息报送窗口，至此，温州市社会体育指导员工作全面进入数字化管理阶段。

除了修炼百姓健身房的硬功夫和提升体育指导员管理平台的软实力，温州市体育局还借助社会力量办体育，探索出一条"软硬兼施"的新路子：以温州市 76 家单项体育协会优秀体育专家为班底，吸收温州各大院校的讲师、教授，组建温州市社会体育指导员专家库，对有需求的百姓健身房进行"你点我送式"的公益科学体育教学配送，让市民真正能够在家门口享受到优质的体育教学资源。市民可以通过"体育指导员"管理平台选择附近的百姓健身房和喜爱的社会体育指导员，按时定点签到上课。可以说，百姓健身房与"体育指导员"管理平台的有机结合，创造性地解决了群众对健身场所和健身教练的需求，也实现了社会体育指导员履职率的提升。

如今，社会体育指导员的身影遍布城市的每一个角落，为市民朋友带来"干货满满"的专业服务，百姓健身房里前来健身打卡的群众络绎不绝，蓬勃开展的体育运动、积极参加体育锻炼的市民，让温州这座城市充满朝气与活力，散发出更加迷人的风采。

东莞：建立多元融合服务机制，充分发挥社会体育指导员作用

——东莞市社会体育指导员工作经验总结

社会体育指导员是发展我国体育事业，增进公民身心健康、提高生活质量、建设社会主义精神文明的一支重要力量。一直以来，东莞市大力发展公益社会体育指导员队伍，不断探索社会体育指导员多元融合服务机制，充分发挥社会体育指导员作为群众体育组织者、指导者、传播者的作用，不断提高健身运动专业化水平，构建更高水平的全民健身公共服务体系。据统计，2021 年东莞市共有社会体育指导员 33755 人，对市民开展科学健身指导服务时间累计超 10 万小时。

一、强化问题导向，不断优化服务和保障机制

东莞市文化广电旅游体育局高度重视社会体育指导员的工作，注重从根源上解决队伍秩序混乱、质量参差不齐、上岗率不高等问题。

（一）加强服务站建设

每个镇街均设立一个社会体育指导员服务站，已建立了 33 个社会体育指导员服务站，由 1 名负责体育工作的部门领导兼任社会体育指导员服务站站长，组织社会体育指导员开展健身指导工作。全市 592 个村和社区已选定 600 个社会体育指导员服务点，每个服务点各安排 2 名社会体育指导员为群众进行健身指导。同时，将各镇街社会体育指导员服务站工作纳入年度工作考评，确保工作落实。

（二）加强保障经费

东莞市文化广电旅游体育局专门下发文件，要求各级体育部门根据实际情况下拨相关专项经费，有力保障了社会体育指导员工作的健康、持续发展。

（三）加强组织领导

成立东莞市社会体育指导员协会，会长由专人担任，并配备专职工作人员，制定严谨的组织架构，明确分工，协助各镇街、体育协会服务站有序开展工作。

（四）加强监督管理

各级体育管理部门和协会采取不打招呼的方式对各服务站点进行抽查，对发现的问题及时予以纠正，同时倾听工作人员的声音，协调解决各服务站点遇到的困难。

二、强化与体育协会融合，提升队伍凝聚力和战斗力

社会体育指导员与各类体育协会融合，有利于提升社会体育指导员的专业技术水平，有利于集中为群体提供专业服务，有利于促进队伍的规范化建设。

（一）依托协会成立社会体育指导员服务站，依托协会的单位会员成立服务队

2018 年 3 月，东莞市健美健身协会成立社会体育指导员服务站，同时成立了鼎峰健身服务队、极力健身服务队、力美健健身服务队、X-MAN 健身服务队、007 健身服务队、朗健健身服务队、US 健身服务队。

（二）协会推荐培训学员，与协会融合开展培训工作

发挥协会会员经常参与体育活动的经验及专业技术优势，由协会推荐的人员参与培训，通过培训考核授予称号之后做好归队分组工作，这些队伍可以迅速地参与指导工作。

（三）以协会为平台，带动社会体育指导员上岗

协会为社会体育指导员提供足够的需求信息，提升上岗率，并带动社会体育指导员形成合力，呈现指导服务规模效应。例如，2020 年 11 月，东莞市健美健身协会携 DGBA 社会体育指导员服务站 007 健身服务点队员李洋、张悦，应大朗镇、东坑镇、厚街镇及东莞市社会体育指导员协会的邀请，开展运动损伤及防治的讲座课程。截至目前，东莞市各类体育组织 100 多个，囊括跑步、篮球、网球、足球、乒乓球、体育舞蹈等时下热门的体育项目 20 余类，基本涵盖了群众日常健身锻炼的运动。

三、强化与医疗单位融合，提升市民参与感和幸福感

打造“体质监测、运动干预、科学指导、医疗康复”四位一体的社会体育服务平台，提供定制化的运动健身方案或运动指导服务，尤其对于慢性病及亚健康人群作用明显。

（一）加强部门合作

2021 年，东莞市文化广电旅游体育局与东莞市卫健局经过充分沟通，由市体质测定与运动健身指导站与市中西医结合医院、中堂潢涌医院进行合作，在医院试点建立体质测定指导站；与市、镇、村（社区）医疗融合建设，并将体质测试纳入健康体检范畴，积极推动医护人员参与科学健身指导工作。目前已完成对医生、护士开展的科学锻炼指导培训工作，并授予社会体育指导员称号，让医生及护士具备开具运动处方的能力。

（二）注重分工协作

市民在接受医疗机构运动处方建议的基础上，仍然需要具有运动知识的社会体育指导员的指导。通过当地社会体育指导员服务站联系距离自己最近、最便捷的服务站点，选择自己喜欢的运动项目进行康复训练，形成“体质测定—出具报告—接受指导—体质测试（检验健身成果）”的闭环。这种“医生开处方，社会体育指导员管执行”的模式，让市民享受到了优质、高效、便捷的健康服务，幸福感明显提升。

四、强化与志愿服务融合，营造崇德向善的良好社会氛围

（一）成立体育志愿服务总队

2018 年 6 月，东莞市文化广电旅游体育局与团市委共同支持，东莞市志愿者联合会批准，由东莞市社会体育指导员协会正式成立东莞市体育志愿者服务总队。该队伍以推动全民健身运动为目的，以专门服务“体育活动”为导向，采取“社会体育指导员+志愿者”的发展理念和管理模式，自成立以来发展迅猛，目前已发展分队 11 支，累计发布志愿活动 531 次，人均服务时长达 130. 85 小时，累计时长达 97876. 22 小时。

（二）做好常态化服务

总队结合东莞市“全民健身日”“亚锦赛暨莞马”“市民运动会”和节假日等时间节点，深入各社区、村、企业、学校开展形式多样的全民健身志愿服务活动，服务群众近 10 万人次。同时，开展线上媒体专栏宣传合作，与我市明星体育人、体育大咖携手共同推广全民健身知识，倡导科学、文明的健身方法，构建全民健身服务网络。

（三）开展规范化建设

总队制定《东莞市体育志愿者服务总队章程》《志愿者管理办法》，加强对全市体育志愿服务工作的监督指导。总队要求新增志愿者全部于广东省志愿者平台“i 志愿”上实名注册，由平台为志愿者服务期间购买人身保险，免除注册志愿者后顾之忧。与各镇街体育部门联合举办体育志愿服务培训班达 50 期，进一步提高了志愿者队伍的服务意识、服务能力和服务水平。

◇ 附录 1

“十三五”时期各地区社会体育指导员工作亮点

一、河北省创新培训模式，实施“集中培训+巡回培训”试点模式

河北省集中实践培训是指继续发挥传统一级社会体育指导员培训经验，在针对未举办巡回实践培训的市组织 2 项规定项目（广场舞、太极拳）培训的同时，额外举办小众社会体育项目的实践培训。“集中培训+巡回培训”模式是指在统筹开展集中培训工作之外，额外由省社体中心选派项目专家深入基层，开展“2+3”——2 项规定项目（广场舞、太极拳）、3 项当地特色项目培训活动，与群众面对面进行教学活动。石家庄、沧州、邯郸、保定四市作为首批试点单位进行了创新性尝试，相较于传统培训模式晋级人数少、项目单一的问题，四个试点市结合本土项目特点，破解了基层社会体育指导员晋级工作的瓶颈，显著增加了一级社会体育指导员数量，同时也大幅提高了各市体育主管部门对于社会体育指导员工作的参与度和重视程度。

二、内蒙古自治区成立“基层全民健身服务站”，带动辐射建立多个健身站点

在内蒙古呼和浩特市赛罕区金河镇成立的首家基层“全民健身指导站”，以“全民健身指导站”为核心，带动辐射全镇 29 个行政村的健身站点。通过为指导站配备室内外健身器材、培训社会体育指导员、发展壮大健身队伍、帮助组织体育比赛活动、开展体育文化宣传，把全民健身“七边工程”落实、落地到群众身边，让群众锻炼有场地、健身有指导、活动有组织、宣传有阵

地，打通全民健身服务群众的“最后一公里”。

三、辽宁省组织开展“体育大篷车 农村健康行”活动

辽宁从2013年开始开展体育下乡，2015年前以培训村民健身骨干为重点，2016—2017年，以开展“一镇一品，特色项目进村”活动为重点，2018—2020年，以村、组为重点，扩大农民健身人口。其间，培训健身骨干12800多名，帮助建立和完善村级健身队伍1200多支，赠送健身音响、器材金额达10万多元。首先，通过培训村民健身带头人，提高开展健身活动能力。针对农村生产生活特点，把培训时间尽量安排在春耕前和秋收后的农闲季节，以保证村级骨干参训率。每村安排教练3~4人，每地培训3天左右。培训项目根据地域、民族特点、村民需求各有侧重。体育下乡教学对象不仅是农民，还包括乡镇机关干部、企业职工、学校老师。其次，量身定制健身项目，为旅游村打造亮点。根据乡村健身需求，下乡小分队多次应邀下到大鹿岛、青山沟、獐岛、大梨树等村级旅游景区，开展有针对性的培训健身项目，提高表演技能和与游客互动的能力。景区时常利用篝火晚会、联谊活动与游客互动，吸引了众多游客，带来了可观的经济效益。最后，重视少数民族村培训，让民族文化得到传承和发扬。丹东有39个少数民族，3个民族乡，83万多人。为使民族文化传承和发扬，根据地域、民族特点针对性教学，宽甸县下露河是朝鲜族乡，教朝鲜舞《金达莱盛开的地方》；凤城市大堡是蒙古族乡，教蒙古族舞《天马》；东港市合隆是满族乡，教满族舞《八音波罗》。

四、上海市黄浦区多元化提供社会体育指导员上岗机会

为破解社会体育指导员“活跃度低、上岗率低”的问题，在黄浦区体育局扶持下，黄浦区社会体育指导员协会通过创新上岗模式、加设科学指导站点、参与街道楼宇体育活动等措施，让社会体育指导员更多地参与科学指导、赛事活动、体育培训、体质检测、楼宇体育、设施巡查、共享空间日常管理等工作，有效提升了社会体育指导员的上岗率。黄浦区社会体育指导员协会已与黄浦区10个街道楼宇达成合作，将更广泛地为楼宇职工人群配送体育服务。目前，黄浦区共有485个社区体育健身苑（点），其中淮海中路街道26

个、老西门街道47个、南京东路街道48个、瑞金二路街道48个、外滩街道30个、五里桥街道76个、小东门街道37个、半淞园路街道84个、打浦桥街道64个、豫园街道25个。在黄浦区体育局指导下，区社会体育指导员协会对健身设施开展全面巡查工作，来自黄浦区10个街道的社会体育指导员每周轮流上岗负责各健身苑（点）的日常签到和报修，有利于促进市民的日常健身和发挥社会体育指导员的作用，进而真正达到推动群众体能锻炼的目的，为群众健身提供保障，展现全民健身耀眼的风采。

五、浙江省主动将社会体育指导员纳入全省志愿服务工作体系

为推动社会体育指导员工作上新台阶，浙江省体育局积极与省委宣传部、文明办、民政厅等部门沟通、研讨，将社会体育指导员工作纳入“志愿浙江”工作体系。参与省委宣传部、省文明办和省民政厅等单位联合开展的第2届浙江省志愿服务展示交流会暨项目大赛、全省“5个1”志愿服务宣传推选活动。在2020年推选1个优秀社会体育指导员团队参加省首届志愿服务展示交流会暨项目大赛基础上，2021年选送1个优秀社会体育指导员团队参加浙江第2届志愿服务展示交流会。2021年推送参加浙江省文明办组织的“5个1”志愿服务宣传推选活动中，有1位优秀社会体育指导员获得2021年度浙江省“最美”志愿服务工作者。并且，将政府购买服务的资金用于志愿服务项目，向全省国家级社会体育指导员广泛征集进农村文化礼堂和百姓健身房志愿服务项目信息，经审核后以项目立项的形式，开展由国家级社会体育指导主导，协会协调和配合当地政府及相关组织的全民健身志愿服务行活动，虽然因受新冠肺炎疫情反复影响，计划的活动只能延期，但仍开展了10余次，参与人数上千。

六、江西省多措并举提高社会体育指导员上岗率

江西省建立以指导服务时间和服务质量为主要指标的社会体育指导员荣誉奖章制度，定期开展评选表彰活动，对上岗服务率高、成绩突出的社会体育指导员进行表彰、奖励和破格晋级；为被表彰的优秀社会体育指导员颁发奖牌、证书，并优先配发社会体育指导员统一服装；优先推荐优秀社会体育

指导员参加全国性有关社会体育指导员培训、交流展示、观摩等活动；鼓励有条件的市、县级优先为志愿服务年度积分高的优秀社会体育指导员开展志愿服务办理保险；鼓励市、县级结合本地实际，创新对所属社会体育指导员工作积极性的激励办法，进一步激发社会体育指导员上岗服务的积极性，动员更多社会体育指导员投身基层服务。

七、山东省成立新时代文明实践全民健身志愿服务总队和各市分队

山东省以新时代文明实践全民健身志愿服务总队和各市分队为基础，充分发挥山东省社会体育指导员协会的作用，组建了山东省全民健身志愿服务专家队伍，目前太极拳、健身气功、广场舞等 9 个项目 300 多人的专家队伍成为志愿者培训和志愿服务工作的中坚力量和骨干。在省文明办的大力支持下，省体育局与省文明办联合印发《关于在全省开展“体育志愿 · 文明实践”全民健身志愿服务活动的通知》，并在济南市历下区甸柳社区举行了 2021 年山东省全民健身志愿服务活动启动仪式，推动各市依托新时代文明实践中心，广泛开展全民健身志愿服务活动，逐步打造效果好、有影响、可复制的新时代文明实践志愿服务品牌。按照“活动经常化、服务常态化、标准规范化”要求，结合 3 月 5 日“学雷锋纪念日”、国际志愿服务日、8 月 8 日全民健身日、奥运会、全运会等时间节点，立足基层，深入发动，以“进社区、进农村、进学校、进企业、进机关”等形式，因地制宜举办全民健身志愿服务示范活动。

八、河南省为社会体育指导员提供工作服装、音响、补贴等保障

河南省体育局对于开展社会体育指导员工作积极性高、收效较好的省辖市、直管县社会体育指导工作部门，给予一定的服装和经费支持。自 2016 年，省体育局每年为一线社会体育指导员配发社会体育指导员工作服装及音响设备。2016 年配发社会体育指导员服装 1000 套、大小音响 1500 台，2017 年配发服装 1000 套、大小音响 700 台，2018 年配发服装 1000 套、大小音响 700 台，2019 年配发服装 900 套、大小音响 800 台，2020 年配发服装 3000

套、大小音响 1300 台。省级和各地市体育部门为参加全民健身志愿服务活动、大型全民健身展演活动的社会体育指导员发放服装或每人每次 30~50 元的工作补贴。

九、湖北省开展全民健身美丽乡村行活动

湖北省广泛开展全民健身活动，大力推进美丽乡村建设，实施乡村振兴战略。充分发挥基层社会体育指导员的全民健身引领作用，传授健身方法及健康养生知识，积极引导群众科学健身，将公共服务有效延伸至基层乡村，促进乡村振兴发展，为实现全面建成小康社会作贡献。2019 年省体育局联合湖北广播电视台印发《关于开展“崇尚人人体育　共创美好生活”2019 年湖北省全民健身美丽乡村行活动的通知》（鄂体〔2019〕17 号），在全省 17 个市州开展美丽乡村行活动。每一站活动内容为：组织一次体育节目表演、培训一批基层社会体育指导员、捐赠一批体育用品、组织一次新全民健身工程设施维护保养、检查指导一次基层全民健身制度落实情况。通过开展“湖北全民健身美丽乡村行活动”，各地累计直接参与健身群众 30 万人次，间接带动各地健身群众 150 万人次，影响周边人群 400 万人次。2020 年，在全省 37 个贫困县（市、区）开展了 72 场公益培训，培训 13 个社会体育项目（八段锦、巴山舞、广播操、广场舞、足球等），参与培训讲师近 50 名，参与的基层社会体育指导员达 6179 人，影响周边群众近 10 万人。进一步普及科学健身知识和健身方法，推动全民健身生活化，全方位提升基层社会体育指导员科学健身指导水平。

十、广西壮族自治区社会体育指导员开展体育扶贫工作

广西壮族自治区通过在贫困地区构建“体育+”发展模式，打造赛事扶贫、产业扶贫、设施扶贫、健身扶贫“四轮驱动”模式，充分发挥体育行业在脱贫攻坚战中的优势，形成了体育强区和脱贫攻坚融合发展的精准扶贫路径。在自治区体育局的组织下，来自各行各业的社会体育指导员频频走向“田间地头”，为当地群众送去“体育大餐”。2020 年，广西社会体育指导员基层扶贫活动先后在梧州藤县塘步镇南安村、象棋镇留村等地开展，以第 2

届全国青年运动会街舞冠军李华艳为代表的社会体育指导员们，来到村民中间进行体育技能培训及健康指导，培训项目有陈氏太极拳、田径、花样跳绳、街舞、象棋等，他们用自己的绝活点燃了群众的运动热情，原本的“看客”经过言传身教，也成了科学运动、全民健身的一分子。这是相关活动常态化的一个小小缩影，近年来广西体育惠民工程向贫困地区倾斜，不断扩大体育项目设施在贫困地区的覆盖面，相关部门筹措5.1亿元（含中央和自治区本级安排），实施建设了185个乡镇体育健身工程。同时，体育彩票公益金通过“雪炭工程”“全民健身路径”援建贫困地区，共同助推体育设施完善。这些硬件的提升，成功地将更多村民从麻将桌转移到了运动场，而社会体育指导员们通过技术上的“传帮带”，在软件上帮助乡亲们更好地走进体育大门，培养健身习惯，进一步巩固和扩大了广西全民健身的活动成果。不少村落受益于这样的体育扶持，精神面貌焕然一新，展现了新时代的新风貌，实现了乡村振兴与精神提升的“双丰收”。

十一、西藏自治区开展“六进活动”，助力体育和谐发展

为深入贯彻落实《关于在全区干部驻村工作中开展“送健康、送文艺、送体育”活动的通知》（藏强基办发〔2018〕4号）精神，自治区以全民健身志愿服务“六进”活动为抓手，助力全区群众体育的协调发展。例如，2021年12月1日，由自治区体育局、自治区体育总会主办，自治区社体中心、林芝市米林县人民政府、驻林芝32169部队承办的全民健身志愿服务活动“六进”——进32169部队站在林芝市米林县举行。社会体育指导员将体育惠民工作带到了偏远农牧区，组织部队官兵进行押加、袋鼠跳等趣味运动，充分展现了“军爱民、民拥军、军民团结一家亲”的良好氛围，体现了军地和谐、军民团结的鱼水深情。“六进”活动中，为促进全区全民健身事业的和谐发展，不仅选派了优秀社会体育指导员现场指导，也根据相关单位的具体情况，带去了数额不等的体育器材，为基层全民健身事业发展提供了有力支撑。

十二、甘肃省加强制度建设，为服务提供保障

甘肃省社会体育管理中心根据省社会体育指导员工作的开展情况，印发

了《甘肃省社会体育指导员管理办法》，为社会体育指导员参与志愿服务提供了制度保障。一是要求专人对社会体育指导员进行管理。以文件形式要求各市州体育主管部门和县区体育部门在社会体育指导员工作管理上配备专干，以加强当地社会体育指导员工作。二是建立各级指导员协会和各类基层文化体育组织。建立各级社会体育指导员协会，承担体育主管部门委托的社会体育指导员服务等工作。同时，各级体育主管部门可以委托社会体育指导员协会等体育社团组织和基层文化体育组织，承担社会体育指导员管理的具体工作。三是提出培训次数要求。要求各市级和县区体育主管部门每年至少开展一次以上二级、三级社会体育指导员培训，培训经费由当地体育彩票公益金支付。四是对培训人员身份提出要求。参加各级社会体育指导员培训的各类学员，按照岗位比例组织培训，其中健身站（晨晚练点）健身项目带领人占60%，体育教师与体校教练员占20%，体育健身场馆指导与服务人员占10%，体育系统业务管理干部占5%，高校体育专业在校学生等其他人群占5%。五是提出服务保障。要求各级体育主管部门应将社会体育指导员工作纳入本区域体育工作规划，列入工作考核评价体系，为管理工作和开展志愿服务提供必要保障。此外，体育局每年对社会体育指导员管理与培训部门（单位）暨优秀管理者进行评选表彰，每两年对优秀社会体育指导员进行评选表彰，并实行以奖代补的政策，予以奖励。

十三、青海省打造“民族团结志愿服务行”品牌活动

青海省制订全民健身“民族团结志愿服务行”方案，以全省已组建的社会体育指导员志愿服务队为基础，充分发挥体育“强身健体、交流互助、增进团结”的功能，通过全民健身志愿服务“进机关、进校园、进企业、进乡村”的“四进”活动，打造全民健身“民族团结志愿服务行”品牌。根据各地区需求和志愿服务“盲区”，计划组织省级社会体育指导员志愿服务队赴西宁、海东、海西等9个地区开展不同类型的志愿服务活动下基层和体育项目推广活动，督导各市（州）、县（区）志愿服务队积极开展百场次以上的科学健身指导服务，积极策划实施社会体育指导员健身指导服务试点计划。年内拟联合1~2个健身活动开展得好、群众组织力强的县（区）或街道社区，策划制定社会体育指导员健身指导服务试点。通过以点带面，不断满足人民

群众健身健康需求。

十四、宁夏回族自治区社会体育指导员“疫”线冲锋见初心，逆行担当记使命

新冠肺炎疫情暴发以来，居家科学健身对体育工作提出了新的挑战和新的使命。宁夏体育局立即吹响“集结号”，号召宁夏体育人积极投入疫情防控工作，宁夏社会体育指导员闻令而动、迅速响应、勇于担当、甘于奉献，义无反顾地投入疫情防控阻击战中。据不完全统计，宁夏社会体育指导员开展居家科学健身指导志愿服务活动412人次，累计捐款23万多元，录制了336条居家科学健身视频，浏览量达850万余人次，带动各市、县（区）开展了形式多样的线上健身活动，掀起了全民健身活动热潮，真正地起到了示范引领作用。同时，广大社会体育指导员积极加入抗“疫”前线，如社会体育指导员（退役军人）王晶组建“橄榄绿”爱心车队，专门为奋战一线的医务人员提供免费接送上下班志愿服务；社会体育指导员陈志平召集宁夏各地信鸽协会纷纷慷慨解囊，合计捐赠99000元，统一汇入湖北省红十字会；社会体育指导员黎萍、舒彦桂同志积极主动加入宁夏援助湖北医疗队；社会体育指导员姜宝林、郭杰两人自新冠肺炎疫情暴发后始终坚守在防控一线的隔离区工作一个多月；郝政带领5名社会体育指导员加入退役军人志愿服务活动，到疫情防控一线守护等。宁夏体育社会体育指导员在抗疫过程中，充分展现了体育精神，彰显了体育力量，传递了体育正能量，体现了责任担当，真实地描绘了体育人的底色。

十五、新疆生产建设兵团多项举措激发社会体育指导员服务积极性

首先，场地保障。除城市规划建设有大量的公共健身场所、公园外，各社区、企事业单位体育场馆尽量开放，服务于社会体育指导员。市大型体育场馆在空闲时段也可提供给社会体育指导员以日常训练、培训使用。其次，奖励措施。对积极从事社区服务，从事健身指导、组织参赛、参与活动等工作的社会体育指导员们，会评选优秀，评定一定的荣誉称号，或给予服装、

背包等奖励。再次，社会认同。对社会体育指导员指导的工作成效、组织的活动、参加的比赛成绩通过大会表扬，海报宣传，专题活动宣传，晚会表演机会，微信、QQ 等网络平台推送等方式进行大力宣传报道，让无私奉献的社会体育指导员们获得一定的社会认同，有必要将义务从事社会体育指导工作作为社会体育指导员的一项基本职责，鼓励他们为社会体育无私奉献。从次，培训、晋级、比赛等机会的提供。每年都会从大量指导员中选择优秀者进行免费培训、学习；优先给予优秀者晋级的机会；有比赛任务，或大型活动都会从优秀的社会体育指导员或组织中进行选择，并给予一定的经费支持。最后，福利保障。社会体育指导员虽然是一项无私奉献的职业，但也要考虑市场经济的发展需要和今后社会体育指导员提供服务方式的不断变化，进一步建立与加强福利保障制度。

◇ 附录 2

社会体育指导员相关政策

社会体育指导员管理办法

第一章　总　则

第一条　为了促进社会体育指导员队伍发展，规范社会体育指导员工作，发挥社会体育指导员在全民健身活动中的作用，根据《中华人民共和国体育法》《全民健身条例》，制定本办法。

第二条　本办法所称社会体育指导员，是指不以收取报酬为目的，向公众提供传授健身技能、组织健身活动、宣传科学健身知识等全民健身志愿服务（以下简称志愿服务），并获得技术等级称号的人员。

第三条　国家对社会体育指导员实行技术等级制度。

社会体育指导员技术等级称号由低到高分为：三级社会体育指导员、二级社会体育指导员、一级社会体育指导员、国家级社会体育指导员。

第四条　各级体育主管部门应当组织和推动社会力量支持社会体育指导员开展志愿服务，依法保护社会体育指导员的合法权益，加强社会体育指导员工作的宣传，扩大社会体育指导员工作的社会影响，对取得显著成绩的社会体育指导员给予表彰、奖励。

第二章　组织管理

第五条　国家体育总局主管全国的社会体育指导员工作。县级以上地方体育主管部门负责本行政区域内社会体育指导员工作。

各级体育主管部门应当将社会体育指导员工作纳入体育工作规划，列入工作考核评价体系，为社会体育指导员开展志愿服务提供保障，依法对社会体育指导员工作进行管理、指导、监督。

社会体育指导员由其开展志愿服务所在地的县级体育主管部门实行属地管理。

第六条 各级体育主管部门可以委托社会体育指导员协会等群众性体育组织和基层文化体育组织（以下简称委托的组织），承担社会体育指导员管理的具体工作。

具有较好社会体育指导员工作条件和能力的全国性和省级行业、单项体育协会，经向国家体育总局和省级体育主管部门申请并获得批准（以下简称经批准的协会），可负责相应等级社会体育指导员培训、审批等工作。

第七条 建立全国性和地方性社会体育指导员协会。

社会体育指导员协会应当依据法律、法规和协会章程，加强社会体育指导员队伍建设，为社会体育指导员提供服务，反映社会体育指导员需求，维护社会体育指导员的权益，承担体育主管部门委托的社会体育指导员管理工作。

社会体育指导员自愿加入开展志愿服务所在地的社会体育指导员协会。

第八条 各级各类体育组织和国家机关、企业事业单位和其他组织应当支持社会体育指导员开展志愿服务，并提供条件和便利。

第三章 培训教育

第九条 社会体育指导员培训教育分为技术等级培训和继续培训。

培训教育费用由各级体育主管部门或经批准的协会承担。

第十条 国家体育总局制定社会体育指导员技术等级培训大纲，组织编写培训教材，确定培训办法。

地方各级体育主管部门和经批准的协会可根据实际需要，组织编写补充培训教材，并报上一级体育主管部门备案。

对社会体育指导员传授的体育项目有技能标准要求的全国性单项体育协会负责编写该体育项目技能培训大纲和技能培训教材，制定该体育项目的技能标准，报国家体育总局批准后执行。

第十一条　社会体育指导员培训教育工作由社会体育指导员培训基地承担。

各级体育主管部门和经批准的协会应当在体育教育机构中批准设立相应等级的社会体育指导员培训基地，并对培训基地开展培训教育工作情况进行指导、监督、评估。

第十二条　地方各级体育主管部门、经批准的协会或委托的组织应当对报名参加社会体育指导员技术等级培训的人员进行审查，对符合条件的人员进行培训，对培训合格人员颁发证书。

各级体育主管部门、经批准的协会和委托的组织应当每年举办 1 次以上社会体育指导员继续培训，并举办社会体育指导员工作交流和展示活动，提高社会体育指导员的思想素质和业务能力，为参加人员颁发证书或证明。

第四章　申请审批

第十三条　开展志愿服务并符合条件的人员，均可依照本办法的规定，申请授予或晋升相应的社会体育指导员技术等级称号。

第十四条　各级体育主管部门或经批准的协会按照社会体育指导员技术等级标准，批准授予相应等级社会体育指导员称号：

（一）县级体育主管部门批准授予三级社会体育指导员技术等级称号；

（二）地（市）级体育主管部门或经批准的省级协会批准授予二级社会体育指导员技术等级称号；

（三）省级体育主管部门或经批准的全国性协会批准授予一级社会体育指导员技术等级称号；

（四）国家体育总局批准授予国家级社会体育指导员技术等级称号。

第十五条　申请授予或晋升社会体育指导员技术等级称号的人员，应当向开展志愿服务所在地的县级体育主管部门、经批准的省级协会或委托的组织提交下列材料：

（一）申请书；

（二）社会体育指导员技术等级培训合格证书，或高等体育专业学历、体育教师、职业社会体育指导员、教练员、优秀运动员资质证书；

（三）所在单位或体育组织的推荐书；

（四）申请晋升的，需提交原技术等级证书；

（五）单项体育协会对申请人所传授的体育项目有技能标准要求的，需提交该体育项目的技能培训合格证书；

（六）参加继续培训、工作交流和展示活动的证书或证明。

第十六条 受理社会体育指导员技术等级称号申请的县级体育主管部门、经批准的省级协会或委托的组织负责审查申请人提交的材料，并将申请批准授予权限范围外等级称号人员的材料逐级提交。

第十七条 各级体育主管部门和经批准的协会按照批准授予权限，对申请材料进行审核，在收到申请材料 3 个月内做出批准授予的决定并予以公布。对未予批准的询问和申诉，应当予以答复。

第十八条 被批准授予或晋升技术等级称号的社会体育指导员，由批准的体育主管部门或经批准的协会颁发证书、证章。社会体育指导员技术等级证书、证章由国家体育总局统一制作。

第五章 注册办理

第十九条 县级体育主管部门或委托的组织是社会体育指导员注册机构，免费办理社会体育指导员的登记注册、工作注册和迁移注册。

社会体育指导员注册通过国家体育总局社会体育指导员信息管理系统进行。

第二十条 注册机构应当为社会体育指导员建立档案，保证档案信息准确、完整和安全。

第二十一条 社会体育指导员应当自被批准授予或晋升技术等级称号之日起 30 日内，持社会体育指导员技术等级证书，到开展志愿服务所在地的社会体育指导员注册机构办理登记注册。

第二十二条 社会体育指导员在每年第四季度进行年度工作注册。

社会体育指导员开展志愿服务所在的基层文化体育组织、群众性体育组织或国家机关、企业事业单位和其他有关组织开具其志愿服务情况证明。

社会体育指导员在 1 个年度内超过半年未开展志愿服务或志愿服务少于 30 次，不予年度工作注册。未进行工作注册的，不得申请晋升社会体育指导员技术等级。

第二十三条 社会体育指导员离开原注册地开展志愿服务，应当办理迁出和迁入的迁移注册。

第六章　工作保障

第二十四条　各级体育主管部门应当在本级事业经费预算中列支社会体育指导员工作经费，在体育彩票公益金中安排一定比例的资金作为社会体育指导员工作经费，并随着体育工作经费的增长逐步加大对社会体育指导员工作经费的投入。

各级体育主管部门应当为有关组织开展社会体育指导员工作提供补助经费，并对农村、贫困地区和民族地区予以倾斜。

第二十五条　基层文化体育组织应当提供必要的社会体育指导员工作经费。

鼓励社会对社会体育指导员工作提供经费、捐赠和赞助。

第二十六条　各级体育主管部门应当明确基层文化体育组织、群众性体育组织和全民健身设施的管理单位配备社会体育指导员的数量和等级要求，组织社会体育指导员依托各级各类体育组织和设施开展志愿服务。

第二十七条　地方各级体育主管部门应当有组织地将社会体育指导员委派到基层组织或单位开展志愿服务，有条件的应当会同有关部门设立社会体育指导员公益岗位。

第二十八条　有条件的地方体育主管部门应当为社会体育指导员开展志愿服务办理保险。

鼓励社会为社会体育指导员开展志愿服务办理保险。

第二十九条　各级体育主管部门和委托的组织应当推进社会体育指导员工作的信息化，提高运用现代信息技术进行管理与服务的水平。

第三十条　有条件的大专院校应当开设有关社会体育指导员的课程，鼓励学生加入社会体育指导员队伍，组织学生开展志愿服务。

第七章　服务规范

第三十一条　社会体育指导员在基层文化体育组织、群众性体育组织或国家机关、企业事业单位和其他有关组织中开展志愿服务。

第三十二条　社会体育指导员应当坚持科学、文明、安全、诚信的原则，因人、因时、因地制宜，经常开展志愿服务，提高健身者的健身技能和身体素质，推动全民健身活动的开展。

第三十三条 社会体育指导员开展志愿服务时应当佩带证章，着装得体、语言文明、行为规范，爱护健身场地设施并保持环境卫生，自觉树立社会体育指导员的良好形象。

第三十四条 社会体育指导员应当与健身者保持和谐关系，与其他社会体育指导员互相尊重、相互配合。

第三十五条 社会体育指导员在开展志愿服务时应当加强安全管理，防范人身伤害事故的发生。

第八章 奖励处罚

第三十六条 各级体育主管部门应当定期开展评选表彰活动，对在社会体育指导员工作中做出突出贡献的组织和个人予以表彰、奖励。

第三十七条 建立社会体育指导员荣誉奖章制度。国家体育总局对连续开展志愿服务 20 年、15 年和 10 年，为全民健身事业做出突出贡献的社会体育指导员，分别授予社会体育指导员金质奖章、银质奖章和铜质奖章。

第三十八条 地方各级体育主管部门和有关组织、单位违反本办法，未履行社会体育指导员工作职责的，由其上级部门或有关主管部门责令限期改正；拒不改正的，对负有责任的主管人员和其他直接责任人员依法给予处分。

第三十九条 体育主管部门和有关组织、单位的工作人员在社会体育指导员工作中，侵犯社会体育指导员合法权益，造成不良后果的，依法给予处分。

第四十条 违反国家财政、财务制度，截留、克扣、挪用和挤占社会体育指导员工作经费的，由其上级部门或有关主管部门责令改正，并对负有责任的主管人员和其他直接责任人员依法给予处分；构成犯罪的，依法追究刑事责任。

第四十一条 提供虚假材料获得社会体育指导员技术等级称号的人员，由批准授予的体育主管部门或经批准的协会撤销其社会体育指导员技术等级称号。

第四十二条 社会体育指导员在开展志愿服务时有宣扬封建迷信和其他

不文明、不健康的行为，造成不良影响和后果的，由其开展志愿服务所在地的县级体育主管部门或有关组织、单位予以批评教育，责令改正；情节严重、影响恶劣的，撤销其社会体育指导员技术等级称号；构成犯罪的，依法追究刑事责任。

第九章　附　则

第四十三条　本办法自 2011 年 11 月 9 日起施行。原国家体委 1993 年 12 月 4 日发布的《社会体育指导员技术等级制度》同时废止。

社会体育指导员技术等级标准

一、社会体育指导员的基本条件

（一）具有完全民事行为能力的中华人民共和国公民；

（二）具有志愿服务精神和良好道德素养，遵纪守法；

（三）热心全民健身事业，正在开展或准备开展经常性的全民健身志愿服务（以下简称志愿服务）；

（四）接受有关组织和单位的管理，承担指派的工作任务；

（五）参加社会体育指导员相应等级的培训，考核合格；

（六）所传授的体育项目有技能标准要求的，应当参加该体育项目的培训并达到标准。

二、社会体育指导员的等级条件

（一）三级社会体育指导员

1. 近1年内开展或协同开展30次以上志愿服务；

2. 了解体育健身和竞赛的基本知识，初步掌握一项体育健身技能的传授方法，能够承担一般性体育健身咨询和指导工作；

3. 了解全民健身工作的基本知识，初步掌握全民健身活动的组织管理方法，能够组织基层组织和单位开展全民健身活动。

（二）二级社会体育指导员

1. 获得三级社会体育指导员称号后累计（以工作注册为准）开展志愿服务2年以上；

2. 基本掌握体育健身和竞赛的理论与方法，能够承担一项体育健身技能的传授和指导工作；

3. 基本掌握全民健身活动组织管理的理论与方法，熟悉全民健身工作的特点，能够承担基层全民健身活动的计划、实施和总结工作；

4. 在社区（行政村）、单位开展志愿服务产生良好效果和影响；

5. 具有指导三级社会体育指导员的能力。

（三）一级社会体育指导员

1. 获得二级社会体育指导员称号后累计（以工作注册为准）开展志愿服务3年以上；

2. 掌握体育健身和竞赛的理论与方法，能够承担一项较高水平的体育健身技能传授和指导工作；

3. 掌握全民健身活动组织管理的理论与方法，具有较多的实践经验和较强的组织能力，能够指导基层体育组织的工作；

4. 在社区（行政村）、单位开展志愿服务产生突出的效果和影响或在县级以上区域开展的志愿服务产生良好的效果和影响；

5. 具有指导二级和三级社会体育指导员的能力。

（四）国家级社会体育指导员

1. 获得一级社会体育指导员称号后累计（以工作注册为准）开展志愿服务4年以上。

2. 较系统地掌握体育健身和竞赛的理论与方法，在一项体育健身技能传授和指导中具有较高的水平或对民族、民间传统体育健身项目具有特殊造诣。

3. 较系统地掌握全民健身活动组织管理的理论与方法，具有丰富的实践经验和突出的组织能力，能够承担较大规模全民健身活动的组织工作，能够撰写有关全民健身工作或调研报告。

4. 在县级以上区域开展志愿服务产生突出的效果和影响；在地（市）级以上区域开展的志愿服务产生良好的效果和影响。

5. 具有指导一级、二级和三级社会体育指导员的能力。

三、社会体育指导员的特许条件

（一）社会体育指导员应当具备的等级条件，根据申请者的具体情况，可在体育健身技能传授指导或组织管理方面有所侧重。

（二）近 5 年取得高等体育专业学历的人员、在职体育教师、职业社会体育指导员、教练员和优秀运动员在申请授予社会体育指导员技术等级称号时，可以放宽培训考核与连续开展志愿服务年限的要求，直接批准授予二级以上社会体育指导员技术等级称号。

（三）做出突出贡献的社会体育指导员，在申请晋升等级称号时，可以适当放宽连续开展志愿服务年限的要求；贡献特别突出的可以破格或越级晋升。

“健康中国2030”规划纲要

序 言

健康是促进人的全面发展的必然要求，是经济社会发展的基础条件。实现国民健康长寿，是国家富强、民族振兴的重要标志，也是全国各族人民的共同愿望。

党和国家历来高度重视人民健康。新中国成立以来特别是改革开放以来，我国健康领域改革发展取得显著成就，城乡环境面貌明显改善，全民健身运动蓬勃发展，医疗卫生服务体系日益健全，人民健康水平和身体素质持续提高。2015年我国人均预期寿命已达76.34岁，婴儿死亡率、5岁以下儿童死亡率、孕产妇死亡率分别下降到8.1‰、10.7‰和20.1/10万，总体上优于中高收入国家平均水平，为全面建成小康社会奠定了重要基础。同时，工业化、城镇化、人口老龄化、疾病谱变化、生态环境及生活方式变化等，也给维护和促进健康带来一系列新的挑战，健康服务供给总体不足与需求不断增长之间的矛盾依然突出，健康领域发展与经济社会发展的协调性有待增强，需要从国家战略层面统筹解决关系健康的重大和长远问题。

推进健康中国建设，是全面建成小康社会、基本实现社会主义现代化的重要基础，是全面提升中华民族健康素质、实现人民健康与经济社会协调发展的国家战略，是积极参与全球健康治理、履行2030年可持续发展议程国际承诺的重大举措。未来15年，是推进健康中国建设的重要战略机遇期。经济保持中高速增长将为维护人民健康奠定坚实基础，消费结构升级将为发展健康服务创造广阔空间，科技创新将为提高健康水平提供有力支撑，各方面制度更加成熟更加定型将为健康领域可持续发展构建强大保障。

为推进健康中国建设，提高人民健康水平，根据党的十八届五中全会战略部署，制定本规划纲要。本规划纲要是推进健康中国建设的宏伟蓝图和行动纲领。全社会要增强责任感、使命感，全力推进健康中国建设，为实现中华民族伟大复兴和推动人类文明进步作出更大贡献。

第一篇　总体战略

第一章　指导思想

推进健康中国建设，必须高举中国特色社会主义伟大旗帜，全面贯彻党的十八大和十八届三中、四中、五中全会精神，以马克思列宁主义、毛泽东思想、邓小平理论、“三个代表”重要思想、科学发展观为指导，深入学习贯彻习近平总书记系列重要讲话精神，紧紧围绕统筹推进“五位一体”总体布局和协调推进“四个全面”战略布局，认真落实党中央、国务院决策部署，坚持以人民为中心的发展思想，牢固树立和贯彻落实新发展理念，坚持正确的卫生与健康工作方针，以提高人民健康水平为核心，以体制机制改革创新为动力，以普及健康生活、优化健康服务、完善健康保障、建设健康环境、发展健康产业为重点，把健康融入所有政策，加快转变健康领域发展方式，全方位、全周期维护和保障人民健康，大幅提高健康水平，显著改善健康公平，为实现“两个一百年”奋斗目标和中华民族伟大复兴的中国梦提供坚实健康基础。

主要遵循以下原则：

——健康优先。把健康摆在优先发展的战略地位，立足国情，将促进健康的理念融入公共政策制定实施的全过程，加快形成有利于健康的生活方式、生态环境和经济社会发展模式，实现健康与经济社会良性协调发展。

——改革创新。坚持政府主导，发挥市场机制作用，加快关键环节改革步伐，冲破思想观念束缚，破除利益固化藩篱，清除体制机制障碍，发挥科技创新和信息化的引领支撑作用，形成具有中国特色、促进全民健康的制度体系。

——科学发展。把握健康领域发展规律，坚持预防为主、防治结合、中西医并重，转变服务模式，构建整合型医疗卫生服务体系，推动健康服务从规模扩张的粗放型发展转变到质量效益提升的绿色集约式发展，推动中医药和西医药相互补充、协调发展，提升健康服务水平。

——公平公正。以农村和基层为重点，推动健康领域基本公共服务均等化，维护基本医疗卫生服务的公益性，逐步缩小城乡、地区、人群间基本健康服务和健康水平的差异，实现全民健康覆盖，促进社会公平。

第二章 战略主题

“共建共享、全民健康”，是建设健康中国的战略主题。核心是以人民健康为中心，坚持以基层为重点，以改革创新为动力，预防为主，中西医并重，把健康融入所有政策，人民共建共享的卫生与健康工作方针，针对生活行为方式、生产生活环境以及医疗卫生服务等健康影响因素，坚持政府主导与调动社会、个人的积极性相结合，推动人人参与、人人尽力、人人享有，落实预防为主，推行健康生活方式，减少疾病发生，强化早诊断、早治疗、早康复，实现全民健康。

共建共享是建设健康中国的基本路径。从供给侧和需求侧两端发力，统筹社会、行业和个人三个层面，形成维护和促进健康的强大合力。要促进全社会广泛参与，强化跨部门协作，深化军民融合发展，调动社会力量的积极性和创造性，加强环境治理，保障食品药品安全，预防和减少伤害，有效控制影响健康的生态和社会环境危险因素，形成多层次、多元化的社会共治格局。要推动健康服务供给侧结构性改革，卫生计生、体育等行业要主动适应人民健康需求，深化体制机制改革，优化要素配置和服务供给，补齐发展短板，推动健康产业转型升级，满足人民群众不断增长的健康需求。要强化个人健康责任，提高全民健康素养，引导形成自主自律、符合自身特点的健康生活方式，有效控制影响健康的生活行为因素，形成热爱健康、追求健康、促进健康的社会氛围。

全民健康是建设健康中国的根本目的。立足全人群和全生命周期两个着力点，提供公平可及、系统连续的健康服务，实现更高水平的全民健康。要惠及全人群，不断完善制度、扩展服务、提高质量，使全体人民享有所需要的、有质量的、可负担的预防、治疗、康复、健康促进等健康服务，突出解决好妇女儿童、老年人、残疾人、低收入人群等重点人群的健康问题。要覆盖全生命周期，针对生命不同阶段的主要健康问题及主要影响因素，确定若干优先领域，强化干预，实现从胎儿到生命终点的全程健康服务和健康保障，全面维护人民健康。

第三章 战略目标

到 2020 年，建立覆盖城乡居民的中国特色基本医疗卫生制度，健康素养水平持续提高，健康服务体系完善高效，人人享有基本医疗卫生服务和基本体育健身服务，基本形成内涵丰富、结构合理的健康产业体系，主要健康指标居于中高收入国家前列。

到2030年，促进全民健康的制度体系更加完善，健康领域发展更加协调，健康生活方式得到普及，健康服务质量和健康保障水平不断提高，健康产业繁荣发展，基本实现健康公平，主要健康指标进入高收入国家行列。到2050年，建成与社会主义现代化国家相适应的健康国家。

到2030年具体实现以下目标：

——人民健康水平持续提升。人民身体素质明显增强，2030年人均预期寿命达到79.0岁，人均健康预期寿命显著提高。

——主要健康危险因素得到有效控制。全民健康素养大幅提高，健康生活方式得到全面普及，有利于健康的生产生活环境基本形成，食品药品安全得到有效保障，消除一批重大疾病危害。

——健康服务能力大幅提升。优质高效的整合型医疗卫生服务体系和完善的全民健身公共服务体系全面建立，健康保障体系进一步完善，健康科技创新整体实力位居世界前列，健康服务质量和水平明显提高。

——健康产业规模显著扩大。建立起体系完整、结构优化的健康产业体系，形成一批具有较强创新能力和国际竞争力的大型企业，成为国民经济支柱性产业。

——促进健康的制度体系更加完善。有利于健康的政策法律法规体系进一步健全，健康领域治理体系和治理能力基本实现现代化。

健康中国建设主要指标

领域：健康水平　指标：人均预期寿命（岁）　2015年：76.34　2020年：77.3　2030年：79.0

领域：健康水平　指标：婴儿死亡率（‰）　2015年：8.1　2020年：7.5　2030年：5.0

领域：健康水平　指标：5岁以下儿童死亡率（‰）　2015年：10.7　2020年：9.5　2030年：6.0

领域：健康水平　指标：孕产妇死亡率（1/10万）　2015年：20.1

2020 年：18. 0　2030 年：12. 0

领域：健康水平　指标：城乡居民达到《国民体质测定标准》合格以上的人数比例（%）　2015 年：89. 6（2014 年）　2020 年：90. 6　2030 年：92. 2

领域：健康生活　指标：居民健康素养水平（%）　2015 年：10　2020 年：20　2030 年：30

领域：健康生活　指标：经常参加体育锻炼人数（亿人）　2015 年：3. 6（2014 年）　2020 年：4. 35　2030 年：5. 3

领域：健康服务与保障　指标：重大慢性病过早死亡率（%）　2015 年：19. 1（2013 年）　2020 年：比 2015 年降低 10%　2030 年：比 2015 年降低 30%

领域：健康服务与保障　指标：每千常住人口执业（助理）医师数（人）　2015 年：2. 2　2020 年：2. 5　2030 年：3. 0

领域：健康服务与保障　指标：个人卫生支出占卫生总费用的比重（%）　2015 年：29. 3　2020 年：28 左右　2030 年：25 左右

领域：健康环境　指标：地级及以上城市空气质量优良天数比率（%）　2015 年：76. 7　2020 年：>80　2030 年：持续改善

领域：健康环境　指标：地表水质量达到或好于Ⅲ类水体比例（%）　2015 年：66　2020 年：>70　2030 年：持续改善

领域：健康产业　指标：健康服务业总规模（万亿元）　2015：—　2020 年：>8　2030 年：16

第二篇　普及健康生活

第四章　加强健康教育

第一节　提高全民健康素养

推进全民健康生活方式行动，强化家庭和高危个体健康生活方式指导及干预，开展健康体重、健康口腔、健康骨骼等专项行动，到 2030 年基本实现以县（市、区）为单位全覆盖。开发推广促进健康生活的适宜技术和用品。建立健康知识和技能核心信息发布制度，健全覆盖全国的健康素养和生活方式监测体系。建立健全健康促进与教育体系，提高健康教育服务能力，从小抓起，普及健康科学知识。加强精神文明建设，发展健康文化，移风易俗，培育良好的生活习惯。各级各类媒体加大健康科学知识宣传力度，积极建设和规范各类广播电视等健康栏目，利用新媒体拓展健康教育。

第二节　加大学校健康教育力度

将健康教育纳入国民教育体系，把健康教育作为所有教育阶段素质教育的重要内容。以中小学为重点，建立学校健康教育推进机制。构建相关学科教学与教育活动相结合、课堂教育与课外实践相结合、经常性宣传教育与集中式宣传教育相结合的健康教育模式。培养健康教育师资，将健康教育纳入体育教师职前教育和职后培训内容。

第五章　塑造自主自律的健康行为

第一节　引导合理膳食

制定实施国民营养计划，深入开展食物（农产品、食品）营养功能评价研究，全面普及膳食营养知识，发布适合不同人群特点的膳食指南，引导居民形成科学的膳食习惯，推进健康饮食文化建设。建立健全居民营养监测制度，对重点区域、重点人群实施营养干预，重点解决微量营养素缺乏、部分人群油脂等高热能食物摄入过多等问题，逐步解决居民营养不足与过剩并存问题。实施临床营养干预。加强对学校、幼儿园、养老机构等营养健康工作的指导。开展示范健康食堂和健康餐厅建设。到2030年，居民营养知识素养明显提高，营养缺乏疾病发生率显著下降，全国人均每日食盐摄入量降低20%，超重、肥胖人口增长速度明显放缓。

第二节　开展控烟限酒

全面推进控烟履约，加大控烟力度，运用价格、税收、法律等手段提高控烟成效。深入开展控烟宣传教育。积极推进无烟环境建设，强化公共场所控烟监督执法。推进公共场所禁烟工作，逐步实现室内公共场所全面禁烟。领导干部要带头在公共场所禁烟，把党政机关建成无烟机关。强化戒烟服务。到2030年，15岁以上人群吸烟率降低到20%。加强限酒健康教育，控制酒精过度使用，减少酗酒。加强有害使用酒精监测。

第三节 促进心理健康

加强心理健康服务体系建设和规范化管理。加大全民心理健康科普宣传力度，提升心理健康素养。加强对抑郁症、焦虑症等常见精神障碍和心理行为问题的干预，加大对重点人群心理问题早期发现和及时干预力度。加强严重精神障碍患者报告登记和救治救助管理。全面推进精神障碍社区康复服务。提高突发事件心理危机的干预能力和水平。到2030年，常见精神障碍防治和心理行为问题识别干预水平显著提高。

第四节 减少不安全性行为和毒品危害

强化社会综合治理，以青少年、育龄妇女及流动人群为重点，开展性道德、性健康和性安全宣传教育和干预，加强对性传播高危行为人群的综合干预，减少意外妊娠和性相关疾病传播。大力普及有关毒品危害、应对措施和治疗途径等知识。加强全国戒毒医疗服务体系建设，早发现、早治疗成瘾者。加强戒毒药物维持治疗与社区戒毒、强制隔离戒毒和社区康复的衔接。建立集生理脱毒、心理康复、就业扶持、回归社会于一体的戒毒康复模式，最大限度减少毒品社会危害。

第六章 提高全民身体素质

第一节 完善全民健身公共服务体系

统筹建设全民健身公共设施，加强健身步道、骑行道、全民健身中心、体育公园、社区多功能运动场等场地设施建设。到2030年，基本建成县乡村三级公共体育设施网络，人均体育场地面积不低于2.3平方米，在城镇社区实现15分钟健身圈全覆盖。推行公共体育设施免费或低收费开放，确保公共体育场地设施和符合开放条件的企事业单位体育场地设施全部向社会开放。加强全民健身组织网络建设，扶持和引导基层体育社会组织发展。

第二节 广泛开展全民健身运动

继续制定实施全民健身计划，普及科学健身知识和健身方法，推动全民健身生活化。组织社会体育指导员广泛开展全民健身指导服务。实施国家体育锻炼标准，发展群众健身休闲活动，丰富和完善全民健身体系。大力发展群众喜闻乐见的运动项目，鼓励开发适合不同人群、不同地域特点的特色运动项目，扶持推广太极拳、健身气功等民族民俗民间传统运动项目。

第三节　加强体医融合和非医疗健康干预

发布体育健身活动指南，建立完善针对不同人群、不同环境、不同身体状况的运动处方库，推动形成体医结合的疾病管理与健康服务模式，发挥全民科学健身在健康促进、慢性病预防和康复等方面的积极作用。加强全民健身科技创新平台和科学健身指导服务站点建设。开展国民体质测试，完善体质健康监测体系，开发应用国民体质健康监测大数据，开展运动风险评估。

第四节　促进重点人群体育活动

制定实施青少年、妇女、老年人、职业群体及残疾人等特殊群体的体质健康干预计划。实施青少年体育活动促进计划，培育青少年体育爱好，基本实现青少年熟练掌握 1 项以上体育运动技能，确保学生校内每天体育活动时间不少于 1 小时。到 2030 年，学校体育场地设施与器材配置达标率达到 100%，青少年学生每周参与体育活动达到中等强度 3 次以上，国家学生体质健康标准达标优秀率 25% 以上。加强科学指导，促进妇女、老年人和职业群体积极参与全民健身。实行工间健身制度，鼓励和支持新建工作场所建设适当的健身活动场地。推动残疾人康复体育和健身体育广泛开展。

第三篇　优化健康服务

第七章　强化覆盖全民的公共卫生服务

第一节　防治重大疾病

实施慢性病综合防控战略，加强国家慢性病综合防控示范区建设。强化慢性病筛查和早期发现，针对高发地区重点癌症开展早诊早治工作，推动癌症、脑卒中、冠心病等慢性病的机会性筛查。基本实现高血压、糖尿病患者管理干预全覆盖，逐步将符合条件的癌症、脑卒中等重大慢性病早诊早治适宜技术纳入诊疗常规。加强学生近视、肥胖等常见病防治。到2030年，实现全人群、全生命周期的慢性病健康管理，总体癌症5年生存率提高15%。加强口腔卫生，12岁儿童患龋率控制在25%以内。

加强重大传染病防控。完善传染病监测预警机制。继续实施扩大国家免疫规划，适龄儿童国家免疫规划疫苗接种率维持在较高水平，建立预防接种异常反应补偿保险机制。加强艾滋病检测、抗病毒治疗和随访管理，全面落实临床用血核酸检测和预防艾滋病母婴传播，疫情保持在低流行水平。建立结核病防治综合服务模式，加强耐多药肺结核筛查和监测，规范肺结核诊疗管理，全国肺结核疫情持续下降。有效应对流感、手足口病、登革热、麻疹等重点传染病疫情。继续坚持以传染源控制为主的血吸虫病综合防治策略，全国所有流行县达到消除血吸虫病标准。继续巩固全国消除疟疾成果。全国所有流行县基本控制包虫病等重点寄生虫病流行。保持控制和消除重点地方病，地方病不再成为危害人民健康的重点问题。加强突发急性传染病防治，积极防范输入性突发急性传染病，加强鼠疫等传统烈性传染病防控。强化重大动物源性传染病的源头治理。

第二节　完善计划生育服务管理

健全人口与发展的综合决策体制机制，完善有利于人口均衡发展的政策体系。改革计划生育服务管理方式，更加注重服务家庭，构建以生育支持、幼儿养育、青少年发展、老人赡养、病残照料为主题的家庭发展政策框架，引导群众负责任、有计划地生育。完善国家计划生育技术服务政策，加大再生育计划生育技术服务保障力度。全面推行知情选择，普及避孕节育和生殖健康知识。完善计划生育家庭奖励扶助制度和特别扶助制度，实行奖励扶助金标准动态调整。坚持和完善计划生育目标管理责任制，完善宣传倡导、依法管理、优质服务、政策推动、综合治理的计划生育长效工作机制。建立健全出生人口监测工作机制。继续开展出生人口性别比治理。到2030年，全国出生人口性别比实现自然平衡。

第三节　推进基本公共卫生服务均等化

继续实施完善国家基本公共卫生服务项目和重大公共卫生服务项目，加强疾病经济负担研究，适时调整项目经费标准，不断丰富和拓展服务内容，提高服务质量，使城乡居民享有均等化的基本公共卫生服务，做好流动人口基本公共卫生计生服务均等化工作。

第八章　提供优质高效的医疗服务

第一节　完善医疗卫生服务体系

全面建成体系完整、分工明确、功能互补、密切协作、运行高效的整合型医疗卫生服务体系。县和市域内基本医疗卫生资源按常住人口和服务半径合理布局，实现人人享有均等化的基本医疗卫生服务；省级及以上分区域统筹配置，整合推进区域医疗资源共享，基本实现优质医疗卫生资源配置均衡化，省域内人人享有均质化的危急重症、疑难病症诊疗和专科医疗服务；依托现有机构，建设一批引领国内、具有全球影响力的国家级医学中心，建设一批区域医学中心和国家临床重点专科群，推进京津冀、长江经济带等区域医疗卫生协同发展，带动医疗服务区域发展和整体水平提升。加强康复、老年病、长期护理、慢性病管理、安宁疗护等接续性医疗机构建设。实施健康扶贫工程，加大对中西部贫困地区医疗卫生机构建设支持力度，提升服务能力，保障贫困人口健康。到2030年，15分钟基本医疗卫生服务圈基本形成，每千常住人口注册护士数达到4.7人。

第二节　创新医疗卫生服务供给模式

建立专业公共卫生机构、综合和专科医院、基层医疗卫生机构“三位一体”的重大疾病防控机制，建立信息共享、互联互通机制，推进慢性病防、治、管整体融合发展，实现医防结合。建立不同层级、不同类别、不同举办主体医疗卫生机构间目标明确、权责清晰的分工协作机制，不断完善服务网络、运行机制和激励机制，基层普遍具备居民健康守门人的能力。完善家庭医生签约服务，全面建立成熟完善的分级诊疗制度，形成基层首诊、双向转诊、上下联动、急慢分治的合理就医秩序，健全治疗—康复—长期护理服务链。引导三级公立医院逐步减少普通门诊，重点发展危急重症、疑难病症诊疗。完善医疗联合体、医院集团等多种分工协作模式，提高服务体系整体绩效。加快医疗卫生领域军民融合，积极发挥军队医疗卫生机构作用，更好为人民服务。

第三节　提升医疗服务水平和质量

建立与国际接轨、体现中国特色的医疗质量管理与控制体系，基本健全覆盖主要专业的国家、省、市三级医疗质量控制组织，推出一批国际化标准规范。建设医疗质量管理与控制信息化平台，实现全行业全方位精准、实时管理与控制，持续改进医疗质量和医疗安全，提升医疗服务同质化程度，再住院率、抗菌药物使用率等主要医疗服务质量指标达到或接近世界先进水平。全面实施临床路径管理，规范诊疗行为，优化诊疗流程，增强患者就医获得感。推进合理用药，保障临床用血安全，基本实现医疗机构检查、检验结果互认。加强医疗服务人文关怀，构建和谐医患关系。依法严厉打击涉医违法犯罪行为特别是伤害医务人员的暴力犯罪行为，保护医务人员安全。

第九章　充分发挥中医药独特优势

第一节　提高中医药服务能力

实施中医临床优势培育工程，强化中医药防治优势病种研究，加强中西医结合，提高重大疑难病、危急重症临床疗效。大力发展中医非药物疗法，使其在常见病、多发病和慢性病防治中发挥独特作用。发展中医特色康复服务。健全覆盖城乡的中医医疗保健服务体系。在乡镇卫生院和社区卫生服务中心建立中医馆、国医堂等中医综合服务区，推广适宜技术，所有基层医疗卫生机构都能够提供中医药服务。促进民族医药发展。到2030年，中医药在治未病中的主导作用、在重大疾病治疗中的协同作用、在疾病康复中的核心作用得到充分发挥。

第二节　发展中医养生保健治未病服务

实施中医治未病健康工程，将中医药优势与健康管理结合，探索融健康文化、健康管理、健康保险为一体的中医健康保障模式。鼓励社会力量举办规范的中医养生保健机构，加快养生保健服务发展。拓展中医医院服务领域，为群众提供中医健康咨询评估、干预调理、随访管理等治未病服务。鼓励中医医疗机构、中医医师为中医养生保健机构提供保健咨询和调理等技术支持。开展中医中药中国行活动，大力传播中医药知识和易于掌握的养生保健技术方法，加强中医药非物质文化遗产的保护和传承运用，实现中医药健康养生文化创造性转化、创新性发展。

第三节　推进中医药继承创新

实施中医药传承创新工程，重视中医药经典医籍研读及挖掘，全面系统继承历代各家学术理论、流派及学说，不断弘扬当代名老中医药专家学术思想和临床诊疗经验，挖掘民间诊疗技术和方药，推进中医药文化传承与发展。建立中医药传统知识保护制度，制定传统知识保护名录。融合现代科技成果，挖掘中药方剂，加强重大疑难疾病、慢性病等中医药防治技术和新药研发，不断推动中医药理论与实践发展。发展中医药健康服务，加快打造全产业链服务的跨国公司和国际知名的中国品牌，推动中医药走向世界。保护重要中药资源和生物多样性，开展中药资源普查及动态监测。建立大宗、道地和濒危药材种苗繁育基地，提供中药材市场动态监测信息，促进中药材种植业绿色发展。

第十章　加强重点人群健康服务

第一节　提高妇幼健康水平

实施母婴安全计划，倡导优生优育，继续实施住院分娩补助制度，向孕产妇免费提供生育全过程的基本医疗保健服务。加强出生缺陷综合防治，构建覆盖城乡居民，涵盖孕前、孕期、新生儿各阶段的出生缺陷防治体系。实施健康儿童计划，加强儿童早期发展，加强儿科建设，加大儿童重点疾病防治力度，扩大新生儿疾病筛查，继续开展重点地区儿童营养改善等项目。提高妇女常见病筛查率和早诊早治率。实施妇幼健康和计划生育服务保障工程，提升孕产妇和新生儿危急重症救治能力。

第二节　促进健康老龄化

推进老年医疗卫生服务体系建设，推动医疗卫生服务延伸至社区、家庭。

健全医疗卫生机构与养老机构合作机制，支持养老机构开展医疗服务。推进中医药与养老融合发展，推动医养结合，为老年人提供治疗期住院、康复期护理、稳定期生活照料、安宁疗护一体化的健康和养老服务，促进慢性病全程防治管理服务同居家、社区、机构养老紧密结合。鼓励社会力量兴办医养结合机构。加强老年常见病、慢性病的健康指导和综合干预，强化老年人健康管理。推动开展老年心理健康与关怀服务，加强老年痴呆症等的有效干预。推动居家老人长期照护服务发展，全面建立经济困难的高龄、失能老人补贴制度，建立多层次长期护理保障制度。进一步完善政策，使老年人更便捷获得基本药物。

第三节 维护残疾人健康

制定实施残疾预防和残疾人康复条例。加大符合条件的低收入残疾人医疗救助力度，将符合条件的残疾人医疗康复项目按规定纳入基本医疗保险支付范围。建立残疾儿童康复救助制度，有条件的地方对残疾人基本型辅助器具给予补贴。将残疾人康复纳入基本公共服务，实施精准康复，为城乡贫困残疾人、重度残疾人提供基本康复服务。完善医疗机构无障碍设施，改善残疾人医疗服务。进一步完善康复服务体系，加强残疾人康复和托养设施建设，建立医疗机构与残疾人专业康复机构双向转诊机制，推动基层医疗卫生机构优先为残疾人提供基本医疗、公共卫生和健康管理等签约服务。制定实施国家残疾预防行动计划，增强全社会残疾预防意识，开展全人群、全生命周期残疾预防，有效控制残疾的发生和发展。加强对致残疾病及其他致残因素的防控。推动国家残疾预防综合试验区试点工作。继续开展防盲治盲和防聋治聋工作。

第四篇 完善健康保障

第十一章 健全医疗保障体系

第一节 完善全民医保体系

健全以基本医疗保障为主体、其他多种形式补充保险和商业健康保险为补充的多层次医疗保障体系。整合城乡居民基本医保制度和经办管理。健全基本医疗保险稳定可持续筹资和待遇水平调整机制，实现基金中长期精算平衡。完善医保缴费参保政策，均衡单位和个人缴费负担，合理确定政府与个人分担比例。改进职工医保个人账户，开展门诊统筹。进一步健全重特大疾病医疗保障机制，加强基本医保、城乡居民大病保险、商业健康保险与医疗救助等的有效衔接。到2030年，全民医保体系成熟定型。

第二节　健全医保管理服务体系

严格落实医疗保险基金预算管理。全面推进医保支付方式改革，积极推进按病种付费、按人头付费，积极探索按疾病诊断相关分组付费（DRGs）、按服务绩效付费，形成总额预算管理下的复合式付费方式，健全医保经办机构与医疗机构的谈判协商与风险分担机制。加快推进基本医保异地就医结算，实现跨省异地安置退休人员住院医疗费用直接结算和符合转诊规定的异地就医住院费用直接结算。全面实现医保智能监控，将医保对医疗机构的监管延伸到医务人员。逐步引入社会力量参与医保经办。加强医疗保险基础标准建设和应用。到2030年，全民医保管理服务体系完善高效。

第三节　积极发展商业健康保险

落实税收等优惠政策，鼓励企业、个人参加商业健康保险及多种形式的补充保险。丰富健康保险产品，鼓励开发与健康管理服务相关的健康保险产品。促进商业保险公司与医疗、体检、护理等机构合作，发展健康管理组织等新型组织形式。到2030年，现代商业健康保险服务业进一步发展，商业健康保险赔付支出占卫生总费用比重显著提高。

第十二章　完善药品供应保障体系

第一节　深化药品、医疗器械流通体制改革

推进药品、医疗器械流通企业向供应链上下游延伸开展服务，形成现代流通新体系。规范医药电子商务，丰富药品流通渠道和发展模式。推广应用现代物流管理与技术，健全中药材现代流通网络与追溯体系。落实医疗机构药品、耗材采购主体地位，鼓励联合采购。完善国家药品价格谈判机制。建立药品出厂价格信息可追溯机制。强化短缺药品供应保障和预警，完善药品

储备制度和应急供应机制。建设遍及城乡的现代医药流通网络，提高基层和边远地区药品供应保障能力。

第二节　完善国家药物政策

巩固完善国家基本药物制度，推进特殊人群基本药物保障。完善现有免费治疗药品政策，增加艾滋病防治等特殊药物免费供给。保障儿童用药。完善罕见病用药保障政策。建立以基本药物为重点的临床综合评价体系。按照政府调控和市场调节相结合的原则，完善药品价格形成机制。强化价格、医保、采购等政策的衔接，坚持分类管理，加强对市场竞争不充分药品和高值医用耗材的价格监管，建立药品价格信息监测和信息公开制度，制定完善医保药品支付标准政策。

第五篇　建设健康环境

第十三章　深入开展爱国卫生运动

第一节　加强城乡环境卫生综合整治

持续推进城乡环境卫生整洁行动，完善城乡环境卫生基础设施和长效机制，统筹治理城乡环境卫生问题。加大农村人居环境治理力度，全面加强农村垃圾治理，实施农村生活污水治理工程，大力推广清洁能源。到 2030 年，努力把我国农村建设成为人居环境干净整洁、适合居民生活养老的美丽家园，实现人与自然和谐发展。实施农村饮水安全巩固提升工程，推动城镇供水设施向农村延伸，进一步提高农村集中供水率、自来水普及率、水质达标率和供水保证率，全面建立从源头到龙头的农村饮水安全保障体系。加快无害化卫生厕所建设，力争到 2030 年，全国农村居民基本都能用上无害化卫生厕所。实施以环境治理为主的病媒生物综合预防控制策略。深入推进国家卫生城镇创建，力争到 2030 年，国家卫生城市数量提高到全国城市总数的 50%，有条件的省（自治区、直辖市）实现全覆盖。

第二节　建设健康城市和健康村镇

把健康城市和健康村镇建设作为推进健康中国建设的重要抓手，保障与健康相关的公共设施用地需求，完善相关公共设施体系、布局和标准，把健康融入城乡规划、建设、治理的全过程，促进城市与人民健康协调发展。针对当地居民主要健康问题，编制实施健康城市、健康村镇发展规划。广泛开展健康社区、健康村镇、健康单位、健康家庭等建设，提高社会参与度。重点加强健康学校建设，加强学生健康危害因素监测与评价，完善学校食品安全管理、传染病防控等相关政策。加强健康城市、健康村镇建设监测与评价。到 2030 年，建成一批健康城市、健康村镇建设的示范市和示范村镇。

第十四章　加强影响健康的环境问题治理

第一节　深入开展大气、水、土壤等污染防治

以提高环境质量为核心，推进联防联控和流域共治，实行环境质量目标考核，实施最严格的环境保护制度，切实解决影响广大人民群众健康的突出环境问题。深入推进产业园区、新城、新区等开发建设规划环评，严格建设项目环评审批，强化源头预防。深化区域大气污染联防联控，建立常态化区域协作机制。完善重度及以上污染天气的区域联合预警机制。全面实施城市空气质量达标管理，促进全国城市环境空气质量明显改善。推进饮用水水源地安全达标建设。强化地下水管理和保护，推进地下水超采区治理与污染综合防治。开展国家土壤环境质量监测网络建设，建立建设用地土壤环境质量调查评估制度，开展土壤污染治理与修复。以耕地为重点，实施农用地分类管理。全面加强农业面源污染防治，有效保护生态系统和遗传多样性。加强噪声污染防控。

第二节　实施工业污染源全面达标排放计划

全面实施工业污染源排污许可管理，推动企业开展自行监测和信息公开，建立排污台账，实现持证按证排污。加快淘汰高污染、高环境风险的工艺、设备与产品。开展工业集聚区污染专项治理。以钢铁、水泥、石化等行业为重点，推进行业达标排放改造。

第三节　建立健全环境与健康监测、调查和风险评估制度

逐步建立健全环境与健康管理制度。开展重点区域、流域、行业环境与

健康调查，建立覆盖污染源监测、环境质量监测、人群暴露监测和健康效应监测的环境与健康综合监测网络及风险评估体系。实施环境与健康风险管理。划定环境健康高风险区域，开展环境污染对人群健康影响的评价，探索建立高风险区域重点项目健康风险评估制度。建立环境健康风险沟通机制。建立统一的环境信息公开平台，全面推进环境信息公开。推进县级及以上城市空气质量监测和信息发布。

第十五章　保障食品药品安全

第一节　加强食品安全监管

完善食品安全标准体系，实现食品安全标准与国际标准基本接轨。加强食品安全风险监测评估，到2030年，食品安全风险监测与食源性疾病报告网络实现全覆盖。全面推行标准化、清洁化农业生产，深入开展农产品质量安全风险评估，推进农兽药残留、重金属污染综合治理，实施兽药抗菌药治理行动。加强对食品原产地指导监管，完善农产品市场准入制度。建立食用农产品全程追溯协作机制，完善统一权威的食品安全监管体制，建立职业化检查员队伍，加强检验检测能力建设，强化日常监督检查，扩大产品抽检覆盖面。加强互联网食品经营治理。加强进口食品准入管理，加大对境外源头食品安全体系检查力度，有序开展进口食品指定口岸建设。推动地方政府建设出口食品农产品质量安全示范区。推进食品安全信用体系建设，完善食品安全信息公开制度。健全从源头到消费全过程的监管格局，严守从农田到餐桌的每一道防线，让人民群众吃得安全、吃得放心。

第二节　强化药品安全监管

深化药品（医疗器械）审评审批制度改革，研究建立以临床疗效为导向的审批制度，提高药品（医疗器械）审批标准。加快创新药（医疗器械）和临床急需新药（医疗器械）的审评审批，推进仿制药质量和疗效一致性评价。完善国家药品标准体系，实施医疗器械标准提高计划，积极推进中药（材）标准国际化进程。全面加强药品监管，形成全品种、全过程的监管链条。加强医疗器械和化妆品监管。

第十六章　完善公共安全体系

第一节　强化安全生产和职业健康

加强安全生产，加快构建风险等级管控、隐患排查治理两条防线，切实降低重特大事故发生频次和危害后果。强化行业自律和监督管理职责，推动企业落实主体责任，推进职业病危害源头治理，强化矿山、危险化学品等重点行业领域安全生产监管。开展职业病危害基本情况普查，健全有针对性的健康干预措施。进一步完善职业安全卫生标准体系，建立完善重点职业病监测与职业病危害因素监测、报告和管理网络，遏制尘肺病和职业中毒高发势头。建立分级分类监管机制，对职业病危害高风险企业实施重点监管。开展重点行业领域职业病危害专项治理。强化职业病报告制度，开展用人单位职业健康促进工作，预防和控制工伤事故及职业病发生。加强全国个人辐射剂量管理和放射诊疗辐射防护。

第二节　促进道路交通安全

加强道路交通安全设施设计、规划和建设，组织实施公路安全生命防护工程，治理公路安全隐患。严格道路运输安全管理，提升企业安全自律意识，落实运输企业安全生产主体责任。强化安全运行监管能力和安全生产基础支撑。进一步加强道路交通安全治理，提高车辆安全技术标准，提高机动车驾驶人和交通参与者综合素质。到2030年，力争实现道路交通万车死亡率下降30%。

第三节　预防和减少伤害

建立伤害综合监测体系，开发重点伤害干预技术指南和标准。加强儿童和老年人伤害预防和干预，减少儿童交通伤害、溺水和老年人意外跌落，提高儿童玩具和用品安全标准。预防和减少自杀、意外中毒。建立消费品质量安全事故强制报告制度，建立产品伤害监测体系，强化重点领域质量安全监管，减少消费品安全伤害。

第四节　提高突发事件应急能力

加强全民安全意识教育。建立健全城乡公共消防设施建设和维护管理责任机制，到2030年，城乡公共消防设施基本实现全覆盖。提高防灾减灾和应急能力。完善突发事件卫生应急体系，提高早期预防、及时发现、快速反应和有效处置能力。建立包括军队医疗卫生机构在内的海陆空立体化的紧急医学救援体系，提升突发事件紧急医学救援能力。到2030年，建立起覆盖全国、较为完善的紧急医学救援网络，突发事件卫生应急处置能力和紧急医学救援能力达到发达国家水平。进一步健全医疗急救体系，提高救治效率。到2030年，力争将道路交通事故死伤比基本降低到中等发达国家水平。

第五节　健全口岸公共卫生体系

建立全球传染病疫情信息智能监测预警、口岸精准检疫的口岸传染病预防控制体系和种类齐全的现代口岸核生化有害因子防控体系，建立基于源头防控、境内外联防联控的口岸突发公共卫生事件应对机制，健全口岸病媒生物及各类重大传染病监测控制机制，主动预防、控制和应对境外突发公共卫生事件。持续巩固和提升口岸核心能力，创建国际卫生机场（港口）。完善国际旅行与健康信息网络，提供及时有效的国际旅行健康指导，建成国际一流的国际旅行健康服务体系，保障出入境人员健康安全。

提高动植物疫情疫病防控能力，加强进境动植物检疫风险评估准入管理，强化外来动植物疫情疫病和有害生物查验截获、检测鉴定、除害处理、监测防控规范化建设，健全对购买和携带人员、单位的问责追究体系，防控国际动植物疫情疫病及有害生物跨境传播。健全国门生物安全查验机制，有效防范物种资源丧失和外来物种入侵。

第六篇　发展健康产业

第十七章　优化多元办医格局

进一步优化政策环境，优先支持社会力量举办非营利性医疗机构，推进和实现非营利性民营医院与公立医院同等待遇。鼓励医师利用业余时间、退休医师到基层医疗卫生机构执业或开设工作室。个体诊所设置不受规划布局限制。破除社会力量进入医疗领域的不合理限制和隐性壁垒。逐步扩大外资兴办医疗机构的范围。加大政府购买服务的力度，支持保险业投资、设立医疗机构，推动非公立医疗机构向高水平、规模化方向发展，鼓励发展专业性医院管理集团。加强政府监管、行业自律与社会监督，促进非公立医疗机构规范发展。

第十八章　发展健康服务新业态

积极促进健康与养老、旅游、互联网、健身休闲、食品融合，催生健康新产业、新业态、新模式。发展基于互联网的健康服务，鼓励发展健康体检、咨询等健康服务，促进个性化健康管理服务发展，培育一批有特色的健康管理服务产业，探索推进可穿戴设备、智能健康电子产品和健康医疗移动应用服务等发展。规范发展母婴照料服务。培育健康文化产业和体育医疗康复产业。制定健康医疗旅游行业标准、规范，打造具有国际竞争力的健康医疗旅游目的地。大力发展中医药健康旅游。打造一批知名品牌和良性循环的健康服务产业集群，扶持一大批中小微企业配套发展。

引导发展专业的医学检验中心、医疗影像中心、病理诊断中心和血液透析中心等。支持发展第三方医疗服务评价、健康管理服务评价，以及健康市场调查和咨询服务。鼓励社会力量提供食品药品检测服务。完善科技中介体系，大力发展专业化、市场化医药科技成果转化服务。

第十九章　积极发展健身休闲运动产业

进一步优化市场环境，培育多元主体，引导社会力量参与健身休闲设施建设运营。推动体育项目协会改革和体育场馆资源所有权、经营权分离改革，加快开放体育资源，创新健身休闲运动项目推广普及方式，进一步健全政府购买体育公共服务的体制机制，打造健身休闲综合服务体。鼓励发展多种形式的体育健身俱乐部，丰富业余体育赛事，积极培育冰雪、山地、水上、汽摩、航空、极限、马术等具有消费引领特征的时尚休闲运动项目，打造具有区域特色的健身休闲示范区、健身休闲产业带。

第二十章　促进医药产业发展

第一节　加强医药技术创新

完善政产学研用协同创新体系，推动医药创新和转型升级。加强专利药、中药新药、新型制剂、高端医疗器械等创新能力建设，推动治疗重大疾病的专利到期药物实现仿制上市。大力发展生物药、化学药新品种、优质中药、高性能医疗器械、新型辅料包材和制药设备，推动重大药物产业化，加快医疗器械转型升级，提高具有自主知识产权的医学诊疗设备、医用材料的国际竞争力。加快发展康复辅助器具产业，增强自主创新能力。健全质量标准体系，提升质量控制技术，实施绿色和智能改造升级，到2030年，药品、医疗器械质量标准全面与国际接轨。

第二节　提升产业发展水平

发展专业医药园区，支持组建产业联盟或联合体，构建创新驱动、绿色低碳、智能高效的先进制造体系，提高产业集中度，增强中高端产品供给能力。大力发展医疗健康服务贸易，推动医药企业走出去和国际产业合作，提高国际竞争力。到2030年，具有自主知识产权新药和诊疗装备国际市场份额大幅提高，高端医疗设备市场国产化率大幅提高，实现医药工业中高速发展和向中高端迈进，跨入世界制药强国行列。推进医药流通行业转型升级，减少流通环节，提高流通市场集中度，形成一批跨国大型药品流通企业。

第七篇　健全支撑与保障

第二十一章　深化体制机制改革

第一节　把健康融入所有政策

加强各部门各行业的沟通协作，形成促进健康的合力。全面建立健康影响评价评估制度，系统评估各项经济社会发展规划和政策、重大工程项目对健康的影响，健全监督机制。畅通公众参与渠道，加强社会监督。

第二节　全面深化医药卫生体制改革

加快建立更加成熟定型的基本医疗卫生制度，维护公共医疗卫生的公益性，有效控制医药费用不合理增长，不断解决群众看病就医问题。推进政事分开、管办分开，理顺公立医疗卫生机构与政府的关系，建立现代公立医院管理制度。清晰划分中央和地方以及地方各级政府医药卫生管理事权，实施属地化和全行业管理。推进军队医院参加城市公立医院改革、纳入国家分级诊疗体系工作。健全卫生计生全行业综合监管体系。

第三节　完善健康筹资机制

健全政府健康领域相关投入机制，调整优化财政支出结构，加大健康领域投入力度，科学合理界定中央政府和地方政府支出责任，履行政府保障基本健康服务需求的责任。中央财政在安排相关转移支付时对经济欠发达地区予以倾斜，提高资金使用效益。建立结果导向的健康投入机制，开展健康投入绩效监测和评价。充分调动社会组织、企业等的积极性，形成多元筹资格局。鼓励金融等机构创新产品和服务，完善扶持措施。大力发展慈善事业，鼓励社会和个人捐赠与互助。

第四节　加快转变政府职能

进一步推进健康相关领域简政放权、放管结合、优化服务。继续深化药品、医疗机构等审批改革，规范医疗机构设置审批行为。推进健康相关部门依法行政，推进政务公开和信息公开。加强卫生计生、体育、食品药品等健康领域监管创新，加快构建事中和事后监管体系，全面推开“双随机、一公开”机制建设。推进综合监管，加强行业自律和诚信建设，鼓励行业协会商会发展，充分发挥社会力量在监管中的作用，促进公平竞争，推动健康相关行业科学发展，简化健康领域公共服务流程，优化政府服务，提高服务效率。

第二十二章　加强健康人力资源建设

第一节　加强健康人才培养培训

加强医教协同，建立完善医学人才培养供需平衡机制。改革医学教育制度，加快建成适应行业特点的院校教育、毕业后教育、继续教育三阶段有机衔接的医学人才培养培训体系。完善医学教育质量保障机制，建立与国际医学教育实质等效的医学专业认证制度。以全科医生为重点，加强基层人才队伍建设。完善住院医师与专科医师培养培训制度，建立公共卫生与临床医学复合型高层次人才培养机制。强化面向全员的继续医学教育制度。加大基层和偏远地区扶持力度。加强全科、儿科、产科、精神科、病理、护理、助产、康复、心理健康等急需紧缺专业人才培养培训。加强药师和中医药健康服务、卫生应急、卫生信息化复合人才队伍建设。加强高层次人才队伍建设，引进和培养一批具有国际领先水平的学科带头人。推进卫生管理人员专业化、职业化。调整优化适应健康服务产业发展的医学教育专业结构，加大养老护理员、康复治疗师、心理咨询师等健康人才培养培训力度。支持建立以国家健康医疗开放大学为基础、中国健康医疗教育慕课联盟为支撑的健康教育培训云平台，便捷医务人员终身教育。加强社会体育指导员队伍建设，到2030年，实现每千人拥有社会体育指导员2.3名。

第二节　创新人才使用评价激励机制

落实医疗卫生机构用人自主权，全面推行聘用制，形成能进能出的灵活用人机制。落实基层医务人员工资政策。创新医务人员使用、流动与服务提供模式，积极探索医师自由执业、医师个体与医疗机构签约服务或组建医生集团。建立符合医疗卫生行业特点的人事薪酬制度。对接国际通行模式，进一步优化和完善护理、助产、医疗辅助服务、医疗卫生技术等方面人员评价标准。创新人才评价机制，不将论文、外语、科研等作为基层卫生人才职称评审的硬性要求，健全符合全科医生岗位特点的人才评价机制。

第二十三章　推动健康科技创新

第一节　构建国家医学科技创新体系

大力加强国家临床医学研究中心和协同创新网络建设，进一步强化实验室、工程中心等科研基地能力建设，依托现有机构推进中医药临床研究基地和科研机构能力建设，完善医学研究科研基地布局。加强资源整合和数据交汇，统筹布局国家生物医学大数据、生物样本资源、实验动物资源等资源平台，建设心脑血管、肿瘤、老年病等临床医学数据示范中心。实施中国医学科学院医学与健康科技创新工程。加快生物医药和大健康产业基地建设，培育健康产业高新技术企业，打造一批医学研究和健康产业创新中心，促进医研企结合，推进医疗机构、科研院所、高等学校和企业等创新主体高效协同。

加强医药成果转化推广平台建设，促进医学成果转化推广。建立更好的医学创新激励机制和以应用为导向的成果评价机制，进一步健全科研基地、生物安全、技术评估、医学研究标准与规范、医学伦理与科研诚信、知识产权等保障机制，加强科卫协同、军民融合、省部合作，有效提升基础前沿、关键共性、社会公益和战略高科技的研究水平。

第二节 推进医学科技进步

启动实施脑科学与类脑研究、健康保障等重大科技项目和重大工程，推进国家科技重大专项、国家重点研发计划重点专项等科技计划。发展组学技术、干细胞与再生医学、新型疫苗、生物治疗等医学前沿技术，加强慢病防控、精准医学、智慧医疗等关键技术突破，重点部署创新药物开发、医疗器械国产化、中医药现代化等任务，显著增强重大疾病防治和健康产业发展的科技支撑能力。力争到2030年，科技论文影响力和三方专利总量进入国际前列，进一步提高科技创新对医药工业增长贡献率和成果转化率。

第二十四章 建设健康信息化服务体系

第一节 完善人口健康信息服务体系建设

全面建成统一权威、互联互通的人口健康信息平台，规范和推动“互联网+健康医疗”服务，创新互联网健康医疗服务模式，持续推进覆盖全生命周期的预防、治疗、康复和自主健康管理一体化的国民健康信息服务。实施健康中国云服务计划，全面建立远程医疗应用体系，发展智慧健康医疗便民惠民服务。建立人口健康信息化标准体系和安全保护机制。做好公民入伍前与退伍后个人电子健康档案军地之间接续共享。到2030年，实现国家省市县四级人口健康信息平台互通共享、规范应用，人人拥有规范化的电子健康档案和功能完备的健康卡，远程医疗覆盖省市县乡四级医疗卫生机构，全面实现人口健康信息规范管理和使用，满足个性化服务和精准化医疗的需求。

第二节 推进健康医疗大数据应用

加强健康医疗大数据应用体系建设，推进基于区域人口健康信息平台的医疗健康大数据开放共享、深度挖掘和广泛应用。消除数据壁垒，建立跨部门跨领域密切配合、统一归口的健康医疗数据共享机制，实现公共卫生、计划生育、医疗服务、医疗保障、药品供应、综合管理等应用信息系统数据采集、集成共享和业务协同。建立和完善全国健康医疗数据资源目录体系，全面深化健康医疗大数据在行业治理、临床和科研、公共卫生、教育培训等领域的应用，培育健康医疗大数据应用新业态。加强健康医疗大数据相关法规和标准体系建设，强化国家、区域人口健康信息工程技术能力，制定分级分类分域的数据应用政策规范，推进网络可信体系建设，注重内容安全、数据安全和技术安全，加强健康医疗数据安全保障和患者隐私保护。加强互联网健康服务监管。

第二十五章　加强健康法治建设

推动颁布并实施基本医疗卫生法、中医药法，修订实施药品管理法，加强重点领域法律法规的立法和修订工作，完善部门规章和地方政府规章，健全健康领域标准规范和指南体系。强化政府在医疗卫生、食品、药品、环境、体育等健康领域的监管职责，建立政府监管、行业自律和社会监督相结合的监督管理体制。加强健康领域监督执法体系和能力建设。

第二十六章　加强国际交流合作

实施中国全球卫生战略，全方位积极推进人口健康领域的国际合作。以双边合作机制为基础，创新合作模式，加强人文交流，促进我国和“一带一路”沿线国家卫生合作。加强南南合作，落实中非公共卫生合作计划，继续向发展中国家派遣医疗队员，重点加强包括妇幼保健在内的医疗援助，重点支持疾病预防控制体系建设。加强中医药国际交流与合作。充分利用国家高层战略对话机制，将卫生纳入大国外交议程。积极参与全球卫生治理，在相关国际标准、规范、指南等的研究、谈判与制定中发挥影响，提升健康领域国际影响力和制度性话语权。

第八篇　强化组织实施

第二十七章　加强组织领导

完善健康中国建设推进协调机制，统筹协调推进健康中国建设全局性工作，审议重大项目、重大政策、重大工程、重大问题和重要工作安排，加强战略谋划，指导部门、地方开展工作。

各地区各部门要将健康中国建设纳入重要议事日程，健全领导体制和工作机制，将健康中国建设列入经济社会发展规划，将主要健康指标纳入各级党委和政府考核指标，完善考核机制和问责制度，做好相关任务的实施落实工作。注重发挥工会、共青团、妇联、残联等群团组织以及其他社会组织的作用，充分发挥民主党派、工商联和无党派人士作用，最大限度凝聚全社会共识和力量。

第二十八章　营造良好社会氛围

大力宣传党和国家关于维护促进人民健康的重大战略思想和方针政策，宣传推进健康中国建设的重大意义、总体战略、目标任务和重大举措。加强正面宣传、舆论监督、科学引导和典型报道，增强社会对健康中国建设的普遍认知，形成全社会关心支持健康中国建设的良好社会氛围。

第二十九章　做好实施监测

制定实施五年规划等政策文件，对本规划纲要各项政策和措施进行细化完善，明确各个阶段所要实施的重大工程、重大项目和重大政策。建立常态化、经常化的督查考核机制，强化激励和问责。建立健全监测评价机制，制定规划纲要任务部门分工方案和监测评估方案，并对实施进度和效果进行年度监测和评估，适时对目标任务进行必要调整。充分尊重人民群众的首创精神，对各地在实施规划纲要中好的做法和有效经验，要及时总结，积极推广。

体育强国建设纲要

为进一步明确体育强国建设的目标、任务及措施，充分发挥体育在全面建设社会主义现代化国家新征程中的重要作用，制定本纲要。

一、总体要求

（一）指导思想。以习近平新时代中国特色社会主义思想为指导，全面贯彻党的十九大和十九届二中、三中全会精神，认真学习贯彻习近平总书记关于体育工作的重要论述，按照党中央、国务院关于加快推进体育强国建设的决策部署，坚持以人为本、改革创新、依法治体、协同联动，持续提升体育发展的质量和效益，大力推动全民健身与全民健康深度融合，更好发挥举国体制与市场机制相结合的重要作用，不断满足人民对美好生活的需要，努力将体育建设成为中华民族伟大复兴的标志性事业。

（二）战略目标。

到2020年，建立与全面建成小康社会相适应的体育发展新机制，体育领域创新发展取得新成果，全民族身体素养和健康水平持续提高，公共体育服务体系初步建立，竞技体育综合实力进一步增强，体育产业在实现高质量发展上取得新进展。

到2035年，形成政府主导有力、社会规范有序、市场充满活力、人民积极参与、社会组织健康发展、公共服务完善、与基本实现现代化相适应的体育发展新格局，体育治理体系和治理能力实现现代化。全民健身更亲民、更便利、更普及，经常参加体育锻炼人数比例达到45%以上，人均体育场地面积达到2.5平方米，城乡居民达到《国民体质测定标准》合格以上的人数比例超过92%；青少年体育服务体系更加健全，身体素养显著提升，健康状况明显改善；竞技体育更好、更快、更高、更强，夏季项目与冬季项目、男子项目与女子项目、职业体育与专业体育、“三大球”与基础大项等实现均衡发展，综合实力和国际影响力大幅提升；体育产业更大、更活、更优，成为国民经济支柱性产业；体育文化感召力、影响力、凝聚力不断提高，中华体育精神传承发扬；体育对外和对港澳台交往更活跃、更全面、更协调，成为中国特色大国外交和“一国两制”事业的重要方面。

到2050年，全面建成社会主义现代化体育强国。人民身体素养和健康水平、体育综合实力和国际影响力居于世界前列，体育成为中华民族伟大复兴的标志性事业。

二、战略任务

（一）落实全民健身国家战略，助力健康中国建设。

完善全民健身公共服务体系。充分发挥国务院全民健身工作部际联席会议作用，地方各级政府建立全民健身工作联席会议机制。紧紧围绕便民惠民，抓好全民健身“六个身边”工程建设。积极开展体育强省、全民运动健身模范市、全民运动健身模范县三级联创活动，逐步推动基本公共体育服务在地区、城乡、行业和人群间的均等化。推动全民健身公共服务资源向农村倾斜，重点扶持革命老区、民族地区、边疆地区、贫困地区发展全民健身事业。

统筹建设全民健身场地设施。加强城市绿道、健身步道、自行车道、全民健身中心、体育健身公园、社区文体广场以及足球、冰雪运动等场地设施建设，与住宅、商业、文化、娱乐等建设项目综合开发和改造相结合，合理利用城市空置场所、地下空间、公园绿地、建筑屋顶、权属单位物业附属空间。鼓励社会力量建设小型体育场所，完善公共体育设施免费或低收费开放政策，有序促进各类体育场地设施向社会开放。紧密结合美丽宜居乡村、运动休闲特色小镇建设，鼓励创建休闲健身区、功能区和田园景区，探索发展乡村健身休闲产业和建设运动休闲特色乡村。

广泛开展全民健身活动。坚持以人民健康为中心，制定并实施全民健身计划，普及科学健身知识和健身方法，因时因地因需开展全民健身活动，坚持大健康理念，从注重“治已病”向注重“治未病”转变。推行《国家体育锻炼标准》和《国家学生体质健康标准》，建立面向全民的体育运动水平等级标准和评定体系。大力发展群众喜闻乐见的运动项目，扶持推广各类民族民间民俗传统运动项目。建立群众性竞赛活动体系和激励机制，探索多元主体办赛机制。推进冰雪运动“南展西扩东进”战略，带动“三亿人参与冰雪运动”。

优化全民健身组织网络。发挥全国性体育社会组织示范作用，推进各级体育总会建设，完善覆盖城乡、规范有序、富有活力的全民健身组织网络，带动各级各类单项、行业和人群体育组织开展全民健身活动。组织社会体育指导员广泛开展全民健身指导服务，建立全民健身志愿服务长效机制。

促进重点人群体育活动开展。制定实施青少年、妇女、老年人、农民、职业人群、残疾人等群体的体质健康干预计划。将促进青少年提高身体素养和养成健康生活方式作为学校体育教育的重要内容，把学生体质健康水平纳入政府、教育行政部门、学校的考核体系，全面实施青少年体育活动促进计划。实行工间健身制度，鼓励和支持新建工作场所建设适当的健身活动场地。积极推进冰雪运动进校园、进社区，普及冬奥知识和冰雪运动。推动残疾人康复体育和健身体育广泛开展。

推进全民健身智慧化发展。运用物联网、云计算等新信息技术，促进体育场馆活动预订、赛事信息发布、经营服务统计等整合应用，推进智慧健身路径、智慧健身步道、智慧体育公园建设。鼓励社会力量建设分布于城乡社区、商圈、工业园区的智慧健身中心、智慧健身馆。依托已有资源，提升智慧化全民健身公共服务能力，实现资源整合、数据共享、互联互通，加强分析应用。

（二）提升竞技体育综合实力，增强为国争光能力。

完善举国体制与市场机制相结合的竞技体育发展模式，坚持开放办体育，形成国家办与社会办相结合的竞技体育管理体制和运行机制。创新优秀运动员培养和优秀运动队组建模式，建立向全社会开放的国家队运动员选拔制度，充分调动高校、地方以及社会力量参与竞技体育的积极性。综合评估竞技体育项目发展潜力和价值，统筹各项目发展，建立竞技体育公共投入的效益评估体系。

构建科学合理的训练体系。加强优秀运动队复合型训练团队建设，构建符合科学发展要求的训练体系。统筹国际国内体育科技资源，构建跨学科、跨地域、跨行业、跨部门的体育科技协同创新平台，加强科研攻关、科技服务和医疗保障工作。加大对训练基地科研、医疗、文化教育等支持，把若干现有基地建设成为世界一流的“训、科、医、教、服”一体化训练基地。

建立中国特色现代化竞赛体系。推进竞赛体制改革，建立适应社会主义市场经济、符合现代体育运动规律、与国际接轨的体育竞赛制度，构建多部门合作、多主体参与的金字塔式体育竞赛体系，畅通分级分类有序参赛通道，推动青少年竞赛体系和学校竞赛体系有机融合。深化全国运动会、全国冬季运动会、全国青年运动会改革。支持全国性单项体育协会举办高水平体育赛事活动，鼓励社会力量举办形式多样的系列赛、大奖赛、分站赛等。

做好2020年东京奥运会、残奥会和2022年北京冬奥会、冬残奥会备战参赛工作。在保持传统优势项目领先地位的基础上，做大做强基础项目；持续加大冰雪项目选材力度，恶补冰雪项目短板，不断提高冰雪竞技水平；扎实推进备战工作，全面加强科学训练、赛事平台建设、反兴奋剂、综合服务保障等工作，建立人才流动绿色通道；打造能征善战、作风优良的一流队伍，确保在2020年东京奥运会、残奥会上取得运动成绩与精神文明双丰收，在2022年北京冬奥会上实现全项目参赛，取得我国冬奥会和冬残奥会参赛史上最好成绩。

全面推动足球、篮球、排球运动的普及和提高。积极探索中国特色“三大球”发展道路，构建政府主导、部门协同、社会力量积极参与的“三大球”训练、竞赛和后备人才培养体系。加强国际交流与合作，强化科技助力，提高“三大球”训练、竞赛的科学化水平。挖掘“三大球”项目文化，提高大众的认知度和参与度。

推进职业体育发展。鼓励具备条件的运动项目走职业化道路，支持教练员、运动员职业化发展，组建职业联盟。完善职业体育俱乐部法人治理结构，加快俱乐部现代企业制度建设。建立体育经纪人制度，积极探索适应中国国情和职业体育特点的职业运动员管理制度。完善职业体育联赛体制机制，充分发挥俱乐部的市场主体作用，培育形成具有世界影响力的职业联赛。

（三）加快发展体育产业，培育经济发展新动能。

打造现代产业体系。完善体育全产业链条，促进体育与相关行业融合发展，推动区域体育产业协同发展。加快推动互联网、大数据、人工智能与体育实体经济深度融合，创新生产方式、服务方式和商业模式，促进体育制造业转型升级、体育服务业提质增效。

激发市场主体活力。支持体育用品研发设计、生产制造和示范应用，引导企业加大自主研发和科技成果转化力度，开发科技含量高、拥有自主知识产权的产品，支持可穿戴运动设备和智能运动装备的研发与制造，显著提升体育用品供给能力。打造一批具有国际竞争力的知名体育企业和具有国际影响力的自主体育品牌，支持优势企业、优势品牌和优势项目“走出去”。完善健身教练、体育经纪人等职业标准和管理规范。扶持体育培训、策划、咨询、经纪、营销等企业发展。鼓励大型健身俱乐部跨区域连锁经营，鼓励大型体育赛事进行市场开发，支持成立各类体育产业孵化平台。

扩大体育消费。广泛开展群众性体育活动，增强体育消费粘性，丰富节假日体育赛事供给，激发大众体育消费需求。拓展体育健身、体育观赛、体育培训、体育旅游等消费新空间，促进健身休闲、竞赛表演产业发展。创新体育消费支付产品，推动体育消费便利化。支持各地创新体育消费引导机制。

加强体育市场监管。完善体育市场监管体制，推进综合行政执法。充分发挥法律法规的规范作用、行业协会的自律作用、市场的配置作用、公众和舆论的监督作用，促进体育市场主体自我约束、诚信经营。推进体育行业信用体系建设，完善体育企业信息公示制度，强化体育企业信息归集机制，健全信用约束和失信联合惩戒机制。

(四) 促进体育文化繁荣发展，弘扬中华体育精神。

大力弘扬中华体育精神。深入挖掘中华体育精神，将其融入社会主义核心价值体系建设，精心培育和发展体育公益、慈善和志愿服务文化。完善中国体育荣誉体系，鼓励社会组织和单项体育协会打造褒奖运动精神的各类荣誉奖励。倡导文明观赛、文明健身等体育文明礼仪，促进社会主义思想道德建设和精神文明创建。

传承中华传统体育文化。加强优秀民族体育、民间体育、民俗体育的保护、推广和创新，推进传统体育项目文化的挖掘和整理。开展体育文物、档案、文献等普查、收集、整理、保存和研究利用工作。开展传统体育类非物质文化遗产展示展演活动，推动传统体育类非物质文化遗产进校园。

推动运动项目文化建设。挖掘体育运动项目特色、组织文化和团队精神，讲好以运动员为主体的运动项目文化故事。培育具有优秀品德和良好运动成绩的体育明星，组织运动队和体育明星开展公益活动。以各类赛事为平台，举办以运动项目为主要内容的文化活动、文化展示。以 2022 年北京冬奥会和冬残奥会筹办为契机，弘扬冰雪运动项目文化。

丰富体育文化产品。实施体育文化创作精品工程，创作具有时代特征、体育内涵、中国特色的体育文化产品，鼓励开展体育影视、体育音乐、体育摄影、体育美术、体育动漫、体育收藏品等的展示和评选活动。

（五）加强对外和对港澳台体育交往，服务中国特色大国外交和“一国两制”事业。

构建体育对外交往新格局。深化与亚洲各国尤其是周边国家的体育交流合作，务实推进与欧美发达国家的体育互利合作，巩固和发展与非洲和拉美国家的体育友好关系。引导、支持和鼓励体育类社会组织、体育明星、大众媒体、体育企业、海外华侨等在体育对外交往活动中发挥作用。

加强与重点国家和地区体育交流合作。积极参与政府间人文交流活动，扎实推进共建“一带一路”、金砖国家、上海合作组织等多边合作框架下的体育交流活动。制定实施共建“一带一路”体育发展行动计划，积极搭建各类体育交流平台，鼓励丰富多样的民间体育交流。推动与共建“一带一路”国家在体育旅游方面深度合作，打造“一带一路”精品体育旅游赛事和线路。

提升中国体育国际影响力。实施中华武术“走出去”战略，对标奥运会要求，完善规则、标准，力争武术项目早日进入奥运会。通过孔子学院和海外中国文化中心等平台，推动中国传统体育项目的国际化发展。拓展对外传播优势平台，加强与国际体育组织的交流合作，扩大我国在国际体育事务中的影响力和话语权。

深化对港澳台地区体育交流合作。积极开展内地与港澳体育交流合作，支持港澳体育事业发展。邀请港澳相关人士参加和观摩全国综合性运动会。支持港澳申请和举办国际体育赛事。积极稳妥地开展两岸体育交流合作，强化两岸体育交流机制。坚持在“奥运模式”框架内，妥善处理国际体育活动中的涉台问题。

三、政策保障

（一）加强组织领导。体育、发展改革、财政、税务、人力资源社会保障、公安、教育、文化和旅游、卫生健康、科技、民政、外交、住房城乡建设、自然资源、农业农村、残联等部门和单位要建立目标任务分解考核和动态调整机制，确保体育强国建设目标如期完成。进一步转变政府职能，充分调动社会力量，构建管办分离、内外联动、各司其职、灵活高效的体育发展新模式，实现体育治理体系和治理能力现代化。

（二）加大政策支持力度。完善公共财政体育投入机制，多渠道筹措资金支持体育强国建设。合理划分地方各级政府在体育领域的财政事权和支出责任，明确地方主体责任。加大政府性基金与一般公共预算的统筹力度。加大政府向社会力量购买公共体育服务的力度。落实体育税费政策，加强对政策执行情况的评估督查。将全民健身场地设施纳入各级政府经济社会发展规划和各级国土空间规划，统筹考虑全民健身场地设施、体育用地需求，建立社区全民健身场地设施配建标准和评价制度。研究完善建设用地标准，在国家土地政策允许范围内，保障重要公益性体育设施和体育产业设施、项目必要用地，并依法依规办理用地手续。

（三）促进区域协调发展。积极推进京津冀、长三角、粤港澳、海峡西岸等区域内体育协调发展。加快在海南建设国家体育训练南方基地和国家体育旅游示范区。挖掘中西部地区独特的体育资源优势，形成东、中、西部体育良性互动格局。丰富革命老区、民族地区、边疆地区、贫困地区群众的体育生活，做好体育援疆、援藏工作。

（四）加快体育人才培养和引进。制定全国体育人才发展中长期规划，实施高层次人才培养专项计划。建立健全适应体育行业特点的人事制度、薪酬制度、人才评价机制。选派重点项目、重点领域专业人才出国（境）培训、留学，支持与海外高水平机构联合培养体育人才。开展体育引智工作，加大人才引进力度。

（五）推进体育领域法治和行业作风建设。推动《中华人民共和国体育法》修订，加快体育领域相关法规文件立改废释工作。深化体育领域“放管服”改革，精简行政审批事项，加强对体育赛事、体育市场经营等活动的事中事后监管，不断优化服务。强化体育执法，建立体育纠纷多元化解机制。深入开展赛风赛纪和反兴奋剂专项治理。加强运动队党建和运动员、教练员思想政治工作。加强运动员职业道德教育和文明礼仪修养。各类体育协会要加强行业自律，引导行业健康发展、企业规范经营。

（六）加强体育政策规划制定等工作。制定全民健身、竞技体育、体育产业等领域以及包括“三大球”在内的各运动项目发展规划。全面推进体育标准化建设，重点推进基本公共体育服务建设以及运动水平、赛事活动、教育培训等体育服务领域的规范和标准制修订。进一步完善体育事业和体育产业统计制度。推进体育信息化建设。加强体育基础理论研究，为体育强国建设提供理论支持和决策参考。

重大工程专栏

重大工程一　体育场地设施建设工程

合理做好城乡空间二次利用，积极推广多功能、季节性、可移动、可拆卸、绿色环保的健身设施。

建设一批小型足球篮球场地，提高学校足球篮球场地利用率。

科学规划布局和建设一批室内外公共滑冰、滑雪场地，推广使用可移动式冰场和仿真冰场。

推动建设公共体育场地设施管理服务网络平台。

研究制定、完善社会力量参与体育场地设施建设及运营管理的扶持政策。

重大工程二　全民健身活动普及工程

扩大彩票公益金资助全民健身赛事活动办赛主体的范围，加大向社会力量购买全民健身赛事活动服务的力度。

探索组织举办全民健身赛事活动的新模式，打造全民健身赛事活动品牌。

举办冰雪旅游节、冰雪文化节、冰雪嘉年华、赏冰乐雪季、冰雪马拉松等冬季项目品牌赛事活动，推广滑雪橇、冰上自行车、冰上龙舟、雪地拔河、雪地足球等冰雪娱乐项目。

推广旱地冰球、旱地冰壶等项目。

开展各类业余足球赛事活动和全国业余足球教练员培训。

开展国民体质监测和全民健身活动状况调查，完善并推行国家体育锻炼标准和运动水平等级标准。建立运动处方数据库，培养运动医生和康复师，建设慢性疾病运动干预中心。

重大工程三　青少年体育发展促进工程

构建社会化、网络化的青少年体育冬夏令营体系，开展青少年体育技能培训，使青少年掌握 2 项以上运动技能；丰富青少年体育赛事活动，形成一批具有较大影响的社会精品赛事活动；构建青少年体育社会组织管理和支持体系，促进青少年体育俱乐部、青少年户外体育活动营地等发展。

推进幼儿体育发展，完善政策和保障体系；推进幼儿体育项目和幼儿体育器材标准体系建设，引导建立幼儿体育课程体系和师资培养体系。

实施青少年体育拔尖人才建设工程，推动体校特色运动队、俱乐部运动队、大中小学运动队及俱乐部建设。进一步发挥体校和社会俱乐部培养竞技体育后备人才的优势。

打破部门界限和注册限制，逐步建立面向所有适龄青少年、不同年龄阶段相互衔接的全国青少年 U 系列竞赛体系。

落实教练员培养规划，实施教练员轮训，提高青少年体育教练员水平。

重大工程四　国家体育训练体系构建工程

以运动员（队）为中心，以训练效益为导向，建立科学训练复合型团队和“流水线”“一站式”“一体化”高效工作模式。

推动竞技体育科学训练中心场馆智能化升级改造，打造智能化科学训练基地。

加快体育装备、训练器材和科研仪器等更新迭代，提高训练过程和状态监控的科学化、信息化水平。

依托现有机构建设中国教练员学院，完善各类教练员继续教育和职业培训。制定实施精英教练员千人计划。统筹整合现有资金渠道，建立面向全球的体育科研、医疗、康复等科学训练专业人才招募合作平台，配套建设科学的培养支持机制和绩效考评机制。

以国家体育训练中心为龙头，以地方体育训练基地为支撑，在全国范围内规划布局区域性、特色化的训练中心和基地，吸纳高校等社会优质资源建设竞技体育后备人才培养基地。

重大工程五　科技助力奥运工程

依托高校、科研院所、高新技术企业，围绕科技攻关，聚焦奥运备战，培育建设 5~10 个国际化体育科技合作平台。

组建各项目国家队复合型科研医疗团队，对国家队日常训练中的体能训练、机能监控、伤病防治、运动营养、技战术分析、数据管理与分析、信息情报收集与处理等方面提供及时、有效的科研医疗保障，优化团队运行管理及绩效评价。

建设国家队训练大数据管理系统，加强对运动员基本信息、训练计划和执行、训练过程机能指标监控、训练专项指标测试、体能指标测试、技战术诊断与分析、大赛选拔、伤病及康复、膳食及营养、心理训练等数据的规范和管理，科学分析、指导训练参赛工作。

组建大型赛事科研医疗保障营，整合国内高水平医疗、体能、康复、心理、营养等方面人才，引进外国专家，配备先进的科技、医疗设备，完善赛事科研医疗保障工作机制，提升赛时科研医疗保障服务水平。

重大工程六　体育产业升级工程

支持各运动项目协会制定体育运动项目产业规划和具体落实措施，推动有条件的运动项目打造涵盖职业、商业和群众性赛事的多层次、多样化的体育赛事体系。

聚焦全民健身和竞技体育需求，引导和支持体育用品制造企业研制开发一批急需体育用品，打造知名品牌，提升供给能力，稳步增强体育用品制造业的综合竞争力。

推进体育服务综合体建设，在全国建设一批体育特色鲜明、服务功能完善的体育服务综合体。

稳步推进运动休闲特色小镇建设，开展定期测评，实行动态调整，打造10个具有示范意义的小镇样板。

推动《中华人民共和国体育法》修订，完善体育市场监管体制，提高体育市场监督管理法治化水平。

加强体育产业标准化工作和统计工作。建立运动项目产业数据监测机制，发布运动项目产业及体育消费数据。建立省级体育产业名录库。

将体育产业工作纳入国务院全民健身工作部际联席会议机制框架。鼓励各地建立体育产业部门协同机制，将体育产业政策的贯彻落实情况纳入全国文明城市、全国卫生城市的评比。

重大工程七　体育文化建设工程

打造体育文化品牌活动，改革、创新中国体育文化博览会和中国体育旅游博览会；丰富全国运动会等综合性赛事和单项体育赛事的体育文化内涵。办好全国体育美术作品展览。

推动体育博物馆和档案馆等建设，做好体育文物藏品征集和收藏管理保护工作。

加强体育舆情监测，提高网络舆情应对能力。

构建体育全媒体传播格局，打造体育融媒体产品，发挥短视频平台、微博、微信、客户端等在体育文化传播中的积极作用。

重大工程八　体育志愿服务工程

建立健全全民健身志愿服务组织体系。扩大运动员、教练员中的志愿者人数。将志愿服务纳入体育专业学生考核和体育教师评价内容。

建立全民健身志愿者注册、培训与管理体系，形成完善的志愿者招募、注册、培训、服务、激励流程制度。

建立全民健身志愿服务统计体系和志愿服务成效评估体系，完善以精神激励为主、物质奖励为辅的志愿者表彰激励机制，推动建立志愿者保险制度。

加大对欠发达地区社会体育指导员的培训力度；结合大型全民健身赛事活动，鼓励体育专业学生、优秀运动员赴欠发达地区进行志愿服务。

重大工程九　体育社会组织建设工程

支持符合条件的地区依法成立体育总会（体育总会具备独立法人资格，设有独立银行账户，有明确的职责和岗位要求），推动实现体育总会全覆盖。

支持符合条件的乡镇（街道）和城乡社区依法建立老年人体育协会、社会体育指导员协会、单项体育协会。拓展乡镇（街道）综合文化站和社区文化室（中心）的体育服务功能，积极开展贴近城乡社区生产生活、符合城乡居民健身需求的体育活动。

支持大中小学、厂矿企业等企事业单位发展各类群众性体育社会组织，组建形式多样的群众性体育俱乐部，鼓励有条件的地方组织群众性体育俱乐部联赛，并积极承接体育部门赛事活动等公共体育服务。推动农民体育协会等社会组织建设，健全农民群众身边的健身组织。支持和培育发展社区体育组织。

稳步推进各级运动项目协会与行政机关脱钩等改革，推进协会依法依规独立运行，探索建立完善权责明确、运转协调、制衡有效的法人治理结构，按照章程加强协会内部管理，依法依规开展体育活动。

国务院办公厅关于加强全民健身场地设施建设发展群众体育的意见

各省、自治区、直辖市人民政府，国务院各部委、各直属机构：

加强全民健身场地设施（以下简称健身设施）建设，发展群众体育，是各级人民政府的重要公共服务职能，是贯彻全民健身国家战略、实施健康中国行动的必然要求。为推进健身设施建设，推动群众体育蓬勃开展，提升全民健身公共服务水平，经国务院同意，现提出以下意见。

一、总体要求

以习近平新时代中国特色社会主义思想为指导，深入贯彻党的十九大和十九届二中、三中、四中全会精神，完善健身设施建设顶层设计，增加健身设施有效供给，补齐群众身边的健身设施短板，大力开展群众体育活动，统筹推进新冠肺炎疫情防控和全民健身促进工作。争取到2025年，有效解决制约健身设施规划建设的瓶颈问题，相关部门联动工作机制更加健全高效，健身设施配置更加合理，健身环境明显改善，形成群众普遍参加体育健身的良好氛围。

二、完善顶层设计

（一）摸清底数短板。各地区要抓紧启动本地区健身设施现状调查，评估健身设施布局和开放使用情况，对照相关标准规范和群众需求，摸清健身设施建设短板。与此同时，要系统梳理可用于建设健身设施的城市空闲地、边角地、公园绿地、城市路桥附属用地、厂房、建筑屋顶等空间资源，以及可复合利用的城市文化娱乐、养老、教育、商业等其他设施资源，制定并向社会公布可用于建设健身设施的非体育用地、非体育建筑目录或指引。

（二）制定行动计划。各地区要结合相关规划，于1年内编制健身设施建设补短板五年行动计划，明确各年度目标任务，聚焦群众就近健身需要，优先规划建设贴近社区、方便可达的全民健身中心、多功能运动场、体育公园、健身步道、健身广场、小型足球场等健身设施，并统筹考虑增加应急避难（险）功能设置。对确有必要建设的大型体育场馆，要从严审批、合理布局，兼顾社区使用。

（三）规范审核程序。各地区在组织编制涉及健身设施建设的相关规划时，要就有关健身设施建设的内容征求同级体育主管部门意见；在审查审批建设工程设计方案时，要按照国家关于健身设施规划建设的标准规范严格把关。对于已建成交付和新建改建的健身设施，要严格用途管理，防止挪作他用。

三、挖掘存量建设用地潜力

（四）盘活城市空闲土地。各地区在不影响相关规划实施及交通、市容、安全等前提下，可应社会主体申请，提供城市空闲土地建设健身设施，并可依法按照兼容用途、依据地方关于临时建设的办法进行管理。

（五）用好城市公益性建设用地。鼓励依法依规利用城市公益性建设用地建设健身设施，并统筹考虑应急避难（险）需要。在不妨碍防洪、供水安全等前提下，可依法依规在河道湖泊沿岸、滩地建设健身步道等。

（六）支持以租赁方式供地。鼓励各地区在符合城市规划的前提下，以租赁方式向社会力量提供用于建设健身设施的土地，租期不超过20年。以先租后让方式供地的，健身设施建成开放并达到约定条件和年限后，可采取协议方式办理土地出让手续，出让的土地应继续用于健身设施建设运营。对按用途需要采取招标拍卖挂牌方式出让的土地，依照有关规定办理。依法必须以招标拍卖挂牌方式出让国有建设用地使用权的土地实行先租后让、租让结合的，招标拍卖挂牌程序可在租赁供应时实施。

（七）倡导复合用地模式。支持对健身设施和其他公共服务设施进行功能整合。在不改变、不影响建设用地主要用途的前提下，鼓励复合利用土地建设健身设施，通过与具有相容性用途土地产权人达成使用协议的方式促进健身设施项目落地。在养老设施规划建设中，要安排充足的健身空间。

四、提升建设运营水平

（八）简化审批程序。各地区要加大健身设施建设审批领域放管服改革力度，协调本地区发展改革、财政、自然资源、生态环境、住房城乡建设、体育、水务、应急管理、园林、城市管理等相关职能部门，简化、优化审批程序，提高健身设施项目审批效率。

（九）鼓励改造建设。各地区要统筹体育和公共卫生、应急避难（险）设施建设，推广公共体育场馆平战两用改造，在公共体育场馆新建或改建过程中预留改造条件，强化其在重大疫情防控、避险避灾方面的功能。有关改造应符合工程建设相关法律法规和技术标准，具体要求由体育总局、住房城乡建设部、国家卫生健康委、应急管理部等部门另行制定。支持建设符合环保和安全等要求的气膜结构健身馆、装配式健身馆。“十四五”期间，在全国新建或改扩建1000个左右体育公园，打造全民健身新载体。

（十）落实社区配套要求。新建居住小区要按照有关要求和规定配建社区健身设施，并与住宅同步规划、同步建设、同步验收、同步交付，不得挪用或侵占。支持房地产开发企业结合新建小区实际和应急避难（险）需求配建健身馆等设施。社区健身设施未达到规划要求或建设标准的既有居住小区，要紧密结合城镇老旧小区改造，统筹建设社区健身设施。不具备标准健身设施建设条件的，鼓励灵活建设非标准健身设施。

（十一）支持社会参与。社会力量投资建设的室外健身设施在符合相关规划要求的前提下，由各相关方协商依法确定健身设施产权归属，建成后5年内不得擅自改变其产权归属和功能用途。社会力量可申请利用尚未明确用途的城市空闲土地、储备建设用地或者已明确为文化体育用地但尚未完成供地的地块建设临时性室外健身设施，使用时间一般不超过2年，且不能影响土地供应。

（十二）推广委托运营。推进公共体育场馆“改造功能、改革机制”工程。规范委托经营模式，编制和推广政府委托社会力量运营公共体育场馆示范合同文本。鼓励采取公开招标方式筛选运营团队，鼓励将公共体育场馆预订、赛事信息发布、经营服务统计等工作委托社会力量承担，提高运营效率。

（十三）推动设施开放。完善大型体育场馆免费或低收费开放补助政策，支持体育场馆向社会免费或低收费开放。挖掘学校体育场地设施开放潜力，在政策范围内采取必要激励机制，鼓励各地区委托专业机构集中运营本地区符合对外开放条件的学校体育场馆，促进学校体育场馆开放。推动公共体育场馆为学校开展体育活动提供免费或低收费服务。充分挖潜利用现有城市公共体育设施，加强对公共体育场馆开放使用的评估督导，对开放程度低、使用率低、服务对象满意度低的，要求其限期整改。加强对公共场所室外健身器材配建工作的监管，确保健身设施符合应急、疏散和消防安全标准，保障各类健身设施使用安全。

（十四）加强信息化建设。公共体育场馆管理运营方要积极执行场馆信息化建设标准规范，建立完善预约制度，通过即时通讯工具、手机客户端、官方网站、电话等多种渠道开放预约并做好信息登记，确保进出馆人员可追溯，并根据疫情防控要求及时调整入馆限额。对开放式室外健身设施，其管理者要进行必要的人流监测，发现人员过度聚集时及时疏导。

五、实施群众体育提升行动

（十五）丰富社区体育赛事活动。体育总局要加强统筹指导和顶层设计，结合开展“我要上全运”群众体育赛事活动，打造线上与线下比赛相结合、全社会参与、多项目覆盖、多层级联动的“全国社区运动会”，充分发挥社区体育赛事在激发拼搏精神、促进邻里交往、增强社区认同感等方面的积极作用。强化项目推动和综合保障，激发社区组织协办赛事活动的积极性，支持有条件的学校体育俱乐部承办社区体育赛事。通过政府购买服务等方式，引导社会力量承接社区体育赛事活动和培训项目。赛事组织方要严格落实防疫等安全管理要求，制定相关预案。

（十六）推进“互联网+健身”。依托现有平台和资源，委托专业机构开发基于 PC 端、移动端和第三方平台的国家社区体育活动管理服务系统，集成全国公共健身设施布局、科学健身知识、社会体育指导员情况等内容，实现健身设施查询预订、社会体育指导员咨询、体育培训报名等功能，并作为“全国社区运动会”的总服务保障平台。依托该平台，运用市场化方式打造“全国社区运动会”品牌，鼓励各地区正在开展或拟开展的线上、线下社区赛事活动自愿加入平台，为相关活动提供组织管理、人才技术等方面支撑，提高全民健身公共服务智能化、信息化、数字化水平。

（十七）推动居家健身。按照常态化疫情防控要求，大力推广居家健身和全民健身网络赛事活动，充分发挥全民健身在提升全民健康和免疫水平方面的积极作用。在健康中国行动系列工作中大力推进居家健身促进计划，鼓励各地区与线上运动平台合作开办居家健身课程。鼓励体育明星等体育专业技术人才参加健身直播活动，普及运动健身知识、提供科学健身指导、激发群众健身热情。

（十八）夯实组织人才基础。各地区要加快制定完善社区体育相关标准和制度规范。培育发展社会体育指导员协会、社区体育俱乐部等基层体育组织。加强社会体育指导员队伍建设，优化社会体育指导员等级制度，在组织社区体育活动、指导科学健身方面充分发挥作用。

六、加强组织领导

体育总局要会同有关部门制定落实本意见的工作计划和工作台账，对各省（自治区、直辖市）政府贯彻落实本意见情况进行跟踪评估并做好督促指导。各有关部门要加强沟通协调，抓紧细化健身设施规划、用地、开放运营等政策和标准，完善开展社区体育和居家健身的措施，指导地方做好有关工作。各地区要将健身设施规划建设、开放利用和开展群众体育纳入重点工作安排，建立健全责任明确、分工合理、齐抓共管的工作机制，提出符合本地区实际的具体贯彻落实措施。

全民健身计划（2021—2025年）

“十三五”时期，在党中央、国务院坚强领导下，全民健身国家战略深入实施，全民健身公共服务水平显著提升，全民健身场地设施逐步增多，人民群众通过健身促进健康的热情日益高涨，经常参加体育锻炼人数比例达到37.2%，健康中国和体育强国建设迈出新步伐。同时，全民健身区域发展不平衡、公共服务供给不充分等问题仍然存在。为促进全民健身更高水平发展，更好满足人民群众的健身和健康需求，依据《全民健身条例》，制定本计划。

一、总体要求

（一）指导思想。以习近平新时代中国特色社会主义思想为指导，贯彻落实党的十九大和十九届二中、三中、四中、五中全会精神，坚持以人民为中心，坚持新发展理念，深入实施健康中国战略和全民健身国家战略，加快体育强国建设，构建更高水平的全民健身公共服务体系，充分发挥全民健身在提高人民健康水平、促进人的全面发展、推动经济社会发展、展示国家文化软实力等方面的综合价值与多元功能。

（二）发展目标。到2025年，全民健身公共服务体系更加完善，人民群众体育健身更加便利，健身热情进一步提高，各运动项目参与人数持续提升，经常参加体育锻炼人数比例达到38.5%，县（市、区）、乡镇（街道）、行政村（社区）三级公共健身设施和社区15分钟健身圈实现全覆盖，每千人拥有社会体育指导员2.16名，带动全国体育产业总规模达到5万亿元。

二、主要任务

（三）加大全民健身场地设施供给。制定国家步道体系建设总体方案和体育公园建设指导意见，督导各地制定健身设施建设补短板五年行动计划，实施全民健身设施补短板工程。盘活城市空闲土地，用好公益性建设用地，支持以租赁方式供地，倡导土地复合利用，充分挖掘存量建设用地潜力，规划建设贴近社区、方便可达的场地设施。新建或改扩建2000个以上体育公园、全民健身中心、公共体育场馆等健身场地设施，补齐5000个以上乡镇（街道）全民健身场地器材，配建一批群众滑冰场，数字化升级改造1000个以上公共体育场馆。

开展公共体育场馆开放服务提升行动，控制大型场馆数量，建立健全场馆运营管理机制，改造完善场馆硬件设施，做好场馆应急避难（险）功能转换预案，提升场馆使用效益。加强对公共体育场馆开放使用的评估督导，优化场馆免费或低收费开放绩效管理方式，加大场馆向青少年、老年人、残疾人开放的绩效考核力度。做好在新冠肺炎疫情防控常态化条件下学校体育场馆向社会开放工作。

（四）广泛开展全民健身赛事活动。开展全国运动会群众赛事活动，举办全民健身大会、全国社区运动会。持续开展全国新年登高、纪念毛泽东同志“发展体育运动，增强人民体质”题词、全民健身日、“行走大运河”全民健身健步走、中国农民丰收节、群众冬季运动推广普及等主题活动。巩固拓展“三亿人参与冰雪运动”成果，大力发展“三大球”运动，推动县域足球推广普及。制定运动项目办赛指南和参赛指引，举办运动项目业余联赛，普及运动项目文化，发展运动项目人口。支持举办各类残疾人体育赛事，开展残健融合体育健身活动。支持各地利用自身资源优势培育全民健身赛事活动品牌，鼓励京津冀、长三角、粤港澳大湾区、成渝地区双城经济圈等区域联合打造全民健身赛事活动品牌，促进区域间全民健身协同发展。

（五）提升科学健身指导服务水平。落实国民体质监测、国家体育锻炼标准和全民健身活动状况调查制度。开设线上科学健身大讲堂。鼓励体育明星等体育专业技术人才参加健身科普活动。征集推广体育科普作品，促进科学健身知识、方法的研究和普及。制定面向大众的体育运动水平等级标准及评定体系。深化社会体育指导员管理制度改革，适当降低准入门槛，扩大队伍规模，提高指导服务率和科学健身指导服务水平。弘扬全民健身志愿服务精神，开展线上线下志愿服务，推出具有地方特色的全民健身志愿服务项目，打造全民健身志愿服务品牌。

（六）激发体育社会组织活力。完善以各级体育总会为枢纽，各级各类单项、行业和人群体育协会为支撑，基层体育组织为主体的全民健身组织网络。

重点加强基层体育组织建设，鼓励体育总会向乡镇（街道）延伸、各类体育社会组织下沉行政村（社区）。加大政府购买体育社会组织服务力度，引导体育社会组织参与承接政府购买全民健身公共服务。对队伍稳定、组织活跃、专业素养高的“三大球”、乒乓球、羽毛球、骑行、跑步等自发性全民健身社会组织给予场地、教练、培训、等级评定等支持。将运动项目推广普及作为单项体育协会的主要评价指标。

（七）促进重点人群健身活动开展。实施青少年体育活动促进计划，推进青少年体育“健康包”工程，开展针对青少年近视、肥胖等问题的体育干预，合理调整适合未成年人使用的设施器材标准，在配备公共体育设施的社区、公园、绿地等公共场所，配备适合学龄前儿童大动作发展和身体锻炼的设备设施。提高健身设施适老化程度，研究推广适合老年人的体育健身休闲项目，组织开展适合老年人的赛事活动。完善公共健身设施无障碍环境，开展残疾人康复健身活动。推动农民、妇女等人群健身活动开展。

（八）推动体育产业高质量发展。优化产业结构，加快形成以健身休闲和竞赛表演为龙头、高端制造业与现代服务业融合发展的现代体育产业体系。推进体育产业数字化转型，鼓励体育企业“上云用数赋智”，推动数据赋能全产业链协同转型。促进体育资源向优质企业集中，在健身设施供给、赛事活动组织、健身器材研发制造等领域培育一批“专精特新”中小企业、“瞪羚”企业和“隐形冠军”企业，鼓励有条件企业以单项冠军企业为目标做强做优做大。大力发展运动项目产业，积极培育户外运动、智能体育等体育产业，催生更多新产品、新业态、新模式。在国家体育消费试点城市基础上，择优确定一批国家体育消费示范城市，充分发挥试点城市、示范城市作用，鼓励各地创新体育消费政策、机制、模式、产品，加大优质体育产品和服务供给，促进高端体育消费回流。

（九）推进全民健身融合发展。深化体教融合。完善学校体育教学模式，保障学生每天校内、校外各 1 个小时体育活动时间。整合各级各类青少年体育赛事，健全分学段、跨区域的青少年体育赛事体系。加大体育传统特色学校、各级各类体校和高校高水平运动队建设力度，大力培养体育教师和教练员队伍。规范青少年体育社会组织建设，鼓励支持青少年体育俱乐部发展。

推动体卫融合。探索建立体育和卫生健康等部门协同、全社会共同参与的运动促进健康模式。推动体卫融合服务机构向基层覆盖延伸，支持在社区医疗卫生机构中设立科学健身门诊。推进体卫融合理论、科技和实践创新，推广常见慢性病运动干预项目和方法。推广体卫融合发展典型经验。

促进体旅融合。通过普及推广冰雪、山地户外、航空、水上、马拉松、自行车、汽车摩托车等户外运动项目，建设完善相关设施，拓展体育旅游产品和服务供给。打造一批有影响力的体育旅游精品线路、精品赛事和示范基地，引导国家体育旅游示范区建设，助力乡村振兴。

（十）营造全民健身社会氛围。普及全民健身文化，加大公益广告创作和投放力度，大力弘扬体育精神，讲好群众健身故事。强化全民健身激励，探索建立全国统一的“运动银行”制度和个人运动码，开发标准统一的科学运动积分体系，向国家体育锻炼标准和体育运动水平等级标准达标者颁发证书，鼓励向群众发放体育消费券。开展全民运动健身模范市和模范县（市、区）创建。加强全民健身国际交流，与共建“一带一路”国家共同举办全民健身赛事活动，推动武术、龙舟、围棋、健身气功等中华传统体育项目“走出去”，鼓励支持各地与国外友好城市进行全民健身交流。

三、保障措施

（十一）加强组织领导。加强党对全民健身工作的全面领导，发挥各级人民政府全民健身工作联席会议作用，推动完善政府主导、社会协同、公众参与、法治保障的全民健身工作机制。县级以上地方人民政府应将全民健身事业纳入本级经济社会发展规划，制定出台本地区全民健身实施计划，完善多元投入机制，鼓励社会力量参与全民健身公共服务体系建设。体育总局要会同有关部门对各省（自治区、直辖市）人民政府贯彻落实情况进行跟踪评估和督促指导。

（十二）壮大全民健身人才队伍。创新全民健身人才培养模式，发挥互联网等科技手段在人才培训中的作用。加强健身指导、组织管理、科技研发、宣传推广、志愿服务等方面的人才培养供给。畅通各类培养渠道，引导扶持社会力量参与全民健身人才培养，形成多元化的全民健身人才培养体系和科学评价机制。积极稳妥推进指导群众健身的教练员职称评定工作。

（十三）加强全民健身安全保障。对各类健身设施的安全运行加强监管，鼓励在公共体育场馆配置急救设备，确保各类公共体育设施开放服务达到防疫、应急、疏散、产品质量和消防安全标准。建立全民健身赛事活动安全防范、应急保障机制。建立户外运动安全分级管控体系。落实网络安全等级保护制度，加强全民健身相关信息系统安全保护和个人信息保护。坚持防控为先，坚持动态调整，统筹赛事活动举办和新冠肺炎疫情防控。

（十四）提供全民健身智慧化服务。推动线上和智能体育赛事活动开展，支持开展智能健身、云赛事、虚拟运动等新兴运动。开发国家社区体育活动管理服务系统，建设国家全民健身信息服务平台和公共体育设施电子地图，推动省、市两级建立全民健身信息服务平台，提供健身设施查询预定、体育培训报名、健身指导等服务，逐步形成信息发布及时、服务获取便捷、信息反馈高效的全民健身智慧化服务机制。

《“十四五”体育发展规划》社会体育指导员相关部分摘编

（1）全民健身国家战略深入实施，全民健身公共服务体系不断完善，2020年底，我国人均体育场地面积达到2.2平方米，每千人拥有社会体育指导员数超过1.86名，经常参加体育锻炼人数比例达到37.2%。

（“十三五”时期我国体育发展取得显著成就）

（2）全民健身水平达到新高度。更高水平的全民健身公共服务体系基本建成，人民群众身体素养和健康水平进一步提高，获得感和幸福感不断提升。人均体育场地面积达到2.6平方米，经常参加体育锻炼人数比例达到38.5%，每千人拥有社会体育指导员2.16名。

（“十四五”时期体育发展的主要目标）

（3）提高科学健身指导水平。深化社会体育指导员管理制度改革，充分发挥社会体育指导员在组织社区体育活动、指导科学健身等方面的作用。组建科学健身指导巡讲团，深入机关、企事业单位、学校、社会俱乐部以及群众身边进行科学健身指导。建设科学权威的健身方法库、宣传平台和线上培训平台，为群众提供科学健身知识和方法。大力倡导志愿服务精神，鼓励全民健身志愿服务积极参与新时代文明实践，打造全民健身志愿服务品牌。

（落实全民健身国家战略，推进健康中国建设）

（4）全面推动“三大球”以及手球、曲棍球、棒球、垒球、橄榄球、水球、冰球等集体球类项目的普及与提高，加强对集体球类项目的布局和扶持。构建政府主导、部门协同、社会力量积极参与的集体球类项目训练、竞赛和后备人才培养体系。发展青少年集体球类运动，大力推动集体球类项目进校园，组织开展内容丰富、形式多样的青少年集体球类活动。推动有条件的大中小学兴建集体球类项目场地，兴办运动队。壮大集体球类项目教练员、裁判员和社会体育指导员队伍。建立一批集体球类项目高水平后备人才培养基地。鼓励地方与高校、俱乐部以及其他社会力量联办共建集体球类项目专业队，支持组建集体球类项目职业俱乐部。加大“走出去”“请进来”力度，加强与各集体球类项目强国交流，学习借鉴国际先进经验。制定集体球类项目办赛指南和参赛指引，明确赛事活动开展的条件、标准、规则和程序，改革集体球类项目赛制，积极开发和培育竞赛市场。深入挖掘项目文化，充分发挥教育价值，不断增强集体球类项目影响力。

（专栏 7 集体球类项目提升工程）

（5）推动体育元素融入乡村振兴战略，鼓励各地依托可利用的水域、空域、森林、草原等特色自然资源，大力发展户外运动，推动体育与旅游、健康、养老等产业融合发展，带动村民就业创收。鼓励有条件的乡村在开发山地、河流、古驿道、乡道时，统筹规划建设健身休闲绿道、登山步道、山地户外营地、汽车自驾营地、航空飞行营地、运动船艇码头、徒步骑行驿站、滑雪场、研学旅行基地、体育培训基地、训练基地等，打造具有田园风光、乡土风情的体育特色村庄。支持有条件的乡村因地制宜举办群众喜闻乐见、丰富多彩的体育赛事活动，鼓励跨区域联合举办，打造 50 项“最美乡村体育赛事”。鼓励乡村开通体育短视频账号、体育旅游小程序等平台，打造一批乡村体育旅游精品线路。培养一批面向基层的社会体育指导员，加强乡村体育健身指导，强化村民主动健康意识，提升身心健康水平，丰富精神文化生活。

（专栏 27 体育助力乡村振兴工程）

（6）国家社区体育活动管理服务系统。是指集成全国公共健身设施布局、科学健身知识、社会体育指导员情况等内容，实现健身设施查询预订、科学健身指导、体育培训报名等功能，保障“全国社区运动会”开展的信息服务平台。“十四五”期间，国家体育总局拟结合贯彻落实《全民健身计划（2021—2025 年）》，统筹推进国家社区体育活动管理服务系统和国家全民健身信息服务平台建设。

（《“十四五”体育发展规划》名词解释）

关于构建更高水平的全民健身公共服务体系的意见

构建更高水平的全民健身公共服务体系，是加快体育强国建设的重要基石，是顺应人民对高品质生活期待的内在要求，是推动全体人民共同富裕取得更为明显的实质性进展的重要内容。为贯彻落实党中央、国务院有关决策部署，增强人民体质，提高全民健康水平，现就构建更高水平的全民健身公共服务体系提出如下意见。

一、总体要求

（一）指导思想。以习近平新时代中国特色社会主义思想为指导，全面贯彻党的十九大和十九届历次全会精神，坚持以人民为中心，贯彻新发展理念，以增强人民体质、提高全民健康水平为根本目的，深入实施全民健身国家战略，全面推进健康中国建设，进一步发挥政府作用，激发社会力量积极性，优化资源布局，扩大服务供给，构建统筹城乡、公平可及、服务便利、运行高效、保障有力的更高水平的全民健身公共服务体系。

（二）工作原则

——覆盖全民，公益导向。健全促进全民健身制度性举措，扩大公益性和基础性服务供给，提高参与度，增强可及性，推动全民健身公共服务体系覆盖全民、服务全民、造福全民。

——科学布局，统筹城乡。以需求为导向配置全民健身公共服务资源，引导优质资源向基层延伸。对接国家重大战略，促进全民健身公共服务城乡区域协调发展。

——创新驱动，绿色发展。强化资源集约利用和科技支撑，推动体制机制改革和供给方式创新。打造绿色便捷的全民健身新载体，促进全民健身与生态文明建设相结合。

——政府引导，多方参与。发挥政府保基本、兜底线的作用，推进基本公共服务均等化，尽力而为、量力而行。激发社会力量积极性，推动共建共治共享，形成全民健身发展长效机制。

（三）主要目标。到2025年，更高水平的全民健身公共服务体系基本建立，人均体育场地面积达到2.6平方米，经常参加体育锻炼人数比例达到38.5%，政府提供的全民健身基本公共服务体系更加完善、标准更加健全、品质明显提升，社会力量提供的普惠性公共服务实现付费可享有、价格可承受、质量有保障、安全有监管，群众健身热情进一步提高。到2035年，与社会主义现代化国家相适应的全民健身公共服务体系全面建立，经常参加体育锻炼人数比例达到45%以上，体育健身和运动休闲成为普遍生活方式，人民身体素养和健康水平居于世界前列。

二、完善支持社会力量发展全民健身的体制机制

（四）健全全民健身组织网络。积极稳妥推进体育协会与体育行政部门脱钩。体育行政部门要加强对体育社会组织的政策引导和监督管理。全国性单项体育协会要加强对会员单位的联系和服务，完善相关标准规范。支持全国性单项体育协会积极发展单位会员，探索发展个人会员。将运动项目的推广普及作为对单项体育协会的主要评价指标。支持党政机关、企事业单位、学校常态化制度化组织健身活动。鼓励发展在社区内活动的群众自发性健身组织。

（五）夯实社区全民健身基础。将全民健身公共服务纳入社区服务体系，培育一批融入社区的基层体育俱乐部和运动协会。在社区内活动的符合条件的基层体育组织可依法向县级民政部门申请登记。在社区设立健身活动站点，引导体育社会组织下沉社区组织健身赛事活动。实施社区健身设施夜间“点亮工程”。

（六）推动更多竞技体育成果全民共享。推动体育系统管理的训练中心、基地、体校的健身设施以及运动康复等服务向社会开放。促进国家队训练方法、日常食谱、康复技巧等实行市场化开发和成果转化。建立国家队、省队运动员进校园、进社区制度，现役国家队、省队运动员每年要在中小学校或社区开展一定时间的健身指导服务。建立面向全社会的体育运动水平等级制度，健全服务全民健身的教练员、裁判员评价体系。建立高水平运动队帮扶基层体育社会组织的机制。

三、推动全民健身公共服务城乡区域均衡发展

（七）按人口要素统筹资源布局。加大全民健身公共服务资源向基础薄弱区域和群众身边倾斜力度，与常住人口总量、结构、流动趋势相衔接。完善农村全民健身公共服务网络，逐步实现城乡服务内容和标准统一衔接。鼓励有条件的城市群和都市圈编制统一的全民健身规划，促进区域内健身步道、沿河步道、城市绿道互联互通，健身设施共建共享。

（八）优化城市全民健身功能布局。超大特大城市中心城区要推广功能复合、立体开发的集约紧凑型健身设施发展模式。大中城市要加强多中心、多层级、多节点的全民健身资源布局，打造现代时尚的健身场景。县城城镇化要同步规划、同步建设健身设施。老城区要结合城市更新行动，鼓励运用市场机制盘活存量低效用地，增加开敞式健身设施。新建城区要结合城市留白增绿，科学规划社区全民健身中心，建设与生产生活空间相互融合、与绿环绿廊绿楔相互嵌套的健身设施。

（九）构建对接国家重大战略的空间布局。结合落实京津冀协同发展、长江经济带发展、粤港澳大湾区建设、推进海南全面深化改革开放、长三角一体化发展、黄河流域生态保护和高质量发展等重大战略，以及推进成渝地区双城经济圈建设，完善健身设施布局。研究推动在河北崇礼、吉林长白山（非红线区）、黑龙江亚布力、新疆阿勒泰等地建设冰雪丝路带。支持京张体育文化旅游带建设。支持新疆、吉林共同创建中国冰雪经济高质量发展试验区。沿太行山和京杭大运河、西安至成都、青藏公路打造“三纵”，沿丝绸之路、318 国道、长江、黄河沿线打造“四横”，构建户外运动“三纵四横”的空间布局。

四、打造绿色便捷的全民健身新载体

（十）打造群众身边的体育生态圈。实施全民健身设施补短板工程，建设全民健身中心、公共体育场、社会足球场等健身设施，加强乡镇、街道健身场地器材配备，构建多层级健身设施网络和城镇社区 15 分钟健身圈。新建居住区要按室内人均建筑面积不低于 0.1 平方米或室外人均用地不低于 0.3 平方米的标准配建公共健身设施，纳入施工图纸审查，验收未达标不得交付使

用。支持社会力量建设“百姓健身房”，鼓励有条件的企事业单位利用自有资源建设共享健身空间。建设国家全民健身信息服务平台。

（十一）拓展全民健身新空间。制定国家步道体系建设总体方案和建设指南。支持依法利用林业生产用地建设森林步道、登山步道等健身设施。推进体育公园建设，推动体育公园向公众免费开放。在现有郊野公园、城市公园中因地制宜配建一定比例的健身设施。在符合相关法律法规、不破坏生态、不妨碍行洪和供水安全的前提下，支持利用山地森林、河流峡谷、草地荒漠等地貌，建设特色体育公园，在河道湖泊沿岸、滩地等地建设健身步道，并设立必要预警设施和标识。

（十二）完善户外运动配套设施。加强冰雪、山地等户外运动营地及登山道、徒步道、骑行道等设施建设。加强户外运动目的地与交通干线之间的连接，完善停车、供电、供水、环卫、通信、标识、应急救援等配套设施。公共户外运动空间可配套建设智能化淋浴、更衣、储物等设施。支持建设符合环保和安全等要求的气膜结构健身馆等新型健身场地设施。

（十三）推进健身设施绿色低碳转型。开展公共体育场馆开放服务提升行动，推广绿色建材和可再生能源使用，实施节能降本改造，加快运用5G等新一代信息技术改进场馆管理和赛事服务。制定绿色体育场馆运营评价通用规范。控制大型综合体育场馆的规模和数量，鼓励有条件的地方建设高品质专项运动场馆。体育场馆建设要与城市风貌、城市文脉、城市精神相适应。户外运动设施不能逾越生态保护红线，不能破坏自然生态系统，充分利用自然环境打造运动场景。

（十四）推动健身场地全面开放共享。事业单位和国有企业要带头开放可用于健身的空间，做到能开尽开。已建成且有条件的学校要进行“一场两门、早晚两开”体育设施安全隔离改造；新建学校规划设计的体育设施要符合开放条件。鼓励学校体育设施对社会开放实行免费和低收费政策。支持第三方对区域内学校体育设施开放进行统一运营。鼓励私营企业向社会开放自有健身设施。

五、构建多层次多样化的赛事活动体系

（十五）支持社会力量举办赛事。公开全国综合性运动会和单项体育赛事目录及承接标准，引入社会资本参与承办赛事。优化体育赛事使用道路、空

域、水域、无线电等行政审批流程。修订《大型群众性活动安全管理条例》，推动体育赛事活动安保服务社会化、市场化、专业化发展。

（十六）培育赛事活动品牌。建立分学段、跨区域的四级青少年体育赛事体系。建立足球、篮球、排球业余竞赛体系。加快发展以自主品牌为主的体育赛事体系，培育形成具有世界影响力的职业联赛。支持打造群众性特色体育赛事，引导举办城市体育联赛。鼓励群众自发性健身组织举办广场舞、健步走、棋牌等健身活动。

（十七）推动户外运动发展。编制户外运动产业发展规划。开展自然资源向户外运动开放试点，制定在可利用的水域、空域、森林、草原等自然区域内允许开展的户外运动活动目录。推动户外运动装备器材便利化运输。鼓励户外运动装备制造企业向服务业延伸发展。

（十八）加强赛事安全管理。落实赛事举办方安全主体责任，严格赛事安全监管责任，责任履行不到位的，依照有关规定严肃追责问责。配足配齐安保力量，强化安保措施，确保各类赛事活动安全顺利举办。建立户外运动安全分级管控体系，分类制定办赛安全标准。制定政府有偿救援标准。支持保险和商业救援服务发展，培育民间公益救援力量。加强户外安全知识教育，引导群众科学认识身心状况、理性评估竞技能力、积极应对参赛风险。

六、夯实广泛参与全民健身运动的群众基础

（十九）落实全龄友好理念。建立适合未成年人使用的设施器材标准，培养未成年人参与体育项目兴趣。推动公共体育场馆向青少年免费或低收费开放。为老年人使用场地设施和器材提供必要帮扶，解决老年人运用体育智能技术困难问题。营造无障碍体育环境，为残疾人参与全民健身运动提供便利。

（二十）培养终身运动者。实施青少年体育活动促进计划，让每个青少年较好掌握 1 项以上运动技能，培育运动项目人口。开齐开足上好体育课，鼓励基础教育阶段学校每天开设 1 节体育课。支持体校、体育俱乐部进入学校、青少年宫开设公益性课后体育兴趣班。支持学校、青少年宫和社会力量合作创建公益性体育俱乐部。

（二十一）提高职工参与度。按职业类型制定健身指导方案。发挥领导干部带动作用，组织开展各类健身活动。鼓励机关、企事业单位配备健身房和

健身器材。发挥工会作用，鼓励工会每年组织各类健身活动，并将此纳入工会考核内容。鼓励按照《基层工会经费收支管理办法》规定，使用工会经费为职工购买健身服务。

七、提高全民健身标准化科学化水平

（二十二）完善全民健身公共服务标准体系。制定全民健身基本公共服务国家标准并动态更新。健全全民健身场地设施、器材装备等标准。修订镇域、城市公共体育设施规划标准。研究制定城市公共体育场、体育馆、游泳馆建设标准。加强运动技能、赛事活动、体育教育培训等体育服务领域标准制定修订。建立健全全民健身公共服务统计监测制度。

（二十三）提高健身运动专业化水平。修订《社会体育指导员管理办法》，发展公益社会体育指导员队伍，指导其依法开展健身志愿服务活动。推动持有职业资格证书的社会体育指导员与教练员职业发展贯通，完善群众体育教练员职称评审标准。深入实施《国家体育锻炼标准》。完善《全民健身指南》。

（二十四）深化体卫融合。制定实施运动促进健康行动计划。建立体卫融合重点实验室。鼓励有条件的医疗机构加强以体育运动康复为特色的专科能力建设。推动国民体质监测站点与医疗卫生机构合作，推广常见慢性病运动干预项目和方法，倡导“运动是良医”理念。

八、营造人人参与体育锻炼的社会氛围

（二十五）普及全民健身文化。将全民健身理念和知识融入义务教育教材。打造一批科学健身传播平台，加大全民健身公益广告创作和投放力度。发挥体育明星正能量，弘扬中华体育精神。实施体育文化创作精品工程。加强体育非物质文化遗产保护。

（二十六）强化全民健身激励。向国家体育锻炼标准和体育运动水平等级标准达标者颁发证书。鼓励有条件的地方发放体育消费券。建立第三方评估机制，定期发布全民健身城市活力指数。

（二十七）开展全民健身国际交流。以 2022 年北京冬奥会、冬残奥会等国际赛事为契机，加强全民健身领域国际交流合作。与共建“一带一路”国

家搭建合作平台，共同举办群众性体育赛事。加强中华传统体育活动国际交流，支持中华传统体育项目走出去。

九、保障措施

（二十八）加强组织领导。加强党对全民健身工作的领导，发挥国务院全民健身工作部际联席会议作用，着力构建更高水平的全民健身公共服务体系。县级以上政府要将全民健身公共服务体系建设纳入经济社会发展规划，作为一项重要民生实事定期专题研究。

（二十九）注重因地制宜。各地要实事求是提出发展目标，因地制宜选择全民健身发展路径，既坚持一定标准，又防止好高骛远，做到各项指标和政策贴近实际、务实管用。开展全民健身公共服务体系建设重点推进城市创建工作。

（三十）完善支撑条件。支持体育院校加强体育管理、社会体育、休闲体育等相关专业建设。加强冰雪运动等紧缺领域教练员培养。中央财政统筹利用一般公共预算和政府性基金预算等渠道，发挥中央预算内投资的引导和撬动作用。地方财政综合运用中央对地方有关转移支付资金和自有财力，完善支持政策。制定政府购买全民健身公共服务的办法及实施细则。积极吸引社会力量参与，支持有意愿的房地产企业以及健康养老、文化旅游等社会资本投资全民健身。

（三十一）强化法治保障。加快修订《中华人民共和国体育法》。研究修订《全民健身条例》。研究制定体育市场管理条例、公共体育设施管理办法。完善地方体育行政执法工作机制，将适当事项纳入同级综合执法范畴。健全体育仲裁、监管和信息公开等制度。

（三十二）加强督促落实。国家发展改革委、体育总局牵头对本意见实施情况进行跟踪监测，重大问题及时向党中央、国务院请示报告。各地要根据本意见要求，建立工作落实机制，及时分解任务分工，确保各项任务落到实处、见到实效。